가짜 뉴스의
사회학

박창호

영국 University of Hull에서 사회학 박사학위를 받았으며, 현재 숭실대학교 정보사회학과 교수로 일하고 있다. 주로 사이버문화, 인터넷과 사회, 뉴미디어와 정보사회 등을 가르치며 사회현실의 연장으로 인터넷 속의 사회관계를 이해하며 인터넷에서 일어난 사회현상을 사회학적 시각에서 풀어보고자 하는 노력을 기울이고 있다.

지은 책으로 『디지털 네이티브의 사회적 시간은 짧다-사이버문화 읽기』, 『대중문화와 문화산업』(공저), 『인터넷을 넘어선 사회학』, 『다시 읽는 막스베버』(공저), 『문화사회학』(공저), 『뒤르케임을 다시 생각하다』(공저), 『사이버공간의 사회학』 등이 있으며, 옮긴 책으로 『사회학적 방법의 규칙들』, 『사회학적으로 생각하기』, 『지식논쟁-포스트모던 시대의 사회이론』 등이 있다.

인터넷 공간인 사이버사회의 변화와 이에 적응하는 인간 삶의 양태에 대한 관심에서 가짜뉴스에 대한 사회학적 이해를 위한 글쓰기가 현실 학문에 다가가는 발걸음의 또 다른 흔적 남기기로 여긴 게 이 책이다.

가짜뉴스의 사회학

the sociology of fake news

2024년 5월 13일 | 제1판 1쇄 인쇄
2024년 5월 21일 | 제1판 1쇄 발행

지 은 이 박창호
발 행 인 김은중
발 행 처 서울경제경영출판사
북디자인 에이팩토리

주 소 03767 서울특별시 서대문구 신촌로 205, 506호
전 화 02) 313-2682
팩 스 02) 313-8860
등 록 1998년 1월 12일 제5-63호

ISBN 979-11-6282-124-4

정가 25,000원

이 책의 인세 일부는 저자 뜻에 따라 취약한 환경 속에 있는 아동을 위해 쓰입니다.

※ 파본은 바꾸어 드립니다.

가짜 뉴스의 사회학

the sociology of
fake news

박창호 지음

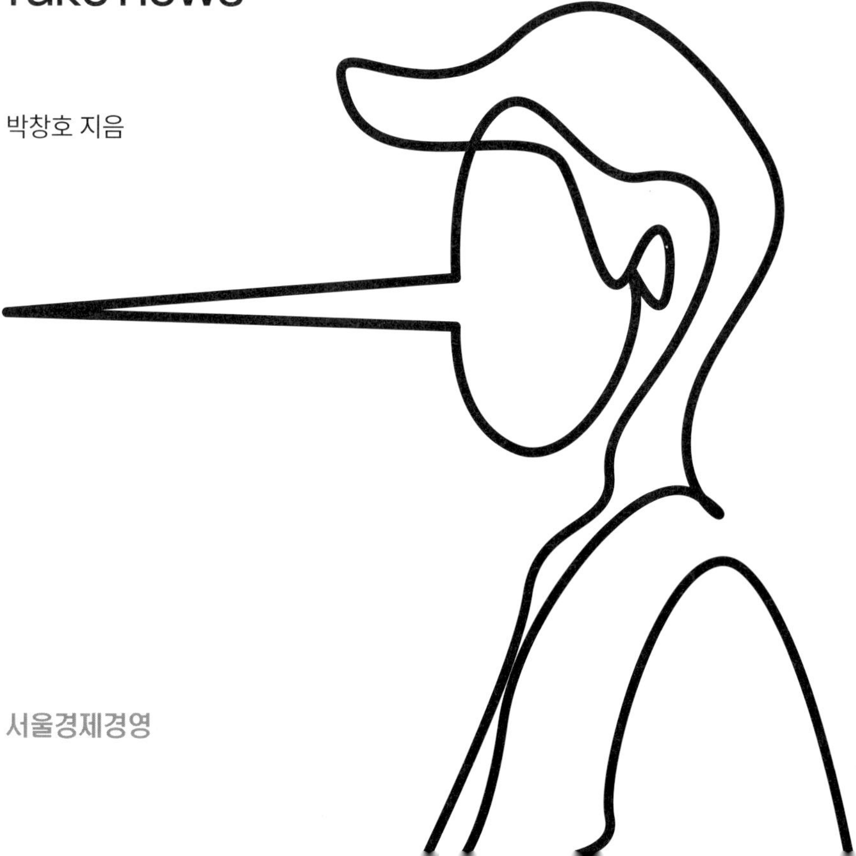

서울경제경영

책머리에

우리가 눈으로 보면서도 알아채지 못하고 있는 것은 얼마든지 있다. 그 반대로 눈으로 보지 않으면서도 아는 듯이 확신하는 것도 얼마든지 있다. 우리의 상상력이 작용하기 때문이다. 사회는 상상력과 현실 간 상호작용의 산물이다. 상상력에 허위와 거짓이 들어 있다. 이러한 허위와 거짓이 우리의 가치, 신념, 그리고 신뢰를 구축하려 하지만 그것은 종종 사회 현실을 왜곡시키고 불분명하게 한다. 허위와 거짓으로 조작된 가짜뉴스도 마찬가지이다. 인터넷에는 가짜뉴스가 범람한다.

가짜뉴스는 사회적 지위와 권력을 확보하기 위해 사용된다. 사회적 경쟁과 불평등을 조장하고 사회의 분열과 불신을 초래한다. 우리가 타인을 이해하고 동료애를 나누는 데도 방해된다. 가짜뉴스가 허위로 밝혀졌는데도 이를 믿는 사람들은 뻔뻔하게 옳은 정보라고 우기며 그 주장을 입증하려고 왜곡에 왜곡을 더한다. 진실성으로 설득이 불가능한 사회가 된다면 과학적 정의를 잃는 혼돈의 사회이다.

가짜뉴스가 나쁘다거나 허위정보는 근절되어야 한다는 가치결단의 몰합리성으로 이 책을 쓴 것은 아니다. 인간의 거짓은 인류의 역사만큼 오래다. 거짓의 여정은 인간의 삶과 함께한다. 허위와 거짓이 인간 삶에 괄호를 쳐 그 속에 넣었다가 상황에 따라 괄호를 풀어 정당화하는 그런 경우도 있었다. 그러나 허위와 거짓을 바탕으로 한 가짜뉴스가 잘못된 믿음으로 현실에서 부정할 수 없는 진실로 둔갑하는 것은 위험하다. 가짜뉴스의 범람이라는 시대적 상황에 경험 적합성으로 책임을 앞세우면 달라질 수 있을까 하는 기대를 걸어 본다.

'가짜뉴스의 사회학'은 거짓을 자기 정당화의 심리학으로 보는 차원을 넘어서고자 한다. 가공의 이야기가 아닌 사례를 통해 사회학적 해석의 가능성을 열고자 했다. '인간이란 누구나 거짓말을 한다'는 말로 정당화하는 것은 개인적 문제이다. 가짜뉴스의 폐해를 생각하면, 자기 정당화라는 심리적 갑옷 정도로 여기며 다가가는 것은 잘못된 접근이다. 가짜뉴스는 사회적 관점에서 조망해야 한다. 우리는 근거가 부족한 신념에 꿋꿋이 집착하는 집단의 행동에 분명히 위험이 있음을 느끼도록 하는 것이 필요하다.

원래 의도한 목적에 맞게 얼마나 다가갈 수 있을까 하는 무거운 마음이 있다. 그러나 이 글의 마무리에 힘쓴 이들이 그 무게를 덜어주어 고마움을 전한다. 가짜뉴스에 대한 지속적인 관심을 함께 논의한 숭실대학교 정보사회학과 학생들은 큰 힘이 되었다. 가짜뉴스의 아이디어를 공유하고 글쓰기에 도움을 준 동료 교수들, 초고의 오류를 잡아준 대학원생 김형수, 학부의 장한비, 김향연 학생에게 감사를 전한다. 일일이 언급할 수 없지만 생각을 보태고 나누었던 많은 분들 또한 이 책의 조력자였으며, 사회생활의 출발로 바쁜 아들 박진욱도 든든한 정신적 후원자였음을 밝혀둔다. 끝으로 어려운 여건에도 불구하고 이 책의 출간을 기꺼이 맡아준 '서울경제경영'에 감사를 표한다.

2024년 4월 상도동 연구실에서

박창호

차례

서문

가짜뉴스의 시대,
어찌할 바를 모르다

가짜뉴스는 오늘날 지속적으로 논란의 중심에 있다. 디지털 시대의 발전으로 정보의 생산과 유통이 더욱 쉬워졌지만, 동시에 가짜뉴스의 유포와 확산을 촉진하는 요소로 작용하고 있다. 이러한 현상은 사회학적으로 충분히 관심을 불러일으킬 만하며, 그로 인해 가짜뉴스가 사회에 미치는 영향과 그 원인에 대한 연구가 필요한 과제로 부각되고 있다.

가짜뉴스와 관련된 글들이 쏟아지고 있는 가운데 '가짜뉴스의 사회학'이란 제목의 책이 또 하나 덧올려져 애써 앞에서 했던 이야기를 반복하는 것이 아닌가 하는 우려가 앞선다. 하지만 사회학자의 작은 임무가 지금 일어나는 현상을 사회적 사실로 확인하고 이에 대한 관심을 끌어모으기 위해 사회학자로서 인식할 수 있는 능력과 의지에 대한 흔적을 남기는 것이라 생각하며 이 글을 쓰기 시작했다.

미리 말하지만 '가짜뉴스의 사회학'이라고 해서 가짜뉴스의 이해도를 높이기 위한 의도로 쓰인 것이 아님을 밝혀둔다. 가짜뉴스의 개념을 명확히 정의하고, 가짜뉴스의 영향에 대한 대처와 전략을 제시하고, 가짜뉴스와 진짜뉴스 사이의 경계를 확실하게 구분할 수 있는 해법을 제시하고 있지 않다.

가짜뉴스를 비판하거나 공격하는 것이 아니라, 그것이 오늘날 복잡한 맥락에서 어떻게 발생하고 기능하는지를 살펴보고 사람들은 왜 가짜뉴스에 열광하고 믿는가를 깊이 이해하고자 했다. 분명 가짜뉴스는 우리의 의사소통과 정보 흐름에 중요한 영향을 미치며, 이를 이해하지 못할 경우 그 영향력에 무방비하게 노출될 수 있다. 이 책의 의도는 가짜뉴스에 대한 다양한 사례와 관점을 제공하여 가짜뉴스에 대해 비판적이고 현명한 시각으로 바라볼 수 있도록 돕는 데 있다.

먼저 1장에서는 '포스트 트루스 시대의 반란'이란 제목으로 몇 가지 사례를 담고 있다. 포스트 투르스란 이름은 2016년 '옥스포드 영어사전'에 그해의 단어로 정해지면서 등장했다. 탈진실로 번역되기도 하는 포스트 트루스는 2017년 리 매킨타이어(L. McIntyre)가 『포스트 트루스』란 책을 내면서 우리 시대를 가리키는 또 다른 이름으로 탈진실 시대가 주목을 받았다. 가짜뉴스가 범람하면서 거짓이 진실인 양 행세하고 진실이 더 이상

의미 없는 것처럼 보이는 시대를 통찰하였다. 한마디로 진실이 하찮게 여겨지는 시대에 대한 주의를 환기하는 내용이었다.

2022년엔 한국문화사회학회에서 '탈진실의 문화적 의미'란 주제로 우리 사회의 탈진실에 대한 관점들을 사회학적으로 접근하면서 포스트 트루스에 대한 이해도를 넓히는 작업을 시도하였다. 사회학적인 접근은 포스트 트루스를 이제 더 이상 도외시할 수 없는 현상으로 보고, 가공된 진실이 가져오는 위험과 혐오에 부닥치는 문화적 현상을 사회학적 관점에서 들여다봐야 한다는 메시지를 던졌다.

가짜뉴스는 불확실성의 시대에 우리를 현혹시키는 어두운 그림자이다. 그 실체를 분명히 알 수 없다 할지라도 우리의 사고와 행동에 깊은 영향력을 미치고 있다. 가짜뉴스는 참과 거짓의 경계를 흐릿하게 만들며, 우리의 믿음을 시험한다. 소셜미디어가 우리의 일상사와 함께 하는 환경에서 인간 삶의 새로운 종류의 위협으로 자리매김하는 것이 가짜뉴스이다.

1장 '포스트 트루스시대의 반란'에 실린 내용은 소셜미디어를 적극 이용하면서 나타난 팬덤의 전쟁에 가짜뉴스의 동원이 어떻게 역동적으로 일어나는가를 먼저 살펴본다. 과격한 팬덤의 행동이 가짜뉴스의 근원으로, 팬덤의 심리를 뭉치는데 기여하고 있었다. 이어서 인류가 겪는 거짓 정보 가운데 가장 오래된 소재인 종말론을 보면서 가짜뉴스로 결말 맺는 현상의 폐해를 되짚어 보았다.

실체에 대한 정확한 지식이 없이 신념에 의존한 종말론은 알 수 없는 무지와 비지식의 한계를 '전부 아니면 전무'라는 식에서 헤어나지 못하는 게 문제였다. 의심에 대한 합리적 해답을 찾지 못한 채 천년왕국을 그리는 사람들에게 가짜뉴스는 사람들을 현혹시키는 수단으로서 충분히 그 가치(?)를 발휘하였다. 가짜뉴스는 팬덤의 관리든, 종말론의 정보든, 자신에게 편익을 주는 정보로 가공되어 사람들을 현혹하는 것을 목적으로 만들어진다. 여기에 소셜미디어가 어떻게 가짜뉴스의 도구로 이용되는가를 보여주고 가짜뉴스의 덫에서 벗어나지 못하게 하는 필터버블과 알고리즘에 대해서도 함께 살펴보았다.

2장은 '왜 가짜뉴스에 열광하는가'는 가짜뉴스가 미치는 파급효과에 대한 근본적인 상황에서 시작한다. 사실 가짜뉴스가 급격히 늘어난 것은 코로나19의 사태와 연결되어 있다. 갑작스런 코로나19 사태로 알 수 없는 미래에 대한 불안이 가짜뉴스로 만들어져 대처법으로 제시되었다. 코로나19 사태는 가짜뉴스로 인해 차별과 배제의 위험을 만들면서 사람들에게 혐오와 비인간화를 경험하게 하였다. 사람들은 종종 자신의 세계관이나 선입견을 지지하는 정보를 찾으며, 이로써 자신의 신념을 강화하고자 했다. 가짜뉴스가 이러한 선입견을 충족시키는 정보로 제공될 때 사람들은 열광하게 된다.

코로나19는 자영업자들을 혹독한 시련의 나락으로 떨어지게 했다. 여기에 가짜뉴스도 한몫하면서 소비의 자유를 제한하는 결함 있는 소비자를 만들었다. 소비행위 자체를 왜곡하게 된 것은 소비자가 소비 선택을 완전히 통제하지 못하는 취약 상태로 되었기 때문이다. 합리적 선택 행위로서의 소비를 방해한 것은 가짜뉴스였다.

사람들은 새로운 정보를 탐색하고 이해하는 데 관심이 많다. 가짜뉴스는 때로는 새롭고 놀라운 정보를 제공할 수 있으며 사람들의 호기심을 자극하고 끌어들인다. 여기에 앞장서는 사람들은 크리에이터들이며 이들은 극단에 주목한다. 우리가 가짜뉴스를 판별하는 능력을 가졌다 하더라도 신념에 따른 뉴스의 접근은 결국 가짜뉴스도 내용의 진위에 상관없이 지지할 개연성이 높다는 의미이다. 자신의 신념을 강화하는 내용을 따른다는 것은 누가 가짜뉴스를 잘 믿는가 하는 측면에서 가짜뉴스의 방향이 문제이지 진실 여부와는 무관하다.

3장 '대중의 생각을 유도하다'는 가짜뉴스가 갖는 위험으로 사람들을 그릇된 방향으로 이끌어 행동으로 나타난 것에 초점을 두었다. 가짜뉴스는 우리의 사고를 혼란스럽게 하고 사회적 분열을 심화시켜 극단화로 이끌며 진실을 찾는 노력을 방해한다. 그것은 허위와 혼란의 장막을 펼치며, 우리의 눈을 어지럽히고 우리의 마음을 혼란스럽게 만든다. 가짜뉴스는 우리가 현실을 이해하는 데 필요한 지표들을 뒤엎고, 우리의 사고를 안개 속으로 유인한다.

허위와 혼란에 휘둘린 사람들은 인지적 편향으로 가짜뉴스에 쉽게 호응하게 된다. 가짜뉴스의 영향력이 진짜뉴스를 능가하는 사태를 맞게 되었다. 특히 가짜뉴스가 정치 영역에서 빈번할 때 사회가 위험할 수 있다는 것을 확인하고자 했다. 이는 민주주의의 근간을 흔들 수 있으며 그 파급효과가 오랫동안 유지되기 때문이다. 가짜뉴스는 원인이나 과정보다는 결과가 주목을 받는다. 메시지의 출처는 중요하지 않고 사람들 머릿속 잔상에는 메세지만 남는다. 자극적인 감정에서 이끌린 흥분으로 잠재된 메세지는 나중에 사람들을 행동으로 유도한다.

가짜뉴스와 연관해서 트럼프 전 미국 대통령은 가짜뉴스에 등장하는 단골 손님이었다. 재임 중 거짓말을 3만 번이나 했다. 코로나19 관련 헛소문만 2천5백 번이나 퍼트렸다는 언론의 보도는 거짓 뉴스로 정치했다는 비난을 벗어나지 못하게 한다. 한국에서도 댓글 조작으로 여론을 호도한 사건은 거짓정보를 정치적 도구로 이용한 적극적 활동이었다. 드루킹 사건의 경우, 정치 논객으로 자처하던 사람들이 아예 매크로 프로그램으로 댓글을 대량으로 조작하여 특정 정파에 유리한 여론을 만들려고 시도했다. 대중의 생각이 잘못된 정보로 유도되는 것을 보면서 우리가 진실을 발견하고 이를 기반으로 현실을 이해하는 것이 하나의 도전적 과제로 여겨진다.

4장 '미디어의 조작'은 미디어가 대중에게 공정하고 신뢰감 있게 보도하는 것이 본연의 의무임에도 여기서 어떻게 일탈하는가를 조망한다. 현실에서 미디어의 목표가 지향하는 상황과 다를 때가 있다. 미디어는 특정한 이해관계에 따라 편향된 정보를 전달하기도 한다. 이러한 경향은 가짜뉴스를 조장하고 유도하는데 결정적인 역할을 하며 그 결과로 나타난 현상은 엄청난 파고를 몰고 온다.

미디어가 선정적이고 자극적인 제목과 내용을 내세워 열독율을 높이는 차원과는 달리 가짜뉴스는 대중의 관심을 끌기 위한 전략으로 사용된다. 미국 사회의 1970년대 대중의 무관심이라는 방관자 효과는 <뉴욕타임즈>의 잘못된 보도에서 시작했으며, 영국의 황색언론으로 지나친 선정성에 전화도청을 은폐하면서까지 피해자에게 폐해를 준 <뉴스오브더월드>는 결국 폐간되었고, 미국 <폭스뉴스>는 공정성을 버리고 편향성을 무기로 '내편만들기' 마케팅에 성공한 언론이 되었다.

우리의 경우도 다르지 않다. 광우병 사태는 정파적 이념에 사로잡힌 직감이 앞선 보도로 사람들의 생각을 한쪽으로 쏠리게 만들었다. 합리적 증거가 무시되고 진실을 개진할 수 있는 여지도 차단당하면서 집단행동으로 이어진 사태는 광우병 공포라는 가짜뉴스가 촉발제로 작용했다. 가짜뉴스가 미디어에 의해 조작되는 것은 사회적 분열과 불신을 부추기기도 하지만 선거에서는 후보간 마타도어로 흠집내기에 좋은 수단이다.

2022년 대통령 선거에서 가공된 녹음파일로 선거판을 흔들려는 시도가 있었다. 음모론이 된 가짜뉴스는 인터넷 미디어 매체가 그 자체 윤리적 책임을 망각하고 조작과 유포에 적극 가담했다는 사실로 발각되었다. 언론의 진실을 향한 탐색은 어둠의 깊은 곳에서도 빛나야 하며 그 빛은 하나의 소명으로서 우리를 진정한 현실로 인도할 수 있어야 한다. 인터넷 뉴스매체의 조작된 정보를 제도권 언론도 팩트체크 없이 편승한 것은 진실을 향한 빛을 덮어버렸다. 가짜뉴스의 확대 재생산은 언론에서 언론으로 이어져 파장만 커졌으며 진실은 한참 후에 드러났다. 그러나 정파성에 매몰된 사람들은 여전히 수긍하지 못하고 있다.

5장 '자유 의지를 좇는다'의 내용은 인터넷이 주는 자유 의지의 확대가 가짜뉴스를 조작할 수 있는 힘으로 여겨지는 것에 초점을 두고 있다. 인간은 자유 의지에 따라 행동하고자 하는 욕구가 있으며, 이를 환상에 머물지 않고 실현 가능하게 한 것은 인터넷 기술이다. 이러한 자유 의지의 확장은 자의적인 생각이나 이념을 앞세우기 때문에 과학적인 예측으로 미래를 대비하기 어렵게 만든다.

과학적인 지식과 추론이 사람들의 의견에 밀리면서 불확실성의 사회는 더욱 가속화된다. 아이러니하게도 불확실성의 사회는 더 많은 정보를 요구하게 되고 인터넷 검색으로 자신의 생각을 지지하는 내용을 갈구하게 된다. 인터넷으로 얻은 자유로 불안해진 개인이 다시 인터넷으로 자신의 의견을 강화한다는 것이다.

유튜브는 사람들의 취향과 구미에 맞는 정보를 충분히 제공하는 플랫폼이다. 개인의 입장에서 사실보다는 생각과 이념에 호소한 콘텐츠를 더 쉽게 발견할 수 있는 곳이다. 자신의 호소를 들어주기에 알맞은 플랫폼으로 실제 허위정보 유통의 1위를 달리고 있다. 유튜브는 사물을 있는 그대로 보여주는 것이 아니라 왜곡된 형태로 보여주는 거울이 된다. 자신의 관점과 동일한 유튜브만 추종하면 유튜브가 우상이 되어 버린다.

개인의 직관에 호소한 가짜뉴스는 동조자를 만날 때 과감해지면서 극단화된다. 개인들의 생각이나 감정이 서로에게 영향을 미쳐 마치 작은 물줄기가 폭포가 되듯 상승 작용을 하면서 하나의 사회적 압력이 된다. 극단화는 그렇게 만들어진다. 가짜뉴스가 펼치는 자유의 범위와 가짜뉴스로 우리 삶의 상호작용이 하나의 유형화를 이루는 것으로 이해하려 한 것은 나름의 사회학적 접근이었다. 또한 거짓 신념도 사회적 힘으로 작용하는 모습을 동조편향의 실험으로 들여다보면서 가짜뉴스에 누구나 쉽게 호응하는 배경에 인간의 사회성을 확인할 수 있었다.

6장 '무책임의 사회'는 좀더 사회학적 접근으로 가짜뉴스를 이해하고자 한 시도이다. 책임 있는 행동은 언제나 고통이 뒤따른다. 사회가 요구하는 동기와 욕망에 그 고통에 뒤섞여 있으면서 그에 대한 책임은 때로는 투쟁으로 비칠 때가 있다. 자유에 기반한 내면적 신념이 가짜뉴스를 만들면서 책임이라는 윤리적 목적을 거스르게 된다. 무책임의 사회에서는 사실과 책임에 대한 중요성은 퇴색되고, 대신 개인의 감정과 이익이 우선된다. 가짜뉴스는 사실과 거리가 있으면서 감정적으로 호소력이 강한 특정한 이익을 위해 조작된 정보를 포함한다. 이러한 정보는 무책임한 사람들에게 매력적으로 다가가고 그들의 무지나 선입견을 이용해 확산될 수 있다.

그러나 이것을 도전으로 받아들이고 가짜뉴스의 위협을 극복하기 위한 지식과 인식의 강화가 필요하다. 우리의 사고와 행동을 이끌어 가는 것은 진실에 대한 탐구이며, 이는 가짜뉴스의 장벽을 넘어서는 유일한 길이다. 이러한 전제에 책임의 문제, 인간 인식의 유한성의 문제, 과학에 대한 신뢰의 문제 등을 들여다보면서 인터넷에서의 사회구조와 행위를 자유와 책임의 연결 속에서 생각해 보고자 했다.

사회구조는 인간 활동의 기억을 추적하는 방향으로 만들어진다. 인간의 활동과 사회구조는 서로 독립적인 것이 아니라 상호작용으로 얽혀있다. 가짜뉴스는 인터넷 플랫폼이라는 구조에서 만들어지고 사람들의 일상과 연결되어 있다. 가짜뉴스는 다분히 사회구조라는 틀 안에서 이루어진다. 거기엔 동조자들이 진을 치고 있기 때문이다. 동조자를 통해 자신의 생각을 강화하고 자신감 있는 행위지향을 보인다.

행위의 문제에서 인간은 인식의 유한성을 인정하면서 시작한다. 모든 것을 다 볼 수는 없다. 그래서 때로는 불확실하고 복잡한 상황에 부딪히는 문제를 빨리 풀기 위해 직관적 판단에 의존한다. 속칭 자신만의 해결법으로 '통밥'을 이용하는 경우가 있다. 통밥은 임의대로 찍어 넘겨 해석하고 판단한다는 의미이다. 당연히 오류도 인정해야 한다. 그렇지만 자신의 효능감을 무너뜨리지 않는 인간행위가 가짜뉴스의 소비에서 보여진다. 가짜전문가들이 마구잡이 등장하는 배경이기도 하다. 역사 속에서도 허위정보를 다루는 전문가 아닌 전문가들은 존재했다. 역사에 등장하는 사례에서 인간 본질을 그대로 드러내는 일상적 현상으로 가짜뉴스를 확인할 수 있었다.

7장은 '자기 확증의 시대'로 인간에게 확실하게 알려주는 앎이란 것이 무엇인가에 대한 궁극적인 갈구를 보여준다. 우리는 보이지 않는 것도 꿰뚫어 보고 신뢰할 수 없게 감추어져 있는 것도 아주 가까이서 확신할 수 있게 하는 힘을 추구한다. 그러나 그런 것은 초인적인 인간이 아닌 이상 불가능하다. 우리는 타인에게서 애원하지 않고 스스로 자신의 열망을 충족하는 콘텐츠로 그 갈구를 대신한다. 인터넷에서 입맛에 맞는 정보로 자신의 의지를 분명히 세운다. 자신의 의지에 따라 조작 가능한 기술이 자신감을 갖게 만든다.

가짜뉴스는 진실을 발견하려는 우리의 노력이라는 모험에서 더 이상 방해되는 적이 아니다. 자기 확증으로 우리는 끝없는 진리의 추구를 멈추게 된다. 의도를 보이는 프로파간다가 그러하며, 무조건적 애국심이 만든 국뽕 콘텐츠가 그러하다. 의견이 강하면 진실이 틀어진다. 내 의견이 다른 사람의 사실보다 앞선다. 그래서 가짜뉴스의 그림자 아래에서 우리는 진실을 향해 전진하지 못한다.

가짜뉴스를 판단하는 빠른 직관이 느린 이성을 압도한다. 느린 이성으로 빠른 직관을 수정해서 가짜뉴스를 바로잡을 기회를 주더라도 오히려 자신의 신념과 맞는 직관을 옹호하는데 그 이성을 사용한다. 자기 합리화에 더 바쁜 사회가 되었다. 선택을 정당화하는데 능한 사람들은 가짜뉴스를 진실이라고 주장한다. 진짜와 가짜가 따로 있는 것이 아니라 자신의 생각 속에 진실이 있다.

가짜뉴스는 죽음의 까만 그림자와 같다. 우리는 그것을 눈으로 볼 수 없지만, 우리 주변에서 영원히 존재하고 있으며, 우리의 사고와 행동에 영향을 미친다. 가짜뉴스는 거짓된 실체로서 현실의 표면 위에 서 있지만, 그 어두운 곳에서 우리의 미래를 위협한다. 이는 거짓된 진실을 감싸고 우리의 눈을 속일 뿐만 아니라, 우리의 공동체를 불안정하게 만들고 분열시킨다. 우리는 가짜뉴스의 그림자를 향해 끝없는 진실의 탐색을 이어가야 하며, 진실을 찾아 나서는 우리의 탐험은 어둠 속에서도 빛나야 한다.

이 책은 사실 의도된 조작으로 짜깁기한 글이라 순서에 상관없이 읽어도 전혀 문제 되지 않는다. 읽고 싶은 내용을 아무렇게나 펼쳐 손에 잡히는 대로 대하는 것이 이해를 위해 오히려 나을 수 있다. 수많은 가짜뉴스를 하나의 흐름으로 만들어 장별로 정리했지만 사실 어느 것 하나 그 장에 맞는 내용이라고 확언할 수 없다. 다만 그러한 의도로 읽어주길 바랄 뿐이다. 가짜뉴스라는 하나의 주제로 이래저래 엮어가면서 했던 말을 반복하는 중언부언이 널려 있음은 저자의 전적인 능력 부족이라 이해를 구한다.

오늘날 직면한 가짜뉴스는 지극히 현실적인 우리 시대의 풀어야 할 과제이다. 뒤죽박죽된 온라인의 세계에서 무책임한 뉴스들이 어떤 식으로 우리의 생각과 행동을 조작하는지 흔적으로 남기고 싶었다. 뉴스의 현실성을 의심하고 자주적이고 비판적인 사고로 가짜뉴스의 함정에서 벗어나야 한다는 기대는 어쩌면 과할 수 있다. 그렇더라도 신뢰할 수 있는 정보로 분별력 있는 일상을 바라는 것은 자연스러운 것이다. 진실과는 거리가 먼 가공된 정보의 파편임을 알고 대하는 것과 그렇지 못한 것은 분명 차이가 있음을 주장하고자 한다.

1.

포스트 트루스 시대의 반란

여론을 형성할 때 객관적인 사실보다 개인적인 신념과 감정에 호소하는 것이 더 큰 영향력을 발휘하는 시대가 되었다. 우리는 정보의 진위를 판단할 때 객관적인 사실에 근거하지 않는다. 정보가 자신의 신념과 얼마나 가까운가 하는 것이 진위의 판가름에 영향을 미친다. 말하자면 거짓 정보도 진짜처럼 받아들일 수 있다는 말이다. 이런 사회현상에 2016년 『옥스포드 영어사전』은 그해의 단어로 '포스트 트루스'로 정했다. '포스트 트루스' 현상에 대중이 크게 관심을 두는 것은 진실의 왜곡이 과거와 달리 매우 체계적으로 이루어지고 있다는 것에 주목한다는 의미이다.

인터넷 미디어 환경의 변화는 이제 누구나 거짓 정보를 만들고 전파하는 상황을 만들었다. 탈진실로 번역되는 '포스트 트루스'가 그저 거짓말에 불과한 것일까? 이 말은 그 자체 규범적이다. 진실이 공격받고 있다고 느끼는 사람들의 염려가 담긴 표현이다. '포스트 트루스'에 대한 대안적 방안도 없는 입장에서 대중들은 어떻게 '포스트 트루스'를 겪는지 들여다봐야 한다. 탈진실 현상은 오늘날 미디어 기술의 발전으로 한층 심화 되었다. 이러한 현상을 이해하는 데 도움이 되는 여정을 시작한다.

팬덤이 부른 가짜뉴스

팬덤(Fandom)이란 용어는 1992년 '서태지와 아이들'의 데뷔 이후부터 적극적으로 사용되었다. 세계적인 K팝의 아이돌 그룹 '방탄소년단'(BTS)은 팬덤 '아미'(ARMY)와 분리하여 생각할 수 없다. 여자 아이돌 그룹 '블랙핑크'(BLACKPINK)는 '블링크'(Blink) 팬덤이 있으며, '트와이스'(Twice)는 '원스'(Once)라는 이름의 팬덤이 있다. 아이돌은 팬덤과 함께 한다. 팬덤은 특정 대상에 대해 팬질을 하는 팬들의 집단을 의미한다. 오늘날 연예인만이 아니라 정치인, 예술가, 작가에게도 팬덤이 있다. 더구나 스포츠, 게임, 드라마, 영화에 이르기까지 팬질의 대상은 다양하다.[1] 다양한 장르의 팬덤 가운데 주목받는 것은 역시 아이돌 스타의 팬덤이다. 아이돌 팬덤은 팬덤의 특출한 특성이 있기 때문이다.

아이돌 그룹의 팬덤은 처음에는 음악에 매료되어 몰입하다가 어느덧 그룹의 캐릭터를 향한 차별적 헌신에 몰두한다. 정확하게 특정 멤버에 집중하는 맹목적 경쟁심으로 치닫는다. 팬덤에는 '내가 지켜야 하는 아이돌은 오로지 뒤처질 수 없고 무시되어서도 안된다'는 맹목적 자세가 있다. 이 때문에 아이돌을 위한 투쟁을 마다하지 않는다. 팬덤의 문화적 영향력을 들여다 본 이민희는 『팬덤이거나 빠순이거나』(2013)에서 팬들은 팬덤에 몰입되어 자신이 추종하는 아이돌을 우습게 여기는 수많은 적들과 싸워서 이겨야 한다는 전투적 심리를 갖는다고 했다.[2] 타 팬덤이나 팬덤의 바깥 사람들에 대한 과격한 팬질을 그대로 드러낸다.

과격한 팬질

아이돌 간의 경쟁심은 팬덤이 중심이다. 과격한 팬덤 경쟁으로 상대 아이돌에게 불리한 정보쯤이야 아무렇지 않게 생산하고 퍼트린다. 대중의 오해를 조장하는 내용을 다른 사이트에 퍼트리는 요령까지 적극 제시한다. 내용을 조작하고 루머로 만드는 게 손쉬워진 오늘날 팬덤 공동체는 가짜뉴스의 플랫폼이 된다. 가짜뉴스로 만들어진 화젯거리는 순식간 팬클럽 구성원들의 심리적 연결 기제로 이용된다. 팬덤 무리는 진실인지 거짓인지 판단하지 않는다. 아이돌에 유리한 정보는 가짜뉴스여도 상관없다. 이를 믿게 하려고 관련 사진을 의도적으로 조작하고 유포한다. 팬덤으로 뭉친 확증편향은 허위정보도 유리하면 거의 진실인 듯 관심을 받는다. 그래서 아이돌을 둘러싼 수많은 가짜뉴스가 존재한다.

아이돌을 둘러싼 가짜뉴스로 아예 재미를 본 유튜브도 등장했다. 2020년 7월 개설된 유튜브 채널 '탈덕수용소'는 연예인에 대한 알 권리를 주장하며 거짓 이슈를 퍼트렸다. 아이돌에 대해 성희롱, 인종차별, 열애설, 성형설 등 허위정보를 유포하고 댓글마저 조작했다. '탈덕수용소'는 심각한 문제를 일으키고 결국 2023년 6월 23일 유튜브에서 채널 삭제 조치를 받았다. 문제는 팬덤끼리의 과열로 가짜뉴스가 만들어지는 경우이다. 2012년 걸그룹 '달샤벳'과 보이그룹 'B1A4'의 팬들이 펼친 가짜뉴스 사건은 황당한 내용이었다. 근거 없는 허위정보의 확산으로 팬들 간 공격은 걷잡을 수 없었다. 경찰에서도 어이없는 반응을 보였다. 일명 '아육대' 사건이다. 이 사건은 팬덤 간 충돌이 중심에 있었다.

'아육대' 사건은 설 특집 '아이돌 육상대회' 녹화 이후 양측 팬들의 도를 넘는 루머가 발단이었다.[3] '달샤벳'의 팬들이 'B1A4'의 팬들을 성추행하고 컵라면을 던졌으며, 경호원과 경찰이 출동하였고 실종된 팬이 있다는 허위정보가 SNS를 통해 확산되었다. 사건의 전개가 빨라지면서 걸그룹 '달샤벳'의 남성 팬들이 보이그룹 'B1A4'의 여성 팬들을 납치하고 성폭행했다는 소문까지 더해졌다. 사실 여부는 뒷전이었고 양측 그룹의 팬들은 서로 간 공격을 주고받았다.[4] 걸그룹 '달샤벳'에게도 비난과 악플 공격이 이어졌다. '아육대 사건'이란 이름이 실시간 검색어 순위에 올랐다.

'아육대' 사건에 '달샤벳'의 공식 사과를 원한다는 온라인 서명운동에 5천 명이 호응했다.[5] 사람들의 관심이 뜨거워지자 관할 경찰서 측과 프로그램 담당자는 사실이 아님을 밝혔다. 실제 특이사항은 없었고 사실무근이었다. 하지만 팬들의 시선은 변하지 않았다. 양 그룹의 팬덤은 상대를 향한 비난의 화살을 멈추지 않았다. 상대의 공격에 조작된 가짜뉴스가 적극 이용되었다. 가짜뉴스의 증폭에는 아이돌을 열정적으로 추종하는 팬덤의 활약이 크게 작용했다.

'달샤벳'의 팬덤 '달링'과 'B1A4'의 팬덤 '바나'가 충돌해 가짜뉴스로 다져진 대결은 서로를 공격하고 방어하며 확대되는 양상으로 번졌다. 특히 '달샤벳' 멤버 세리를 향한 근거 없는 루머들은 상대 팬덤을 자극한 과정에서 일어났다. '달샤벳' 세리는 나중에 당시 상황을 유튜브로 밝히며 힘들었던 부분을 토로했다. "사실이 아님을 말하고자 SNS에 루머 자제에 대한 글을 썼는데 악플이 올라왔고, 억울함에 특정 클럽(B1A4의 바나)을 언급했다. 경솔했다는 지적에 사과문을 쓰고 마무리되는 줄 알았다."[6] 상대 팬덤 '바나'를 언급한 것이 불을 지핀 격이 되었다.

루머는 진위가 불명확한 정보이다. 루머가 뉴스형식을 갖추면 사회적 파급이 가짜뉴스의 형태가 되어 논란을 일으킨다.[7] 아이돌의 가짜뉴스는 팬들의 팬덤 속에서 만들어진다. 자신이 좋아하는 스타의 이미지를 위해 루머가 유용하다면 진실보다 앞선다. 나의 스타에 대한 광적인 사랑을 표출하는 표식에 상대 스타를 적대시는 허위정보로 가공하게 된다. 가짜뉴스는 상대 팬덤을 이기기 위한 유용한 수단이다. 상대 팬덤과의 분란을 적들과의 싸움으로 여기면서 가짜뉴스를 만드는데 아무런 거리낌이 없는 것이다.

팬덤의 심리를 뭉치다

팬덤이 가짜뉴스를 만드는 것은 그들만의 텍스트를 만들어 완벽한 독자성으로 의미를 창조하는 것이다. 존 피스크(J. Fiske)는 팬덤을 대량 생산되고 대량 유통된 엔터 문화 속에서 특정 인물 혹은 장르를 자신의 문화로 받아들이는 사람들의 집합으로 보았다. 팬덤은 문화 수용자로서 자신의 의미, 욕망, 쾌락 속에서 개인적으로 텍스트를 생산한다.[8] 가짜뉴스도 그런 과정에서 만들어진 것일 수 있다. 피스크의 말대로라면 가짜뉴스는 문화의 의미생산이다. 의미생산은 집단적으로 외부와의 경계를 만든다. 텍스트 생산에 다른 팬덤과의 감정적인 거리가 유지되다가 충돌하면 상대를 왜곡하고 혐오하면서 공격적 자세로 돌변한다.

팬덤 간의 충돌로 '달샤벳'은 혹독한 곤혹을 치렀다. 상대방 팬덤은 루머를 믿게 하려고 관련된 내용을 사진으로 연출했다.

컵라면이 바닥에 내동댕이친 장면으로 자신들이 만든 거짓 정보를 사실처럼 입증하려고 조작한 가짜였다. 가짜뉴스를 바탕으로 팬덤의 심리는 뭉쳐진다. 그리고 집단적인 확증편향을 만든다. 팬들의 관심을 공유한 확증편향은 선호된 해석 방식을 위한 학습과정을 구축한다. 팬덤은 특수한 관심사로 자극적인 것을 적극 이용한다. 팬덤의 상호 충돌은 대중에게는 눈살을 찌푸리는 결과를 가져왔다. '달샤벳'을 향한 가짜뉴스의 확산은 여론에서 미운털이 되어 '달샤벳' 인기를 곤두박질치게 만들었다. 상대인 'B1A4'도 상처를 입기는 마찬가지였다.

사람들은 사실 여부를 따지는 것보다 자신의 견해에 맞는 정보에 호의적인 경향이 있다. 그래서 자신이 보고 싶은 정보에 집중한다. 또한 원래 가지고 있던 생각이나 신념을 지지하는 쪽으로 자신의 생각을 굳힌다. 가짜뉴스와 확증편향이 합쳐지면 아이돌 팬덤은 그 자체를 신뢰한다. 그렇지 않아도 팬덤은 맹목적인 성향을 강한데 가짜뉴스까지 덧붙여지면 그야말로 신념에 뭉쳐진 허위 내용은 진실의 힘으로 탈바꿈된다.

아이돌에 대한 맹목적 지지와 사랑은 음악에 대한 열정보다 아이돌 멤버에 대한 애정으로 쏠린다. 아이돌을 지켜야 한다는 경쟁심에 팬질은 과격하게 된다. 경쟁 관계에 있는 팬덤은 서로를 깎아내리려 허위사실을 만들어 유포하고, 팬덤의 지지자들은 그것이 사실인 것처럼 믿고 상대에 대한 공격을 되풀이한다. 유튜브와 SNS의 발달, 그리고 스마트폰 보급률 확대로 가짜뉴스는 검증도 하기 전에 날개 달린 마냥 퍼져나간다. 팬덤에는 신뢰성이 무너진 편향된 정보가 남발한다. 팬덤과 가짜뉴스의 악순환이다.

팬덤은 확증편향이 손쉬운 집단으로 그들만의 무오류를 앞세운다. 무오류의 확신은 수정을 필요치 않는다. 자신의 견해에 맞는 뉴스만을 찾아 접한다. 자신의 생각과 맞지 않는 뉴스는 신뢰성을 잃었다고 생각한다. 유튜브나 SNS를 통해 가짜뉴스를 찾아 진짜인 양 믿는다. 이런 상황에서 팬덤을 중심으로 만들어지는 가짜뉴스는 계속된다. 아이돌 팬덤 역시 자기중심적 아이돌 사랑에 지나치게 집중하면 극단주의로 치닫는다. 인터넷 기사의 댓글과 추천 수의 조작이나 다른 의견을 입막음시키는 댓글 점령의 문제는 소극적이지만, 팬덤의 루머와 가짜뉴스는 창의적이고 적극적이다. 바라는 결과가 나오지 않으면 이를 수정하기 위한 가짜뉴스 만들기에 팬덤은 하나의 플랫폼이다.

팬덤이 루머나 가짜뉴스의 플랫폼이라고 하더라도 이를 막을 수 없다. 팬덤이 없는 아이돌을 상상할 수 없다. 팬덤은 이제 문화의 일반 현상이다. 특정 스타에 둘러싼 정보를 수집하고, 여러 형태로 애정을 표현한다. 팬덤의 이름 하에 아이돌을 추종하는 팬들은 주체적으로 문화 생산에 뛰어든다.[9] 팬덤 용어가 과몰입을 지칭하는 집단 증후군이란 뜻으로 부정적인 시각을 담고 있다. 하지만 팬덤 현상을 연구한 헨리 젠킨스(H. Jenkins)는 팬덤을 문화의 새로운 소비방식으로 보며 부정적인 이미지 집단이 아닌 능동적인 문화 수용자로 여긴다.[10] 특수한 의미를 생산하는 대안적 사회 공동체인 것이다.

아이돌의 경쟁은 팬덤을 중심으로 일어난다. 서로 간의 경쟁 속에서 사실 여부와 상관없이 자극적인 것을 진짜로 믿는 시선들은 팬덤의 집단적 증후군 속에 사그라지지 않을 것이다. 아이돌만이 아니다. 정치집단화된 팬덤은 가짜뉴스의 근원으로 상대집단을 괴롭힌다. 정치인의 팬덤은 정치인 스스로도 부담스럽다. '개딸', '수박', '건사랑', '대한사모' 등 팬덤 내의 첨예한 이슈는 언제든 가짜뉴스로 무장할 것 같은 불편함이 분명히 있다.

인류가 사라진다
종말론과 가짜뉴스

"1992년 10월 28일 밤 12시, 1초도 어기지 않습니다." 인류가 사라진다는 종말론을 확인하기 위해 초저녁부터 서울 마포구에 위치한 다미선교회 앞에 많은 취재진들이 몰렸다. 전세계 무려 10억 명의 사람이 하늘로 솟구친다는 주장이 '휴거'란 이름으로 오래전부터 퍼졌다. 그 시점이 목전에 오자 사람들의 관심이 쏠렸다. 다미선교회 이장림 목사의 예언으로 향후 7년간 인간 세계가 큰 혼란을 겪게 되고 궁극적으로 종말을 직면한다는 사실을 확인하기 위한 무리들이었다. '휴거'가 이루어질 것이라는 예언은 이장림 목사가 쓴 『1992년의 열풍』에서 시작되었다.[11]

책은 출간된 지 한 달 만에 종교 분야 베스트셀러가 될 정도로 반향을 불러일으켰다. 자신의 예언을 믿는 사람만 예수의 도움을 받아 천국으로 올라갈 수 있다는 주장에 사회가 혼란스러웠다. 휴거는 성서 데살로니가전서에 사람들이 구름 속으로 끌어 올려 공중으로 들려 올라간다는 구절에서 따왔다. 데살로

니가 신도들에게 보낸 편지에 라틴 성서에 쓰인 Rapiemur의 영어표현 Rapture를 한자어 뜻에 맞춰 휴거(携擧-이끌려 올라간다)로 쓰면서 알려졌다.[12] 1992년 10월 '휴거'에 대비하려고 이를 믿는 사람들은 집안 물건을 지인에게 나눠주거나 버리는 경우도 적지 않았다.

천국에 올라가기 위해 인간 세계에서 얻은 모든 물질적인 것은 그대로 처분하거나 버려야 한다는 주장에 사람들은 현혹되었다. 이 사건은 세계 다른 국가에도 영향을 미쳤다. 사태가 걷잡을 수 없이 커지자 정부가 조사에 나서기 시작했다. 휴거 한 달 전 이장림 목사가 경찰에 체포되었지만, 신도들은 여전히 휴거가 일어날 것이라 믿고 매일 간절히 기도하며 지냈다. 그러나 기대와 달리 12시가 넘었으나 아무 일도 일어나지 않았다. 모두가 거짓이었다.

그들만의 천년왕국

인류가 겪는 거짓 정보 가운데 오래된 소재 중 하나가 종말론이다. 한국사회에서 종말론은 1920년~30년대 신비주의와 관련된 말세론으로 재림예수를 자처하는 인물들의 등장과 함께 시작되었다. 그러다 6.25 전쟁 뒤 어수선한 사회분위기에 편승 '새 하느님'으로 박태선의 전도관이 종말론을 부각시켰다. 이후 시한부 종말론은 '다미 시리즈'와 함께 고조되었다가 가짜로 밝혀졌다.[13] 휴거와 같은 종말론은 급박하고 전면적이며 궁극적으로 이 세상의 집합적 구원을 기대하는 종교적 운동으로 19세기 미국 근본주의 입장의 기독교적 해석에서 나왔다. 근본주의는 19세기 후반 미국에서 성서적 예언에 대한 해석에서 발전된 것으로 대체로 '천년왕국의 도래를 믿는 운동'의 산물이다.

흔히 천년왕국 운동은 세계 종교 중 기독교 종말론으로부터 영향을 많이 받은 것으로 본다.[14] 사회학의 관점에서 천년왕국운동은 일종의 기적적 수단으로 전면적 사회변동을 약속하는 종교적 혹은 정치종교적 집합운동이다. 새로운 천년을 이끌 수 있는 초자연적 변혁에 메시아가 동반되는 것이 필수적이다. 이러한 패턴은 북미의 인디안 고스트 댄스(Ghost Dance, 영혼의 춤)에서도 나타나고 남태평양 섬 원주민의 카고 컬트(Cargo Cult, 화물숭배)에서도 나타난다.[15] 고스트 댄스는 원을 그려 정신없이 춤을 추다가 정신을 잃고 조상신을 보며 낙원을 보는 방법이다. 화물숭배는 2차 세계대전 하늘에서 본 비행기와 낙하산에 매달린 화물을 신들이 보낸 것으로 여기며 이들이 다시 오기를 희망하는 숭배의식이다.

고스트댄스나 카고컬트는 낙원과 지복세계의 도래를 꿈꾸는 종교운동이다. 대부분 문화 혼돈으로 결과를 맺는다. 그러나 휴거는 일정 기간 대혼란과 전쟁으로 종말론을 이끌며 공포를 조장한다. 세상의 종말이란 말에 불안과 두려움이 담겨있다. 종말론은 반복된다. 새로운 천년이라는 세상의 변화는 오래전부터 있었으며 계속된다. 미국의 '패밀리 라디오'의 설립자 해롤드 캠핑(H. Camping)은 2011년 5월 21일 심판설로 휴거를 조장했다. 지구에 최악의 지진으로 휴거가 발생하고 153일 동안 공포와 혼돈으로 이어지다 10월 21일 종말을 맞이한다는 시나리오였다.

캠핑의 말을 추종하는 많은 사람들 역시 종말을 준비했다. 일부는 자신의 재산을 털어 뉴욕의 지하철과 버스 정류장에 심판의 날을 광고하며 가짜뉴스를 전파했다. 텔레비전과 신문광고는 물론 유튜브도 휴거를 조장하는 도구로 이용되었다. 유튜브와 같은 소셜미디어는 그럴 듯하게 가짜뉴스를 치장한다. 이 역시 모두 거짓으로 끝났다.[16] 예상에 빗나간 종말론은 극단론자들이 흔히 주장하는 종말의 정확한 시기나 예언을 성경에서 벗어난 자의적 해석에 근거한다.

종말론을 사회문화적 상황에서 이해하려는 노력들이 종교사회학에서 있었다. 한마디로 정리할 순 없지만 알 수 없는 미래 상황을 현재의 관점에서 이해하려는 사회학적 시각이다. 피터 버거(P. Berger)와 토마스 루크만(T. Luckman)은 사회적으로 구성된 세계를 정당화시키는 인지적 장치로 보기도 하고, 클리퍼드 기어츠(C. Geertz)는 사람들의 삶의 방식과 세계관에 대한 이해로 보기도 한다.[17] 인간의 미래를 알고 인생의 여정을 꿰뚫을 수 있다면 얼마나 좋을까! 문제는 미래를 모른다는 데 있다. 알 수 없는 미지의 세계에 대한 이해를 설득력 있는 정보로 꾸미려면 가짜뉴스가 동원되어야 한다. 종말론은 믿을 수 있도록 하는 정보들이 필요하다. 알 수 없는 미래의 사실에 팩트를 만들어야 하는 것은 쉽지 않다.

알 수 없는 진실을 가정적 지식으로 접근하면 오류가 생긴다. "그날과 그 시간은 아무도 모른다. 하늘의 천사들도 모르고 오직 아버지만이 아신다" 성경의 마태복음 24장 26절에 나온 구절이다. 종말론을 회의에 빠트리는 결정적 구절이다. 동시에 알지 못하기 때문에 더 확신으로 치장할 수 있는 것도 이 구절이다. 종말론은 확신과 의심이 가장 극적으로 상호교차하는 영역이다. 확신에 찬 사람들은 깨닫지 못하겠지만 허위를 지식에 맞춰 꾸며내는 일에 종말론은 세밀하다. 믿게 하는 재료들은 허위 사실을 동원하는 가짜뉴스이다.

무지와 비지식

특정한 것을 가정하는 것은 명제적(propositional) 지식이다. '어떤 것이 일어난다'는 종말론의 가정은 '어떤 것이 그렇다'라는 명제적 지식과 같다. 팩트로부터 생성되는 팩트 기반의 지식이다. 그러나 종말론에서 팩트를 찾는 것은 어렵다. 의도적이든 비의도적이든 실체에 대한 정확한 이해를 제시하는 것에 한계가 있다. 의심이라는 것을 배척하면서 믿을 수 없는 것을 믿어야 하는 근원적인 문제가 종교이다.

종말론이 명제적 가정 속에서 전파하게 된다면 현상이나 실체를 찾아내지 못하기 때문에 가짜뉴스에 우선 의지하게 된다. 팩트 없는 팩트를 만들어야 한다. 실체에 대한 정확한 개념화를 위한 지식을 추구하지만, 안타깝게도 종말론은 특정한 지식이 부족한 상태에서 신념에 의존한다. 여기에 특정 기대를 넘어서며 전적인 놀라움을 창출한다는 전제가 붙는다. 이는 미래를 알 수 없기 때문에 가능하다.

'알 수 없다는 것이 무엇인가'를 사회학적으로 관찰한 마티아스 그로스(M. Gross, 2007)는 알 수 없다는 것은 무지(ignorance)와 비지식(non-knowledge)에서 온다고 보았다.[18] 무지는 특정 영역에서의 지식의 한계를 인식하는 것이고, 비지식은 알려지지 않은 것에 대한 지식이다. 지식이 늘어나면 새로운 지식에 대한 요구가 생긴다. 여기에 무지도 함께 진행되고 비지식도 일어난다. 그러나 종말론은 아예 지식이 부족한 상태에서 특정한 기대를 하고 놀라움을 창조한다. 이것은 무지의 범위를 넘어서는 것이다.

우리가 안다는 것에 대한 주장을 신뢰성 있게 만들려면 다양한 방식으로 무지를 최소화해야 한다. 무지는 불가피하게 초래되는 것이 아니라 의도와 전략에 의해 조작될 수 있다. 불편한 정보를 덜 드러냄으로써 무지처럼 보일 수 있고 아예 다른 정보를 노출하지 않고 특정한 목적에 부합하는 정보에만 초점을 두어 무지처럼 보일 수 있다. 이런 무지는 의도적인 것으로 일종의 전략적 무지이다.

종말론은 무지 속에서 일어난다. 더구나 전략적 무지이다. 알 수 없는 상태가 지속될 수 있는 범위를 확대하는데 정보를 동원한다. 특정한 요소를 굴절시키고 애매하게 만들어 무지로 설정하여 종교적 믿음으로 그것을 대신한다. 의심에 대한 해답을 합리적으로 찾는 것은 쉽지 않다. 피터 버거(P. Berger)와 안톤 지더벨트(A. Zijderveld)는 의심에 대한 해답으로 그 유혹을 떨치는 방법은 그것에 넘어가는 것이라 했다.[19] 종말론과 같은 종교적 믿음은 의심과 싸우거나 벗어나려고 애쓰게 되지만 무지의 영역을 그대로 넘어가면서 가능하다.

현명함과 어리석음 사이의 이성적 경계는 모호하다. 세상 전반을 의심하기도 하고 어떤 경우는 뭔가 믿으려고 하기도 한다. 종말론을 추종하는 사람들은 바로 이러한 경계에서 한쪽으로 치우쳐 절대 믿음으로 탐닉하고 젖어 든 경우이다. 의심에 대해 '전부 아니면 전무'라는 식의 접근은 유독 종교에서 강하게 나타난다. 거짓 정보에 진실의 믿음을 담아 종말론에 빠지면 쉽게 헤어나지 못한다. 종말론의 주장에 따르는 이념에 확증편향이 강하게 작용한다.

사람들은 자신의 가치관에 맞다면 아무런 검증도 시도하지 않고 사실이 왜곡된 정보를 그대로 받아들인다. 종말론의 믿음도 같은 것이다. 진실성으로 판가름되어 종말론이 허구로 드러났음에도 그 믿음을 바꾸지 않는 현상은 사람들의 태도에 확증편향이 강하게 작용한다는 증거이다. 해럴드 캠핑은 면바지에 폴로셔츠 차림으로 대중 앞에 스스로 자신의 휴거가 잘못되었다는 사과를 했다. 이를 보면서도 여전히 그를 두둔하고 희망을 버리지 않은 사람들이 있었다.

소셜미디어에 가려진 그림자

페이스북, 인스타그램, X(옛 트위터), 카카오톡은 우리 삶의 중요한 소셜미디어이다. 소셜미디어의 편리함은 하루만 쓰지 않아도 금방 느낄 수 있는 불편함으로 알 수 있다. 2004년 처음 페이스북이 등장했을 때만 해도 친구 간 소통을 돕는 관계망 서비스 정도로만 여겼다. 이제는 인스타그램, X(옛 트위터), 카카오톡, 틱톡 등 여러 소셜미디어가 등장하면서 그 위력도 달라졌다. 사용자들은 자신의 생각을 공유하고 동일한 관심을 가진 사람들끼리 모여 취미활동을 즐긴다. 동시에 그 폐해도 만만치 않다.

코로나19 바이러스에 쓰러진 사람들이 광장에 널부러져 있는 사진이 2020년 1월 29일 페이스북에 등장했다<사진 1-1>. 중국에서 일어난 실제 상황이라는 설명을 덧붙인 위성사진은 코로나19 위험을 공포로 전하는 가히 충격적 사진이었다. 문제의 사진은 페이스북과 트위터에 빠르게 전달되었다. 인도네시아어로 설명된 사진 한 장이 순식간 전세계로 퍼졌다. 중국에 많은 사람이 죽어가고 있고 치료제는 없으며 바이러스를 막을

<사진 1-1> 2014년 독일 프랑크푸르트의 홀로코스트 추모 퍼포먼스 사진이 중국의 코로나19 희생자 모습으로 둔갑된 가짜뉴스

군대도 사라졌다는 소식이 소셜미디어를 통해 퍼져나갔다. 그러나 해당 사진에 나와 있던 장소는 독일 프랑크푸르트의 한 광장이었고 코로나19로 인해 쓰러진 시민들이 아니라 홀로코스트 희생자를 추모하는 퍼포먼스 장면(2014년 행사)이었다.

문제의 사진은 2014년 3월 24일 로이터 통신에 실린 사진을 옮겨 놓은 가짜뉴스로 밝혀졌다.[20] 코로나19의 상황을 잘 모르고 있었던 당시 이러한 공포감을 조장하는 내용에 사람들의 두려움은 엄청났다. 예술 퍼포먼스 사진이 소셜미디어에 가짜뉴스로 동원되었다. 더구나 코로나19 시국에 공포를 조장하는 충분한 연출이었다. 소셜미디어는 정확하지 않은 사실인 기획된 정보를 얼마든지 흘릴 수 있다. 소셜 네트워킹 서비스(Social Networking Service, SNS)인 페이스북, 인스타그램, X(옛 트위터), 카카오톡 등의 소셜미디어는 이용자들이 자유로운 의견을 공유하는 플랫폼이다.

소셜미디어가 크라이어를 대체

동네 사랑방에 둘러앉아, 혹은 선술집에 이웃끼리 모여 새로운 소식에 귀를 기울이며 주목을 끄는 소식에 큰소리로 떠들며 전파하는 크라이어(crier)가 소셜미디어로 대체되었다. 정보통신기술과 SNS의 발달로 인해, 일방적인 정보 전달만을 일삼던 매스 커뮤니케이션과는 환경이 달라졌다. 두 사람 이상의 정보전달 현상이 즉각적으로 이루어지고, 자신의 생각을 스스럼없이 드러낼 수 있는 페이스북이나 인스타그램과 같은 소셜미디어가 익숙해진 요즘이다. 소셜미디어를 통한 정보습득은 이제 우리 삶의 일부가 되었다.

소셜미디어가 가짜뉴스로 동원되는 데는 정보의 소스가 정확하지 않은 데 있다. 예술 퍼포먼스 사진이 가짜뉴스로 돌아다녀도 이를 바로잡는 시도는 한참 지난 후에야 이루어진다. 소셜미디어는 사실성을 담보하는 형식적인 문법과 문장을 사용하여 자극적인 허위 뉴스를 만들어 사실만을 담고 있는 뉴스보다 주목도를 높인다. 사실같이 보여 사람들에게 옳지 않은 시각을 주입한다. 다분히 일탈적이다. 그러나 가짜뉴스는 시간이 지나면서 언론이나 정부기관 등에 의해 사실이 아니라는 것이 밝혀지거나 걸러지곤 한다. 그렇다고 해서 가짜뉴스를 '다시 사실을 보도하면 된다'는 식으로 처리하기엔 그리 간단치 않다. 왜냐하면 진실과 거짓이 밝혀지기 전에 이미

기정 사실화가 되어 공공연하게 소셜미디어로 확산되기 때문이다.

소셜미디어에 가짜뉴스가 폭발적으로 늘어난 것은 2016년 미국 대선이었다. '교황이 트럼프를 지지한다', '힐러리가 IS에 무기를 팔았다' 등의 가짜뉴스는 페이스북에 엄청나게 공유되었다. 근거 없는 가짜뉴스가 선거기간 동안 소셜미디어에 빠르게 퍼졌다. 가짜뉴스들은 선거 결과에 큰 변수로 작용하였다. 특히 트럼프가 교황의 지지를 받는다는 가짜뉴스는 페이스북에서 96만 건이나 공유되었다. 페이스북의 공유는 트럼프가 힐러리를 압도했다. 트럼프에 유리한 가짜뉴스는 힐러리에 비해 세 배나 많았다. 미국인 평균 92퍼센트가 트럼프와 관련된 가짜뉴스를, 23퍼센트가 힐러리와 관련된 가짜뉴스를 기억하고 있는 것으로 나타났다.[21]

소셜미디어를 통한 가짜뉴스가 아니었다면, 트럼프가 미국 대통령에 당선되지 못했을 것이라는 주장은 설득력 있게 보인다. 가짜뉴스에 노출된 사람의 절반 이상이 해당 내용을 사실로 믿었다. 미국의 '퓨리서치 센터'(Pew Research Center)의 발표에 따르면 2016년 미국 대선 당시 미국 성인의 62퍼센트가 소셜미디어를 통해 뉴스를 접하는 것으로 조사되었다.[22] 대부분 페이스북이나 트위터를 통해 접하는 것으로 나타났다. 스마트폰은 훨씬 진보한 기술로 사람들의 손 안에서 자유로이 움직인다. 지금은 스마트폰의 소셜미디어를 통해 뉴스를 접하는 빈도가 훨씬 높아졌다.

트럼프는 미국 대통령 시절 내내 트위터로 자신의 소식을 전하면서 뉴스거리를 만들었다. 미국 대선에서 가짜뉴스는 전통 언론사의 뉴스를 압도하며 선거에 막강한 영향력을 미쳤다는 연구가 나왔다. 영국 옥스퍼드 대학 인터넷연구소가 발표한 내용에 따르면 2017년 11월에서 2018년 1월까지 미국의 페이스북과 트위터 이용자의 데이터를 분석한 결과 트럼프 지지층이 광범위하게 가짜 뉴스를 공유하는 것으로 나타났다. 선거가 끝난 후에도 지지층은 가짜뉴스에 매달리고 있는 것으로 보고되었다.[23]

가짜뉴스는 소셜미디어를 통한다

트럼프가 선거에 이긴 것은 소셜미디어로 가짜뉴스를 적극 이용한 덕분이다. 트럼프가 선거에 이기면서 가짜뉴스가 민주주의 전반에 미치는 영향력이 우려되었다. 휴렛팩커드 창업자인 윌리엄 휴렛(W. R. Hewlett)이 설립한 휴렛 재단은 가짜뉴스가 민주주의에 미치는 영향력에 대한 연구에 1,000만 달러를 지원한다고 발표했다. 또 페이스북과 포드 재단은 '뉴스 바로 세우기'(News Integrity Initiatives)에 1,400만 달러를 지원한다고 나섰다.[24] 가짜뉴스의 파급력에 민주주의의 미래를 우려하는 조치였다. 그러나 중요한 것은 가짜뉴스를 이용하는 소셜미디어에 대한 조치는 쉽지 않다. 미디어의 지형이 전통 미디어에서 소셜미디어로 변화하면서 가짜뉴스는 더 활개를 치고 있다.

소셜미디어를 통해 지인과 더 깊은 관계를 쌓을 수도 있고, 정치인이나 유명 연예인 등의 글도 실시간 접할 수 있다. 속설로 사건이 터지면 뉴스 보도보다 소셜미디어로 관련된 내용을 더 빨리 알 수 있다는 말이 있다. 소셜미디어의 정보 확산 능력은 날이 갈수록 뛰어나다. 소셜미디어의 사용자들이 능동적으로 정보를 전달하고 참여하는 등 좋은 영향도 있지만, 그와 동시에 잘못된 정보를 퍼트리는 위험도 있다. 소셜미디어에 실린 정보와 뉴스를 정확히 분별해야 하는 과제가 생긴 것이다.

소셜미디어가 실제로 가짜뉴스를 전파하는 플랫폼인가에 대해 앨콧(H. Allcott) 교수와 겐츠코(M. Gentzkow) 교수가 2016년 미국 대선 직후 조사에 나섰다.[25] 가짜뉴스 156건과 대선 이후 유권자 1,200명을 대상으로 설문조사한 결과는 소셜미디어가 가짜뉴스에 적극 이용되는 것으로 나타났다. 정상적인 톱뉴스는 직접 탐색하는 경우가 48.7%였고, 검색엔진으로 알게 되는 경우는 30.6%이며, 소셜미디어를 통해 접하는 경우는 10.1%였다. 그러나 가짜뉴스는 소셜미디어를 통해 접하는 경우가 41.8%였고, 직접 탐색하는 경우는 30.5%였으며, 검색엔진을 통해 알게 되는 경우는 22.0%였다. 가짜뉴스는 소셜미디어를 통해 접하는 비율이 아주 높은 것으로 조사되었다.

소셜미디어는 가짜뉴스를 여과 없이 생산 유통 소비하는 플랫폼이다. 가짜뉴스는 생산과 유통에서 얻는 편익이 크기 때문에 소셜미디어에서 수그러들지 않는다. 가짜뉴스는 어느 곳에서든 누구나 만들 수 있다. 마케도니아의 작은 도시 벨레스(Veles)에 웹사이트 100개 이상의 '가짜 언론사' 사이트가 운영되고 있었다. 운영진은 대부분 10대와 20대였다.[26] 열여덟 살의 한 학생은 트럼프가 유권자를 폭행했다는 가짜뉴스를 웹사이트에 올리고 페이스북에 링크를 걸었다. 페이스북 포스팅은 800회 가까이 공유되고 웹사이트 트래픽이 늘면서 한 달 만에 150달러를 벌었다. 넉 달 동안 올린 광고수입은 1만6천달러로 마케도니아 직장인 3년 6개월을 일해야 벌 수 있는 돈이었다.[27] 마케도니아는 가짜뉴스 산업에 큰 재미를 봤다.[28]

가짜뉴스는 표적 소비자를 향한 소셜미디어에서의 유통이 중요하다. 올바르지 않은 정보를 고의로 전달해 뉴스 소비자들이 잘못된 정보를 받아들이게 하는 소셜미디어는 가짜뉴스의 매개 통로이다. 소셜미디어는 뉴스에 쉽게 접하도록 하는 환경을 만들었다. 가짜뉴스를 퍼트려 이득을 취하고 동시에 잘못된 여론을 형성하는 것도 소셜미디어이다. 스마트폰의 손쉬운 이용으로 소셜미디어에 쉽게 접근할 수 있다. 정보의 편재성을 가진 사람들은 고착된 정보에만 집중한다. 한쪽에 치우친 메시지만을 이용하게 되면 편협한 정보에 몰리게 되어 그릇된 여론을 형성하고 조장하게 된다. 소셜미디어는 이러한 무기가 될 조건을 충분히 갖고 있다.

필터 버블로 길들여진 사고

새로운 현상의 중심에 있는 기본 코드는 아주 간단하다. 새로운 세대의 인터넷 필터가 당신이 좋아하는 것을 살펴본다. 당신이 실제로 무슨 일을 했는지, 당신과 같은 사람이 무엇을 좋아하는지 살펴보고 추론한다. 예측 엔진들은 끊임없이 당신이 누구인지, 이제 무엇을 하려고 하고 또 할 것인지에 대한 이론을 만들어내고 다듬는다. 이를 통해 우리 각각에 대한 유일한 정보의 바다를 만든다. 우리가 온라인에서 정보와 아이디어를 맞닥뜨리는 방법 자체를 근본적으로 변화시키는 이런 현상을 나는 '필터 버블'(filter bubble)이라고 부르고자 한다.[29]

아마존이나 쿠팡과 같은 온라인 쇼핑몰을 검색하면서 잠깐 휘젓고 나온 과오(?)가 때로는 우리를 쉼 없이 시달리게 한다. 인터넷에 접속한 순간 몇 차례 검색한 상품들이 나의 기호를 아는 듯 눈앞에 불쑥 나타난다. 알고리즘 기술은 컴퓨터 이용자에게 불필요한 정보나 쓸데없는 정보를 걸러주고 반대로 필요한 정보를 제시하는 필터링에 맞춰져 있다. 그 출발은 비즈니스 전략에서 나왔다. 아마존은 컴퓨터 이용자가 어디에 관심을 두는지 예측해서 그와 관련된 내용을 첫 페이지에 띄워 엄청난 수입을 올렸다.

구글, 페이스북, 유튜브 등의 알고리즘도 같은 원리로 비즈니스 전략을 세운 지 오래다. 소셜미디어 서비스 광고도 대개 다르지 않다. 자신의 정보를 노출시켜 흔적을 남기게 되는 순간, 개인은 입맛에 맞는 정보를 손쉽게 접하는 편리함을 갖는다. 특화된 타겟 광고가 사용자들이 원하는 정보로 다가온다. 광고만이 아니라 뉴스도 마찬가지이다. 특별한 관심이나 욕구에 맞는 기사가 눈앞에 펼쳐진다. 뉴스가 개별화된 맞춤 서비스로 다가온다. 광고든 뉴스든 개별화된 필터링은 개인의 구미에 맞는 정보 제공에 기여한다.

그러나 엘리 프레이저(E. Pariser)는 입맛에 맞는 정보가 편협하다고 경고한다. 그의 저서 『생각 조종자들』(The Filter Bubble)에서 개별화된 필터가 갖는 문제를 필터 버블이라는 개념으로 제시하며 생각의 쏠림에 대해 우려했다. 알게 모르게 스스로 파편화된 정보에 갇히게 된다는 것이다. 개별화된 필터로 개인은 자신이 원하는 정보를 쉽게 얻지만 그런 정보에 입맛을 들이면 다른 정보를 멀리하게 된다. "우리에게 우리의 생각만을 더 주입하고, 친숙한 욕구만을 더 찾게 하고, 우리를 미지의 어둠 속에 잠복해 있는 위험에 무신경하도록 만드는 자가당

착의 길로 이끌 수 있다."[30] 우리가 어떤 삶을 살고 있는지 알게 하는 중요한 말이다.

정보의 중심에서 떼어놓다

실제 인터넷 시대에 많은 사람들은 필터 버블 속의 삶을 살고 있다. 특정 문제가 일어날 때 문제를 해결하기 위한 창의성 발휘가 쉽지 않다. 기술적인 요인에 매몰된 이용자들은 다양한 정보를 주도적으로 검색하고 접하는 것을 귀찮아한다. 개별화된 컨텐츠가 다양한 정보를 차단하여 이용자들을 망각의 틀에 가두어 버린다. 때로는 지나쳐서 사회에 전혀 도움이 되지 않는 콘텐츠를 자기식으로 소비하기도 한다. 신념에 매몰된 정보만 찾게 되는 위험이 분명히 있다. 가짜뉴스도 마찬가지이다. 필터 버블은 핵심 정보의 중심에서 우리를 떼어 놓는 원심력이 된다. 진짜 정보에서 멀어지는 외톨이를 만든다. 가짜 정보를 믿으면서 스스로의 철장에 갇힌다.

필터 버블은 가짜뉴스에서 헤어나지 못하게 하는데 한몫한다. 개별화된 필터는 기존의 아이디어를 강화한다. 필터링된 정보는 새로운 아이디어를 얻는 것을 방해한다. 자신의 생각을 변화시키기 어렵다. SNS를 통해 확산되는 가짜뉴스는 필터링으로 만들어진 믿음과 연결된다. 확증편향이다. 개인이 가진 확증편향성은 잘못된 정보라도 그것이 옳다고 믿는 신념이다. 그러한 신념을 가진 개인들은 SNS을 통해 특정한 네트워크를 형성함으로써 가짜뉴스의 파급효과를 크게 만든다.[31]

필터링의 본래 목적과 달리 그 과정에서 제공되는 정보가 제한된다는 문제점이 발생한다. 개인에게 최적화된 정보가 개별화된 정보로 사람들의 고정관념과 편견을 강화한다. 미디어를 수용하는 사람들이 자신의 가치관, 신념에 따라 뉴스를 선별하는 '선택적 접촉'은 필터 버블의 또 다른 모습이다. 이는 인터넷과 연결된 뉴미디어 환경에서 심화된다.

필터 버블로 접하는 몰아치기 정보는 뉴스 선택에 영향을 미친다. 이용자는 원하는 정보만을 뒤져보는 능동적 필터링에 뛰어든다. 뉴스 수용자들이 뉴스나 시사정보에 얼마나 직접 찾아 나서는가를 보면 이용면에서 텔레비전 다음이 인터넷이다. 한국언론진흥재단에서 발표한 『2021 언론수용자 조사』에서 직접 찾는 뉴스는 인터넷 포털 35.9%, 온라인 동영상 플랫폼 5.0%, 인터넷 뉴스 사이트 직접 접속 1.4%, SNS 1.0%로 나타났다. 텔레비전이나 종이신문 못지않게 상당 부분 인터넷을 이용해 뉴스를 접한다.[32]

더구나 가짜뉴스는 적극적으로 소셜 미디어를 이용한다. 2016년 미국 대선에 관한 기사를 분석한 인터넷 뉴스매체 <버즈피드>(BuzzFeed)에 따르면 가장 인기 있는 가짜뉴스 20개가 페이스북을 통해 전파되었다고 보도했다. 이 가짜뉴스에 대해 페이스북의 공유, 반응, 댓글은 자그만치 871만1천 건으로 미국의 주요 언론 매체인 <뉴욕타임즈>, <워싱턴 포스트>, <NBC> 뉴스보다 훨씬 높은 반응이었다.[33]

인간 기억을 질서지우다

필터 버블로 인해 정치적 편향성을 갖게 된 이용자들은 소셜미디어에 같은 정치적 성향을 보이는 사람들과 네트워크를 만들어 집단적으로 활동한다. 그 과정에서 자신의 진영을 미화하고 반대 진영을 폄하하여 우위를 점하려는 노력에 힘을 쓴다. 필터 버블로 인해 터무니없는 뉴스도 받아들이게 되는 것은 편향성에 맞춰 스스로 믿고자 하는 것만 보기 때문이다. 미국 대선에 앞서 '교황의 지지를 받는다는 트럼프'나 'ISIS에 무기를 판매했다는 클린턴'이나 모두 가짜뉴스임에도 상대 진영에겐 좋은 소식이기 때문에 빠르게 공유되고 확산되었다.

개별화된 필터로 인해 상대를 인정하지 않고 자신의 구미에 맞게 뉴스 콘텐츠를 이용하고 퍼트린다. 가짜뉴스는 사실 여부가 판단되기 전에 필터링을 통해서 개인이 가진 정치적 기호에 맞는 콘텐츠라면 확산된다. 그렇기 때문에 필터 버블은 가짜 뉴스의 확산을 돕는 중요한 매개 작용이다. 필터 버블로 만들어진 신념화된 뉴스 소비는 제공받는 정보로 만들어지기도 하지만, 적극적인 뉴스 매체의 활용으로 자신의 이해에 맞는 뉴스를 찾으면서 강화된다. 필터 버블은 생각의 주입으로 친숙한 아이디어를 만들고 정신적 프레임에 확신을 준다. 나아가 우리가 본 것과 보지 않는 것을 통제한다. 뉴스 소비를 극명하게 엇갈리게 하는 것도 같은 이유이다.

2022년 9월 22일 윤석열 대통령이 미국 순방 중 바이든에게 욕설을 했다는 언론 보도는 필터 버블로 무장된 상반된 주장으로 첨예하게 대립되었다. 유튜브로 각 진영을 대변하는 정보만을 연결고리로 삼아 자신의 진영에 유리한 내용만을 앞세웠다.[34] '바이든이라고 했다'는 주장과 '날리면으로 들린다'는 주장은 각자의 정치성향에 따라 갑론을박으로 치달았다. 한쪽에서는 '바이든'이라고 들려 욕설이 분명하다고 했고, 다른 쪽에서는 '날리면'으로 들려 바이든에게 욕설한 것이 아니란 해석을 내놓았다. 필터 버블로 인한 뉴스 소비는 자신의 확신으로 상대가 틀렸다는 통제적 자세를 취하게 된다.

필터링으로 무장된 인지구조는 가짜뉴스라는 주장을 서로에게 던지며 눈으로 보고 귀로 듣는 것을 단순화시켜버린다. 이는 인지심리학에서 말하는 스키마(schima) 작용이다.[35] 인간의 기억에서 일정한 규칙과 질서를 갖추게 되면 다른 정보를 받아들이기가 쉽지 않다. 스키마로 만들어진 기억의 정보들은 보고 싶은 것만 보면서 자신의 견해를 더욱 강화하는 경향을 갖는다. 스키마 개념은 원래 피아제(J. Piaget)가 체계화한 것으로 아동의 지적 발달에 관계한 개념이다. 새로운 경험을 동화시키거나 조절하면서 일관성을 갖는 인지적 틀이다. 자신의 정보 조각에 일치하지 않는 것은 받아들이지 않게 된다. 다르게 보면 확증편향이다.

필터 버블은 사람을 한쪽으로 쏠리게 한다. 외부 환경과의 상호작용을 방해한다. 필터링은 수많은 정보를 일일이 확인하고 찾는 번거로움을 덜어주는 것이 원래 목적이었다. 그러나 그 과정에서 제공되는 정보가 편향된다는 문제점이 발생한다. 이 때문에 개인의 고정관념과 편견은 강화된다. 더구나 소셜미디어의 선택적 접촉은 사람들의 가치관, 신념에 따라 가짜뉴스를 확신에 찬 마음으로 진짜라고 믿는 매개적 활동이 된다. 개별화된 필터가 주는 왜곡 효과에 더해 능동적으로 부정확한 정보를 받아들이는 적극적인 행동은 진실에 다가가지 못하게 하는 위험이 있다.

오늘도 알 수 없는 유튜브 알고리즘이
나를 여기로 이끌었다 !!
AI 알고리즘의 딜레마 => '필터 버블'

알고리즘과 현실의 왜곡

'유튜브 알고리즘이 나를 여기로 이끌었다'(Youtube Algorithm brought me here). 알고리즘에 이끌려 영상을 보게 된다는 말이다. 알고리즘은 정보이용자가 검색한 키워드나 개인정보 등을 분석하여 거기에 맞는 정보를 제공해주는 맞춤형 정보 제공 시스템이다. 범람하기 시작한 정보의 홍수에서 정보이용자의 정보탐색 성향을 보여주는 일종의 이정표이기도 하다. 우리가 흔히 접하는 유튜브, 페이스북, 트위터와 같은 SNS나 쿠팡과 같은 온라인 쇼핑몰에 뜬금없는 영상이나 정보를 자주 접하게 되는 것은 알고리즘의 작동 때문이다. 자세히 보면 뜬금없는 것이 아니라 자신이 검색한 영상이나 정보의 지나온 흔적을 보여주는 유사한 내용의 제공이다.

알고리즘의 전략

알고리즘은 유튜브와 같은 영상 미디어나 SNS의 경우에는 맞춤형 서비스를 제공함으로써 고객으로 하여금 최대한 많은 시간을 자신의 플랫폼에서 보낼 수 있도록 유도한다. 고객에게 편리성을 제공하는 알고리즘의 주된 목적은 수익성 증가이다. 최대한 많은 광고를 노출시켜 자신들의 이익을 늘리는 것이다. 옥션이나 쿠팡과 같은 온라인 쇼핑몰의 경우 고객의 취향에 맞는 맞춤형 정보를 제공하여 고객으로 하여금 소비를 이끌도록 유도한다. 인터넷 쇼핑몰에서는 필요한 제품의 구매로만 끝나지 않는다. 우리가 구매한 흔적에 따라 알고리즘 정보를 추적하여 다른 상품을 추가로 구매하게 만든다.

인터넷 쇼핑몰의 알고리즘은 비즈니스 전략이다. 알고리즘은 이용자 혹은 고객에게 맞춤형 정보와 편의성을 제공한다는 긍정적인 측면이 있다. 그러나 불필요한 시간과 비용을 소비하게 하는 부정적인 측면도 존재한다. 더군다나 알고리즘 활용을 위해 개인정보를 모르게 수집하여 노출시킨다는 비판의 목소리도 따르고 있다. OTT서비스에도 알고리즘이 등장했다. 코로나19 팬데믹으로 사회적 거리두기는 온라인 동영상을 제공하는 OTT서비스(over-the-top service)의 급속한 성장을 가져왔다.[36] OTT성장의 배경에는 동영상 알고리즘이 주요했다. 오랜 시간 체류하게 만드는 것은 알고리즘의 작동의 배경이다.

왓챠(watcha), 넷플릭스(netflex), 유튜브(youtube) 등 여러 영상 플랫폼들은 무수히 많은 정보들 중 시청자의 입맛에 맞는 필요한 콘텐츠를 알고리즘을 이용하여 추천 영상으로 제공한다. 특히 유튜브에는 기존의 전통적인 뉴스 기능을 대체하는 뉴스 형태의 영상이 쏟아진다. 알 수 없는 불분명한 유튜브의 뉴스 정보가 알고리즘 고리에 연결되면 사람들의 생각은 한쪽으로 쏠리게 조장된다. 개인이 운영하는 유튜브 채널은 뉴스의 형식을 빌어 허위정보를 올리면서 뉴스의 신뢰성과 객관성에 문제를 일으킨다. 심지어 음모론을 이끌기도 한다.

알고리즘으로 엮은 음모론의 영상은 사람들을 솔깃하게 만든다. 더구나 유튜브의 음모는 몇 가지 소소한 요소에 집요하게 집착하게 만들며 이때 알고리즘이 편하게 이용된다. 특정한 결론을 설정하고 비논리적이고 비이성적인 증거를 내세우지만, 동조하는 사람들은 자신의 편견에 부합하고 자신들에게 유리하다면 서슴없이 받아들인다. 여기에 구독자의 관심에 급급한 유튜버는 '조작 방송'으로 음모론에 창의성을 발휘한다.

자극적인 섬네일(thumnail)이나 제목은 낚시성 영상 미끼로 클릭을 유도하고 사실이 아닌 거짓된 내용으로 이목을 끈다. 130만 대형 유튜버인 송대익의 경우 2020년 6월 29일 자신의 유튜브 채널에 치킨을 주문했는데 배달원이 빼먹은 흔적이 있다는 음모론을 영상에 올려 유죄를 받기도 했다.[37] 이후 많은 유튜버들의 영상이 잇달아 나오면서 알고리즘에 엮인 선의의 피해자들이 쏟아졌다. 사건이 심화되자 뉴스 전문방송과 지상파에도 연이어 사회문제로 기사화되면서 화제를 모았다.

현실의 왜곡

유튜브의 알고리즘이 음모론에 연결되면 잘못된 선택지에서 빠져나오기 어렵게 된다. 대체로 알 수 없는 낙인찍기와 악마화로 만들어진 음모론의 동영상은 단연 많은 사람들의 관심을 끌고 동조를 얻는다. 구글에서 일했던 인공지능학자 기욤 샬로(G. Chaslot)는 영국 <가디언지>와의 인터뷰에서 알고리즘은 사람들이 더 많은 시간을 유튜브에서 보내도록 하지만 그 결과는 현실을 보여주는 것이 아니라 왜곡하는 것이라고 말했다.[38] 지구가 평평하다는 주장의 콘텐츠에 알고리즘 욕구를 충족하는 유튜브의 동영상은 수백만 개 업로드되어 있다.[39] 추천 영상으로 자동 제공되는 기술은 진실되거나 균형 잡힌 영상으로 최적화된 내용이 아니다. 한마디로 유튜브의 내용이 현실을 능가한다.

유튜브의 알고리즘은 사람들로 하여금 더 많은 시간을 유튜브에서 보내도록 한다. 사람들의 관심을 끈 왜곡된 내용에 알고리즘이 작동하면 음모론까지 이어진다. 음모론은 단연 매력적이다. 테겨는 『대중은 왜 음모론에 끌리는가』에서 불안이 일상화된 오늘날 음모론에 잘 휩쓸리는 사회적 조건에 대해 말하며 명쾌한 설명이 부재하고 모든 것이 베일에 싸여 흐릿할 때 드러낸다고 한다. 알고리즘은 석연찮은 부분에 스포트라이트를 비출 뿐 사건의 전모를 알게 해주진 않는다.[40]

'CIA가 에이즈를 만들었다', '부시는 외계인이다', '히틀러는 영국의 스파이였다'. 음모론이 황당무계하다는 것을 모두 알지만 진지하게 비판하고 반박하면 또 다른 음모만 낳을 뿐이다. 알고리즘에 걸린 음모론의 부정은 자칫 음모론이 사실로 비치는 증거로 받아들여진다. 이는 음모론을 약화하기보다 강화할 수 있다. 음모론은 쉽게 반증할 수 없어 속수무책이다. 유튜브는 이러한 음모에 쉽게 빠지게 만드는 영상 플랫폼이다.

그러나 다른 한편에선 알고리즘은 이용자의 입장에서 친절한 기술이다. 관심 있는 콘텐츠를 클릭하다 보면 추천 알고리즘에 엮여 이용자들은 원하는 내용으로 쉽게 다가간다. 알고리즘의 추천 시스템은 사람들의 관심을 바탕으로 인기 상승 콘텐츠를 단계적 절차로 드러낸 기술이다. 이는 기업의 영업비밀처럼 어떤 원리로 만들어지는지 알 수 없으며 공개되지도 않는다. 이용자가 선호하는 내용을 찾아주는 시스템인 알고리즘은 이용자의 콘텐츠 이용 순위를 파악하는 클릭과 조회수 그리고 시청시간으로 추측할 뿐이다.

영상 알고리즘의 시그널로 생각할 수 있는 부분은 ▷주로 함께 시청되는 영상이 무엇인가 ▷특정 주제와 관련되는 영상은 무엇인가 ▷사용자가 이전에 시청했던 영상은 무엇인가 등이다. 이를 판단해서 파악하는 것은 이용자의 만족도이다. 유튜브의 경우 이용자의 클릭과 조회수 그리고 시청시간과 함께 영상에 대한 생각을 묻는 설문을 주기적으로 노출하여 만족도 자료로 쓴다. 여기에 좋아요, '싫어요' 혹은 '관심없음' 과 같은 참여 시그널도 알고리즘을 위한 측정에 이용된다.[41]

알 수 없는 원리

영상의 만족도를 떠나 사람들의 관심은 많은 수의 클릭과 조회를 우선시하는 것은 사실이다. 사용자가 알고자 하는 정보를 선별적으로 제공하는 알고리즘은 정보의 편식을 불러올 수 있다. 이용자는 정치적 혹은 문화적 이념에 갇혀 고립된다. 알고리즘은 나만의 세계에서 벗어나지 못하게 한다. 또 유튜브로 인해 얻게 되는 능력은 마치 우리 삶에 필수적인 것으로 느껴지는 경향이 있다. 문제는 쓰레기 정보들이다. 무한 정보를 지닌 영상 플랫폼에는 실제로 유용한 정보도 많지만, 반대로 사람을 선동하게 만들거나 혼동스럽게 하는 진실이 아닌 거짓 정보가 있다. 거짓 정보에 휘둘리는 고립에 알고리즘이 작용한다.

유튜브의 알고리즘은 정확성에 대한 진술을 확인하지 않는다. 사실 그 자체가 불가능이다. 많은 사람들이 뉴스의 정보와 소스를 유튜브에 의존하지만 유튜브는 허위정보에 대한 책임을 회피하고 있다. 유튜브 알고리즘은 검색과 조회의 출처를 알 수 없다. 이용자는 검색 결과 상단에 올라오는 동영상의 이유에 대해 알지 못한다. 유튜브는 독자적인 알고리즘으로 이용자에게 유행에 따른 트렌드나 실시간 화제가 되는 영상을 제공한다. 알고리즘에 진실성을 담보하지 않는다. 가짜뉴스가 알고리즘에 엮이면 신뢰할 수 있는 콘텐츠는 묻혀버릴 수 있다.

가짜뉴스는 구독 수에 몰두하는 유튜버들의 무책임으로 만들어진다. 유튜버들은 구독자 수에 따라 실버버튼, 골드버튼 등의 등급으로 영향력과 파급력을 높인다. 그들의 힘과 수익은 기본적으로 조회 수에 정비례한다. 알고리즘에 많이 노출될수록 조회 수와 구독자 수는 증가한다. 문제는 유튜버들이 보다 많은 조회 수와 광고 수익을 올리기 위해 선정적이거나 자극적인 내용의 영상을 올리는 것만 아니라 허위정보도 서슴지 않고 뿌린다는 것이다. 사람들의 관심사나 흥미는 순식간에 바뀐다. 유튜버는 빠른 흐름을 따라가기 위해 관심 있는 자극에 재빨리 눈돌린다. 알고리즘에 허위정보가 연결되어 나돌면 "지구는 둥글지 않고 평평하다"는 진술로 현실을 왜곡할 수 있다. 알고리즘은 이런 왜곡을 충분히 가능하게 만든다.

2.

왜 가짜뉴스에 열광하는가?

인터넷 미디어에서 가짜뉴스가 자신의 생각과 일치한다고 판단되면 동조하게 된다. 또 그 생각을 함께 하는 동조집단이 만들어지면 극단화로 나간다. 집단 구성원들 속에서 자신의 생각이 다른 사람들로부터 확증 받으면 생각의 편향은 내면적인 설득의 힘으로 작용한다. 가짜뉴스에 열광적인 사람들은 다른 집단과는 스스로 고립된다. 심하면 생각이 다르다는 이유로 다른 집단을 적대적이고 폭력적인 자세로 대하기도 한다. 인터넷 미디어에서 합리적인 공론장으로서의 토론이 진실을 향한다는 기대는 사라진다. 가짜뉴스가 인터넷 플랫폼에 등장하게 되면 동조하는 사람들은 생각의 공유로 무리를 짓고 극단화를 유발하는 구심점이 된다. 일반적으로 생각하는 방향과 다르다. 가짜뉴스에 대해 진실을 외치며 바로 잡기보다 동조가 훨씬 매력적으로 보일 수 있다.

가짜뉴스와 결함 있는 소비자

가짜뉴스와 결함 있는 소비자

코로나19로 번진 가짜뉴스의 영향은 소비행위에 직격탄이었다. 특히 자영업자에게 미치는 영향은 매장을 닫게 할 정도로 엄청난 결과를 가져왔다. 2020년 2월 26일 경기도 고양시 행신동에 위치한 한 식당은 20대 청년이 전파한 가짜뉴스로 짧은 시간에 심각한 피해를 입었다.[1] 해당 가게에서 코로나19 확진자가 발생했다는 허위 제보가 동네 페이스북에 올라왔기 때문이다. 코로나19 팬데믹 초기에 확진자 발생에 대한 두려움은 극에 달하여 사람들은 아주 예민한 상태였다. 페이스북 '행신동 대신 전해드립니다' 페이지에 코로나19 확진자가 발생이라는 가짜뉴스가 실리면서 자영업 식당은 패닉에 빠졌다.

행신동 일대에는 당시 확진자가 발생했다는 재난 문자가 발송되어 촉각이 곤두선 상황이어서 허위정보지만 사실로 받아들여졌다. 그 뒷날 식당은 아침부터 문의 전화가 빗발쳤다. 20대 청년의 허위정보는 손님들의 발길을 끊게 했고, 코로나19로 두려운 이웃들의 난동까지 일어나 순식간 커다란 타격을 주었다. 피해 식당 주인의 딸은 한 달에 한 번 하는 정기 소독을 지나가는 사람이 코로나19 발생으로 인한 소독으로 오인하고 '이 집이 확진자가 나타나서 방역 중이다'라는 허위정보를 올린 것이라고 주장했다. 이러한 내용을 페이스북에 올려 거짓 정보로 인한 해프닝이었음을 항변했지만 파장은 만만치 않았다.

자영업자의 입장에서 터무니없는 허위정보로 입는 피해는 한순간이지만, 억울한 입장의 호소 속에서 이를 회복하는데는 오랜 시간이 걸린다. 문제는 이런 상황은 행신동 사건뿐만이 아니었다. 코로나19 팬데믹과 함께 자영업에 폐해를 준 가짜뉴스는 이곳저곳에서 나타났다.[2] 특정 병원이나 카페가 신천지 교인과 연관 있다는 주장, 특정 매장이 신천지 활동의 비밀장소라는 잘못된 정보 등은 고스란히 피해로 이어졌다. 가짜뉴스가 소셜미디어에 전파되는 순간 사실확인을 바로잡기에 나서더라도 이미 피해는 눈덩이처럼 불어나 있었다. 가짜뉴스의 폐해는 소비행위와 직결되어 있다.

소비 행위의 부자유

소비 활동은 우리가 얼마나 좋은 삶을 살고 있는가 하는 일종의 단서가 되는 행위이다. 최소의 비용으로 최대의 만족을 얻는 합리적 선택에 맞춰 소비행위가 일어난다. 우리는 오늘날 경제학적으로 판매자의 눈속임에 속지 않고 합리적 소비패턴을 고수하는 소비자가 되도록 강요받고 있다. 보드리야르가 말한 것처럼 소비는 훈련이다.[3] 생산자의 합리화 과정에서 그 영역이 소비자로 옮겨온 것은 오래전이다.

소비자는 스스로의 취향에 맞는 선택을 통해 소비한다. 소비자는 판매자에게 순응하기보다 판매자의 눈속임에 현혹되지 않으려고 수많은 정보를 이용한다. 좋은 것만 고르는 행위를 일컫는 '체리피킹'(cherry picking)과 같다. 잘 익은 체리만 골라서 따는 행위처럼 인간은 소비활동에서 인터넷 사이트의 수많은 정보를 이용하고 댓글과 공감, 스크랩이 이뤄진 게시물에 촉각을 세우고 주목하게 된다. 합리적 소비를 위한 소비자들의 자발적 행위인 체리피킹은 많은 정보를 동원한다. 코로나19로 인한 가짜뉴스는 소비에 당연히 영향을 준다.

오늘날 소비활동의 특징은 쉽게 이루어지고 빠르게 변화하며 일시적인 만족에 매달리는 특징이 있다. 개인의 소비가 사회적 연결성을 찾지 못하고 즉흥적인 정보에 영향을 받는다. 지그문트 바우만(Z. Bauman)은 소비자가 소비 선택을 완전히 통제하지 못하고 소비문화의 영향 아래 취약한 상태를 드러내고 있다고 지적했다. 이는 결함 있는(defective) 소비자이다.[4] 결함 있는 소비자는 경제적 능력이 있지만 소비행위를 자유롭게 하지 못하는 사람이다. 또한 합리적 선택 행위로서의 소비를 못하는 사람도 포함된다.

가짜뉴스가 동반되면 순간 소비자의 믿음은 위축된다. 이로 인해 의도치 않게 결함 있는 소비자가 될 수 있다. 소비자는 믿음을 회복하기 위해 사실 여부보다 물리적, 심리적으로 친숙하고 가까운 정보를 더 신뢰하는 경향이 있다. 이는 '근접편향'(proximity bias)이다. 자신의 견해나 입장을 지켜내려는 편향적 태도이다. 잘못된 정보임에도 자신이나 자신을 둘러싼 환경에 대해서 더 강하게 작용한다. 자신의 신념과 모순되는 증거를 보고서도 반발 심리로 기존의 편견을 강화하면서 소비 활동에 자신감을 가지려 한다.[5]

우리는 신념에 부합하지 않는 비합리적 선택의 소비자가 되지 않기 위해 정보를 동원한다. 정보에 의존하는 것은 경제적인 이유가 아닌 신념의 문제이다. 소비 활동에서 자신의 생각을 반박하는 증거보다는 확인해주는 증거에 더 관심을 둔다. 체리피킹은 결함 있는 소비자가 되지 않기 위한 최소한의 방어이다. 그렇기 때문에 자신의 생각을 지지하는 가짜뉴스를 소비행위의 도구로 동원하게 된다. 자신이 믿고 싶은 것만 믿고 보고 싶은 것만 보게 되는 소비 활동이 일어난다. 소비를 자신의 통제하에 두면서 자신의 존재가 최소한 하찮지 않다는 것을 보여주는 활동이다. 그래서 코로나19 방역이 아닌 일상적인 소독이라는 해명에도 믿지 않는 사람들은 자신의 주장을 굽히지 않았다.

해당 사이트에 실린 글

"해당 제보가 사실일 경우, 제보를 습득한 이들은 코로나19의 위협으로부터 안전해질 정보를 얻은 것과 같다. 얻은 정보가 유용한 정보이길 바란다."

"평소 분실물을 찾고, 우리 지역 주변의 일들은 언제나 이 커뮤니티에 올라왔다. 고로 이번 이야기 또한 언제나와 같이 진실된 내용을 담은 제보였을 것이다."

혼란은 탐욕을 꺾는다

가짜뉴스의 진위에 앞서 믿고 싶은 정보만을 믿게 되면 사실과 허위가 혼재되어 혼란스럽다. 2016년 '퓨리서치 센터'(Pew Research Center)가 미국인을 상대로 가짜뉴스가 실제로 혼란을 초래하는가에 대한 조사에서[6] 성인 중 3명 중 2명(64%)은 조작된 뉴스 기사가 사건의 기본 사실에 큰 혼란을 일으킨다고 했다. 약간 혼란스럽다고 한 경우는 24%이며, 전혀 혼란스럽지 않다고 한 경우는 11%였다. 온라인 뉴스를 자주 접하는 사람일수록 가짜뉴스가 혼란을 야기한다고 믿고 있었다. 응답자의 23%는 가짜뉴스를 공유한 적이 있다고 답했다.

가짜뉴스에 대한 책임이 누구에게 있는가에 대해서는 일반 대중, 정부나 정치인, 소셜미디어 사이트 모두 40% 정도로 비슷하게 나타났다.

한국언론진흥재단이 2019년 '일반 국민들의 가짜뉴스에 대한 인식' 보고서를 보면 826명의 조사대상자 가운데 80%가 기사 형식의 조작된 온라인 콘테츠를 가짜뉴스로 생각한다고 응답했다. 특히 페이스북과 트위터 등에서 유포되는 정체불명의 정보가 74.3%로 높았고, 카카오톡과 라인 등에서 유포되는 속칭 찌라시톡도 74.1%에 달했다. 가짜뉴스로 인한 문제가 심각하다는 것으로 본 응답자는 83.7%나 되었다. 하지만 놀랍게도 가짜뉴스 4개와 진짜뉴스 2개를 섞어서 판별하는 조사에서 가짜뉴스와 진짜뉴스를 정확하게 구별하는 사람은 1.8%에 그쳤다. 6개 가운데 5개를 구분한 응답자는 12.8%, 4개를 구분한 응답자는 29.2%였다.[7]

우리는 넘쳐나는 가짜뉴스나 허위정보에 둘러싸여 있다. 가짜뉴스를 판별하는 것은 쉽지 않다. 정보를 접하는 시간도 짧게 훑어보는 정도이다. 너무나 많은 정보 속에 바쁘게 살아가고 있는 사람들은 굳이 자신과 연관 없는 정보의 진실에 관심을 두지 않는다. 가짜뉴스는 혼란을 주지만 자신과 무관한 문제에 있어서는 혼란이 그리 혼란으로 작용하지 않는다. 소비자로서의 개인은 가짜뉴스의 책임으로부터 떨어져 있다. 책임 없는 가짜뉴스가 확산되면서 가짜뉴스는 자신의 편견을 지지하는 데 쓰일 수 있다.

뉴스는 소비사회의 작동과 긴밀하게 연관이 있다. 맛집, 여행, 패션, 자동차, 집 등의 소비에 뉴스는 많은 정보를 제공한다.[8] 뉴스는 우리의 소비 활동에 실수를 줄이고 보다 현명한 소비가 되도록 돕는다. 소비자에게 합리적 소비 활동을 위한 도움이다. 생산자 역시 필수적이지 않은 상품의 생산과 판매에 관한 정보를 뉴스로 알아차린다. 소비 활동과 관련한 뉴스는 소비자나 생산자 모두에게 중요하다. 소비 행위는 우리가 돈을 제대로 쓰는가에 대한 합리적 판단과 선택의 결과이다. 사람들은 스스로 이러한 판단에 만족하는 쪽으로 선택하기 위해 뉴스가 제공하는 정보에 의존한다. 가짜뉴스가 설령 팩트에 근거하지 않더라도 자신의 소비행위에 믿음을 주는 근거가 된다면 가짜뉴스는 기능적일 수 있다.

일반적으로 뉴스에서 관심을 두는 소비 관련 내용은 크게 세 가지이다. '시장에서 어떤 상품을 구매할 수 있는가?, '값은 얼마인가?', '쓸만한 물건인가?' 이제 소비자가 필요한 뉴스는 실용적인 정보에 한정되는 것을 뛰어넘는다. 물질적 만족만 소비행위의 주된 동기로 작동하지 않는다. 자신의 신념에 바탕한 소비활동이 우선이다. 가짜뉴스에 현혹된 소비자도 자신의 믿음에 따라 소비한다. 그러나 가짜뉴스는 자신이 알고 있는 정보를 왜곡한다. 잘못된 정보는 순간적으로 선택에 제약을 가져온다. 결함 있는 소비자로 만들어 버리는 것이다.

결함 있는 소비자는 생산자에게도 영향을 준다. 아담 스미스(A. Smith)는 우리가 신선한 빵을 살 수 있는 것은 빵집 주인의 탐욕이라고 했다. 빵집 주인의 이타심이나 자선, 선행, 높은 도덕적 기준 때문이 아니다. 이윤을 추구하는 너무나 인간적인 욕망 덕분이다. 소비자의 결함이 이러한 의지마저 꺾을 수 있다. 행신동 사건은 코로나19 팬데믹을 이용한 가짜뉴스의 폐해였다. 소비자의 선택을 제약한 해프닝이었지만 자영업자에게는 돌이킬 수 없는 피해를 주었다. 자영업 죽이는 가짜뉴스였다. 마치 가짜뉴스가 빵집에서 신선한 빵을 다시는 맛보지 못하게 하는 것과 같다.

가짜뉴스의 프레이밍 기능

코카콜라는 친근한 산타클로스의 광고 전략으로 성공한 최초의 기업이다. 1931년 해든 선드볼름(H. Sundblom)이라는 아티스트가 창조해 성공을 거둔 산타클로스의 이미지를 지금까지 적극 이용한다. 놀라운 사실은 코카콜라는 뉴스가 끝난 뒤 광고를 하지 않는다. 뉴스가 대부분 갈등적이고 부정적 내용이어서 코카콜라의 이미지까지 부정적인 영향을 준다는 이유이다. 새로운 정보를 받아들이기 전에 사전에 입수된 정보가 나중에 접하는 내용에 영향을 준다는 프레이밍 효과를 반영해 내린 전략이다.

미디어가 특정 이슈에 주목하면 사람들의 생각은 한 곳으로 모이게 된다. 미디어가 특정한 이슈를 논제로 다루게 되면 구체적으로 미디어 효과를 발생시켜 사람들의 시선을 끌게 된다. 일종의 프레이밍(framing) 효과이다. 프레이밍은 원래 심리학적 용어였다. 사람들은 어떤 것을 보고 들음으로써 나중의 생각이나 행동에 영향을 받는다. 이는 후속 자극의 처리에 영향을 주어 촉진시키거나 억제시킨다는 의미이다. 노골적으로 의식하지 않아도, 잠재적으로 머리 속에 남아 있는 특정 사안은 자신의 생각이나 행동에 영향을 준다.

같은 뉴스 다른 각도

텔레비전은 특정한 방식으로 영향력을 행사하여 프레이밍 효과를 만드는 대단히 자극적인 매체이다. 영상으로 구성된 메시지와 수용자의 해석이라는 두 가지 연결고리가 프레이밍으로 작용한다. 이러한 텔레비전의 프레이밍 효과를 적극 이용하는 것이 선거이다. 미국의 대선이나 한국의 대선에서 후보들은 각각의 진영에 맞는 자신들만의 프레임으로 텔레비전에 노출될 수 있도록 신경 쓴다. 유권자들의 생각을 지배하기 위한 노력이다. 미국의 2016년 대선에서 트럼프가 성공한 것은 백인 노동자 계층을 결집시킨 프레임이 먹혀들었기 때문이다.

같은 사건의 뉴스도 그에 대한 관점이나 결과의 함의가 다르면 상이한 프레임을 갖게 되며 결국 수용자에게 상반된 영향을 미친다. 보수언론과 진보언론은 같은 뉴스를 다른 각도의 프레임으로 보도한다. 2020년 의사 파업의 경우 보수언론은 '정부가 원인을 제공'한 것으로, 진보언론은 '비윤리적 의사 파업'으로 프레임을 걸었다. 원인제공과 갈등이라는 구도로 양분되었다.[9] 프레이밍이 영향력을 가지는 이유는 프레이밍이 사회문제를 정의하고 원인을 진단하는 일련의 과정으로 도덕적 판단의 근거와 해결방법을 제시하기 때문이다.[10] 그러나 이념에 홀린 가짜뉴스의 프레이밍은 도덕적 판단의 근거를 찾기도 쉽지 않고 해결방법의 제시도 어렵게 만든다.

미국의 인지언어학자 조지 레이코프(G. Lakoff)는 『코끼리는 생각하지마』라는 저서에서 프레이밍은 '세상을 바라보는 방식을 형성하는 정신적 구조물을 만드는 것'이라 했다.[11] 우리가 코끼리에 대한 주제를 떠들 때 '코끼리에 대해 생각하지마'라고 말할수록 코끼리를 더 떠올리게 되고, 코끼리에 대한 논의에 휩싸여 다른 얘기는 언급조차 못하게 된다. 프레이밍은 사람들의 생각을 굳게 만들어 버린다. 다른 생각을 못하고 일방적 프레임의 구조에 가두어버리는 텔레비전은 미디어로 한때 막강했다. 더구나 가짜뉴스의 프레임은 사람들의 합리적 판단을 그르치는 심각한 결과를 초래한다. 텔레비전이 만든 가짜뉴스의 프레임으로 온 국민들을 트라우마로 빠뜨린 것이 광우병 사태였다.

가짜뉴스인 '뇌송송 구멍탁' 공포에 맞춘 미국산 소고기 프레임은 사람들의 생각을 굳게 만들었다. 2008년 미국산 소고기 전면 개방에 반대한 촛불시위로 연결되었다. 미국산 소고기만 먹으면 광우병에 걸린다는 가짜뉴스가 온 나라를 광우병 공포로 몰아넣었다. 텔레비전의 황당한 가짜뉴스에 프레이밍이 작용한 결과였다. 텔레비전 시사프로그램에 '미국산 소고기 안전한가'를 방송하면서 '목숨 걸고 소고기를 먹어야 하는가'의 문구는 프레이밍이었다. 텔레비전이 만든 가짜뉴스의 프레이밍에 온 나라가 혼란스러웠다. 이제 가짜뉴스는 텔레비전만 아니라 소셜미디어까지 플랫폼이 넓어졌다. 단순한 오보나 허위사실에 기반한 가짜뉴스가 아니라 팩트 그 자체가 존재하지 않는 가짜뉴스도 소셜미디어에는 널려있다.

소셜미디어에 수많은 정보가 유통된다. 소셜미디어의 정보는 검증 과정을 따로 거치지 않는다. 소셜미디어의 지배력은 강력하다. 소셜미디어의 지배력으로 가짜뉴스를 내세우면 사회에 커다란 피해를 줄 수 있다. 인터넷 기술의 발달과 스마트폰의 일상화는 뉴스의 내용보다는 뉴스 플랫폼의 지배력에 더 큰 영향을 받는다. 소셜미디어는 뉴스의 플랫폼이다. 객관적 사실에 근거한 뉴스가 아닌 편향된 가짜뉴스는 소셜미디어를 자유롭게 이용하는 환경에서 일상화되어 있다.

소셜미디어의 인정받는 정보 공유

실제로 소셜미디어를 통해 가짜뉴스를 얼마나 자주 접하게 되는가 하는 조사에서 미국 대선이 한창이던 2016년의 경우를 보면 그 정도가 상당히 높을 것을 알 수 있다. 소셜미디어로 가짜뉴스가 이슈가 된 2016년의 조사로 페이스북과 트위터에서만 접한 가짜뉴스의 비율이다.[12] SNS 속에서 사람들이 하루 한 번 이상 가짜뉴스를 접한 비율이 30%를 넘고 최소 하루 한 번만 접한 이용자들까지 합치면 그 비율은 50%에 육박한다. 가짜뉴스를 얼마나 접하고 있는지에 대해 '모르겠다'는 응답이나 '관심이 없다'고 답한 비율도 수치상으로는 25% 정도 되지만 이들 또한 간접적으로 가짜뉴스에 노출되지 않았다고 단정하기는 힘들다.

뉴스 유통 플랫폼이 되는 소셜미디어의 성장과 함께 오늘날 우리는 가짜뉴스를 훨씬 빈번하게 접하고 있다. 소셜미디어의 뉴스가 정통뉴스의 영역을 파고들며 뉴스를 이용하는 사람들은 가짜뉴스의 공유에도 관여하게 된다. 미국 서던 캘리포니아 과학대학 연구팀은 소셜미디어에 가짜뉴스가 파고드는 이유를 연구해 발표했다.[13] 소셜미디어는 다른 사람에게 인정받는 정보를 공유하는 습관을 형성한다는 것이다. 이러한 습관은 정치적 신념과 비판적 추론 부족을 포함한 가짜뉴스를 더 많이 공유하면서 잘못된 정보를 더 많이 전달하는 것으로 조사되었다. 이런 상황에서 올바른 '진실'만을 말하는 뉴스를 고르는 것이 가능할까 하는 염려와 동시에 가짜뉴스를 자신의 구미에 맞는 정보로 이용하는 경우가 우려스럽다.

가짜뉴스를 통해 사람들이 갖는 생각은 특정 관점에서 자신의 생각을 강화하는데 이용될 수 있다. 소셜미디어를 타고 떠돈 가짜뉴스에는 '세월호 괴담', '메르스 루머', '코로나19 허위정보' 등 검증되지 않는 허위 내용이 가득했다. 소셜미디어로 확산된 가짜뉴스 가운데 우리사회를 혼란스럽게 한 황당한 프레이밍 효과가 성주 사드배치 관련 정보에서 만들어졌다. 터무니없는 루머는 사람들을 혼란스럽게 하는 것이 아닌 믿음으로 이어졌다. 주된 내용은 '사드 레이더 전자파 5km까지 인체에 유해를 줄 것이다', '중국내륙까지 탐지할 수 있다', '전자파로 성주 참외가 피해를 입어 사드 참외가 될 것이다', '사드 전자파는 내장을 녹아내리게 한다'. 근거도 제시하지 못하는 내용들이 소셜미디어에 섞여 뉴스로 노출되면서 급속도로 퍼졌다.[14]

소셜미디어는 접근성과 전파성에 있어 이용자들이 실시간 메시지를 전달할 수 있다. 가짜뉴스로 프레이밍 효과를 만드는데 걸리는 시간은 생각보다 짧다. 확산되는 속도가 빨라 파급력도 만만치 않다. 소셜미디어는 사실성보다 파급력이 앞선 특징을 보이며 가짜뉴스의 진위 여부는 중요하게 여기지 않는다. 사실이든 허위이든 뉴스로 만들어지면 프레이밍 효과가 일어난다. 가짜뉴스가 개인의 불안감을 해소하고 위협을 감소시키고 긴장감을 덜 수만 있다면 다른 뉴스나 정보를 받아들이기에 앞서 하나의 고정된 생각으로 프레이밍 효과를 내기에 충분하다. 사실성보다 파급력을 앞세운 소셜미디어로 먼저 접한 정보는 나중에 생각을 지배할 수 있다.

도덕적 분노로 관심을 끌다

현실에서 일어나는 수많은 일 가운데 뉴스로 만들어지는 것은 기자의 눈과 미디어의 선택과 강조에 근거한다. 현실에 대한 다양한 시각 중 특정 측면을 선택하고 부각하는 뉴스는 프레이밍 기능을 수행한다. 가짜뉴스도 뉴스와 마찬가지로 특정 이슈나 특정 상황에 대한 갈등 혹은 위험에 대한 프레이밍으로 고정된 생각을 만든다. 가짜뉴스는 여론을 자의적으로 왜곡하고 선동한다는 점에서 프레이밍 효과가 강하게 작용한다. 크로켓(M. J. Crokett)은 온라인에서 사람들의 관심을 가장 쉽게 끌 수 있는 것이 '도덕적 분노'라고 했다. 이러한 분노는 인터넷에서 쉽게 드러난다.[15]

사람들은 온라인에서 분노를 이유로 더 오랫동안 뉴스 콘텐츠를 소비한다. 도덕적 분노가 사람들의 관심을 집중적으로 끌 수 있는 주제인 것이다. 분노의 뉴스는 열광을 만든다. 광우병 사태나 사드배치도 과학에 근거한 성찰이 필요함에도 열광이 앞서면서 가짜뉴스에 대한 판단을 유보한 채 프레이밍으로 작용했다. 소셜미디어의 가짜뉴스가 프레이밍 효과를 일으킬 수 있는 이유는 여러 가지가 있다. 우선 소셜미디어는 개인의 취향에 따른 열광을 일으키기에 좋은 정보들이 많다. 또한 소셜미디어의 가짜뉴스는 사람들을 현혹시키려는 의도에서 뉴스의 형식을 빌려 사실인 것처럼 꾸민 경우가 많다.

그러나 무엇보다 중요한 것은 소셜미디어 접촉이 일상화되면서 가짜뉴스를 만나는 경우가 빈번하다는 점이다. 소셜미디어에 사실 여부가 입증되지 않은 수많은 정보가 난무하여 이용자들은 사실 여부를 판별할 수 있는 역할을 갖는 게 중요해졌다. 그러나 개인은 루머, 허위정보, 사실을 구분할 수 있는 능력을 갖추지 못하고 있는 경우가 대부분이다. 오히려 자신의 생각이나 이념을 지지하는 내용은 가짜임에도 믿으려는 경향을 보인다.

인터넷 플랫폼의 뉴스는 한번 게시되면 계속 남아 있다. 가짜뉴스의 콘텐츠도 시간이 지난다고 해서 사라지지 않는다. 명백한 허위인 가짜뉴스가 인터넷에 언제든 검색된다는 것은 사람들의 생각을 그릇된 방향으로 이끌 수 있는 여지가 계속된다는 의미이다. 가짜뉴스의 내용이 허위임이 명백하게 증명된 후에도 프레이밍 효과는 일어난다. 알고리즘으로 정보가 덧입혀져서 오히려 더 강하게 작용한다. 가짜뉴스는 형식적인 면(뉴스 형태)에서 그럴듯한 신뢰를 유지하게 하고, 이용적인 면(편향 지향)에서 확증편향까지 더해지면 강한 영향력을 지닌 메시지로 탈바꿈된다. 가짜뉴스의 프레이밍에 빠지면 쉽게 헤어나지 못하는 여러 이유들 중의 하나이다.

극단에 주목하는 크리에이터들

어떤 문제에 확신이 없을 때가 있다. 자신감이 없을 경우 사람들은 자신의 주장을 강력하게 내세우지 못한다. 충분한 정보를 갖지 못하기 때문일 수도 있고, 자신을 지지하는 사람들이 없을 경우도 그렇다. 이런 상황에서 사람들은 대체로 중간 지점을 선택하려 한다. 그렇지만 특정한 정보로 확증을 갖거나 다른 사람들이 자신의 입장에 동조한다는 생각이 들면 달라진다. 선스타인(C. R. Sunstein)은 『우리는 왜 극단에 끌리는가』에서 "다른 사람들이 자신의 입장에 동조하는 것 같다는 생각이 들면 자신이 옳다는 자신감이 더 커진다. 이렇게 되면 보다 극단적인 방향으로 움직일 가능성이 높아진다"고 했다.[16] 자신이 옳다는 자신감으로 보다 극단적인 방향으로 움직인다는 것이다.

주변 사람들로부터 자기 생각을 확인하여 자신감이 높아지면 극단성의 강화로 치닫는다는 게 선스타인의 주장이다. 우선 자신의 생각을 지지하는 사람을 찾아 확인하는 것이 필요하다. 인터넷상의 소셜네트워크는 다양한 사람들의 연결망으로 자신의 생각과 같은 동조자를 얼마든지 찾을 수 있다. 온라인에서 사람들의 생각을 이어주고 동조하는 사람을 연결하는 것은 쉽게 가능하다. 일상생활에서 우리의 신념을 가르는 '좋아요'와 '싫어요'의 내용은 인터넷에 널려 있다. 상호간 네트워크 망에서의 정보교환은 자신의 구미와 기호에 맞는 방향으로 이어지며 자기 신념을 굳힌다.

콘테츠 창작자인가, 불만의 전도자인가

온라인은 무엇이든 가능한 정보 제공처이다. 인터넷의 다양한 플랫폼에서 내 편이 가능한 세력과 내 생각에 맞는 콘텐츠 확보는 손쉽게 이루어진다. 대의명분을 따르거나 합리적 생각을 지지하는 다수들도 있지만 그 반대의 경우도 인터넷에는 얼마든지 있다. 소수의 의견으로 뭉친 사람들은 명분 없는 주장이나 비합리적 생각을 과감하게 펼친다. 이들은 자신들의 주장을 강화하기 위해 더 열광적이고 적극적인 모습을 보인다. 소수의 집단화가 온라인 극단화를 만든다.

온라인 극단화의 핵심적인 역할을 하는 주체가 크리에이터이다. 크리에이터는 인터넷 플랫폼에 동영상을 생산하고 업로드하는 사람을 지칭한다. 이들은 아프리카TV, 네이버TV, 카카오TV, 틱톡, 유튜버, 트위치 등에서 영상 중심으로 활동하는 인터넷 콘텐츠 창작자이다.[17] 크리에이터가 무엇을 창작하는지에 따라붙는 수식어는 달라진다. 게임 크리에이터, 먹방 크리에이터, 뷰티 크리에이터, 여행 크리에이터, 홈트레이닝 크리에이터 등 다양한 분야 및 소재가 크리에이터의 아이템이 되고 이름으로 따라붙는다. 특히 유튜브와 같은 미디어 플랫폼은 1인 크리에이터의 활약을 크게 성장시켰다. 크리에이터는 여러 분야의 정보를 만들어내면서 대안 언론의 기능을 한다.

정보 생산은 더 이상 거대 언론사의 전유물이 아니다. 특히 유튜브 채널을 적극 이용하는 크리에이터들은 각자의 생각을 가지고 영상물을 창작한다. 그 생각을 지지하는 구독자들은 채널을 지속적으로 구독하면서 정보를 공유한다. 소수의 사람들이 갖는 주장은 자신들의 자발적인 소셜네트워크를 통해 동력을 얻는다. 크리에이터들은 이러한 동력을 불어넣는 중심에 있다. 이 집단의 사람들은 소셜네트워크를 통해 자신의 주장을 강하게 피력하다 불만을 드러내고 폭력적으로 변하기도 한다. 또한 이들은 수동적으로 정보를 습득하는 것이 아니라 적극적인 창작물로 자신의 생각을 만들어간다. 이들의 상호작용은 집단적으로 극단화된다.

온라인 극단화 과정의 핵심적인 역할에 크리에이터들이 있다. 이들은 패거리들 사이의 상호작용으로 에코 효과를 내는 반향실 역할을 한다. 반향실이란 소리를 메아리처럼 울리게 하는 방을 뜻한다. 그 방에서는 무슨 말이든 같은 말만 되풀이한다.

생각이 비슷한 사람끼리 자신들의 의견을 공유한다. 이것이 반복되면 그 생각은 확고해진다. 자신들의 의견을 소통하면서 비슷한 의견에 둘러싸여 편견을 만들고 극단적으로 변하게 된다. 여기서 자연스럽게 가짜뉴스가 등장한다.

믿음과 동조

사람들은 믿고 싶은 것만 믿고, 보고 싶은 것만 본다는 말처럼 사실여부와는 무관한 가짜뉴스여도 자신이 믿고 싶은 내용이면 추종한다. 과학의 시대에 사람들이 미신을 따르는 이유도 같은 맥락이다. 스티븐 로(S. Law)의 저서 『왜 똑똑한 사람들이 헛소리를 믿게 될까』에서 프란시스 베이컨(F. Bacon)의 말을 인용해 소개한다. 사람들이 미신을 믿는 근본적인 원인은 미신이 들어맞을 때는 의미를 두지만 들어맞지 않을 때는 무시해 버리기 때문이다.[18]

사람들은 자신들의 생각에 들어맞는 것만 기억하고 나머지는 흘려버린다는 것이다. 자신이 믿고 싶은 주장을 뒷받침하는 예시에는 눈에 불을 켜고 주목하게 된다. 크리에이터들은 사실과 무관한 내용임에도 사람들의 믿음에 부합하는 정보를 제공한다. 자신의 믿음과 상반되는 것은 무시하면서 조금이라도 일치하면 받아들이려는 사람들의 심리를 파고든다. 바로 확증편향을 이용한다.

흔히 볼 수 있는 극우나 극좌와 같은 각자의 신념을 표현하는 크리에이터들은 인터넷에 상반된 주장의 지지자들을 끌어모은다. 이를 지지하는 사람들은 정보의 진위여부와 관계없이 늘상 존재한다. 크리에이터들이 제시하는 정보가 자신의 신념과 일치하면 쉽게 추종한다. 그렇기에 인터넷 플랫폼에서 각자의 성향에 맞는 콘텐츠의 채널에 정보를 공유하는 무리들은 언제나 존재한다. 여기서 특정 사건이 일어나면 그 사건을 바라보는 입장은 신념의 좌우 편향에 따라 상반될 수밖에 없다.

예를 들어 정부나 집권 여당의 사건이라면, 반대 진영에서는 이러한 행위가 국가의 몰락을 가져올 것처럼 비난하고 댓글에서도 그러한 주장에 동의하는 글들이 난무한다. 그러나 정부의 입장을 지지하는 진영에서는 정부에 불리한 내용은 은폐하거나 다른 탓으로 돌리는 방향으로 주장을 펼친다. 하나의 사건에 대해 응대하는 서로의 입장은 극단적이다. 자신의 입맛에 맞는 정보를 공유하는 게 반복되면서 사람들은 점차 확증편향의 늪에서 빠져나오지 못한다. 확증편향이 진실이 의문시되는 가설이나 신념을 부적절하게 강화하는 행위를 이끈다.[19] 즉 가설을 증명하는 과정에서 본인의 가치관에 따라 본인의 주장만을 강화하는 의견만 받아들이거나 지지하는 입장에 큰 비중을 두게 된다.

극단적인 상황을 이용하는 크리에이터들은 사건을 조금씩

본인과 채널의 구독자들의 입맛에 맞게 변형하는 경우가 있다. 이렇게 되면 가짜뉴스는 자연스럽게 만들어진다. 2019년 4월 초 강원도 고성에서 산불이 발생했을 때 그 당시 문재인 대통령이 현장에 도착하지 않았다는 가짜뉴스가 돌았다. 언론사 사장들과 술자리 때문이라는 루머와 심지어 지방에서 보톡스를 맞았다는 의혹까지 들고나왔다.[20] 유튜브 크리에이터들이 만든 허위정보였다. 이 뉴스는 전직 국회의원이 운영하는 극우 성향의 유튜브 채널에서 제작되었다. 이후 비슷한 성향의 크리에이터들이 대통령의 숙취 의혹에 더해 지병설까지 퍼트렸다. 크리에이터 구독자들의 입맛에 맞추다 보톡스 맞는 대통령으로까지 둔갑시켰다.

'고성산불'을 둘러싼 루머나 오보의 확산은 크리에이터들이 정보생산에 적극 개입했기 때문이었다. 여기에 유튜브 이용자들도 허위정보를 적극적으로 수용하며 가짜뉴스의 뉴스화에 한몫했다.[21] 주요 언론사까지 뛰어들었다. 여러 공방이 오가며 큰 이슈가 되자 정부는 이에 대한 법적 책임을 묻겠다고 나섰다.[22] 가짜뉴스 유포로 고발당한 상대측은 오히려 무엇이 허위사실인지를 밝히라는 주장을 펴며 역고소를 감행했다.[23] 크리에이터가 만든 가짜뉴스를 둘러싸고 확증편향에 갇힌 자신의 주장을 굽히지 않은 것이다.

조율된 커뮤니케이션

유튜브를 이용하는 사람들은 본인만의 이념에 편향된 내용을 더 따르는 경향이 있다는 연구가 있다. 정치인들도 이념적 편향에 맞는 콘텐츠를 제시하여 이용자들과 소통한다. 홍준표의 '홍카콜라', 유시민의 '알릴레오'가 대표적인 유튜브 채널이다. 한국언론진흥재단 미디어연구센터에서 전、현직 정치인들이 운영하는 유튜브 채널의 콘텐츠 이용 경험을 조사한 결과, 진보 성향(38.7%)과 보수 성향(37.7%) 응답자들이 중도 성향(25.7%) 응답자들보다 훨씬 더 많이 이용한 것으로 드러났다.[24] 정치인들이 크리에이터로서 각자의 정치 성향에 맞는 콘텐츠를 선택적으로 노출하고 이용자들 또한 뚜렷한 이념 성향을 따르는 이용형태를 보인다. 자신의 가설이나 신념을 강화하는 행위인 확증 편향에 따른 콘텐츠의 이용이다.

이러한 확증 편향은 가짜뉴스를 소비하는 태도에도 영향을 미친다. 사람들은 자신의 신념과 일치하는 가짜뉴스는 유용한 정보로 받아들이고, 자신의 신념과 일치하지 않는 가짜뉴스는 무시하는 태도를 보인다.[25] 때문에 뉴스 내용의 진위와 무관하게 자신의 믿음을 강화시켜주는 뉴스를 우선적으로 소비하게 된다. 그런데 크리에이터들이 만든 콘텐츠가 언론의 대안기능으로 뉴스의 역할을 한다. 크리에이터들은 어느 편에 있든지 양극단에서 자신의 신념에 부합하는 동조자의 반응에 맞춰 콘텐

츠를 제작한다. 그래서 크리에이터들은 이용자들과 지속적으로 조율된 커뮤니케이션을 하면서 타협한다.[26]

크리에이터들이 허위정보를 동원해 가짜뉴스를 만드는 것은 가짜뉴스에 반응하는 동조자를 기대하기 때문이다. 동조자의 지지는 중요하다. 크리에이터의 콘텐츠를 열렬히 이용하는 사람들은 곧 동조자이다. 크리에이터는 그들의 신념에 부합하는 공동체적 감각을 유지하려고 애쓴다. 그러한 과정이 극단화되면 가짜뉴스도 보다 자극적이 된다. 자신의 입장에 동조하는 사람들이 명확하게 드러나면 그 주장을 강화하려 들면서 극단화가 된다고 선스타인은 주장했다.[27]

콘텐츠의 극단화는 중립을 지키려 하는 관행을 벗고 숨어 있는 신념을 끄집어낸다. 비록 사실이 아니더라도 같은 생각을 공유하는 소수집단은 동조자를 통해 자신감을 얻는다. 가짜뉴스를 만들어 고소당하더라도 자신의 입장을 굽히지 않고 역고소하는 경우는 이념편향의 동조자들이 있기 때문이다. 확증의 힘이다. 크리에이터들의 콘텐츠에 동조하는 사람들은 같은 신념과 가치관을 지니고 있어서 그대로 믿는 경향이 있다. 이들은 가짜뉴스를 진실된 뉴스로 믿고 행동에 나선다.

뉴스 리터러시와 가짜뉴스

"투표용지를 보십시오. 이제 우리나라가 이렇게까지 되는 겁니까?", 2020년 11월 미국 대선에서 트럼프 전 대통령이 바이든 대통령에게 패배한 후 우편 투표한 용지가 불태워 버려지고 있는 영상과 함께 올린 트위터 게시글이다<사진 2-1>. 트럼프는 트위터에 가짜뉴스를 직접 업로드했다. 펜실바니아의 20석이 취소되어 바이든의 당선인 자격이 박탈되고 다시 결전으로 돌입했다는 허위 내용이었다. 실제로 많은 사람들은 미국 대선 결과에 대해 혼란을 겪으며 바이든 대통령의 당선을 잠깐 믿

<사진 2-1> 우편투표를 의심하는 듯한 트럼프의 트워터 게시글과 투표용지가 불태워진다는 영상

지 못하는 순간이 있었다. 이를 터무니없는 가짜뉴스로 여긴 사람도 있었지만, 실제라고 믿는 사람도 있었다.

뉴스의 판별 능력

미국의 트럼프 전 대통령은 '헤비 트위터리안'이었다. 온갖 뉴스를 트위터에 쉴새 없이 날리는 것으로 정평이 나있다. 그는 우편 투표는 사기라고 주장했다. 우편함은 강탈당할 수 있으며 투표용지는 위조되고 불법적으로 인쇄될 수 있다는 가짜뉴스를 트위터에 올렸다. 트위터는 경고하듯 트럼프 계정에 '우편 투표에 대한 팩트를 확인하라'는 파란색 경고문구를 올렸다 <사진 2-2>. <CNN>과 <워싱턴포스트> 등 언론들도 제각기 전문가를 동원하여 트럼프의 주장이 근거 없음을 설명하고 가짜뉴스임을 전했다.[28]

대선 직전엔 불타는 투표용지 영상을 소셜미디어를 통해 전파하는 사건도 일어났다. 해당 지역인 버지니아주는 불타는 투표용지는 바코드 표기 없는 것으로 공식투표 용지가 아니라는 조사결과를 발표했다. 그러나 트럼프 대통령의 아들인 에릭 트럼프(E. Trump)는 이 영상을 공유하여 조회 수는 무려 120만 건이나 되었고 같은 영상을 올린 다른 3개의 계정에는 11만 5천 건 이상의 조회 수를 기록했다.[29]

2020년 미국 대통령 선거가 부정선거라는 트럼프의 주장이

<사진 2-2> 허위정보를 올려 경고받은 트럼프의 트위터 문구

거짓으로 밝혀졌는데도 이를 진짜로 믿는 사람이 40%에 달하며 허위로 믿는 사람 36%보다 높게 나타났다.[30] 가짜뉴스가 진짜뉴스를 압도하게 된 셈이다. 뉴스를 접할 때 뉴스의 진실 여부를 판별하는 능력은 뉴스 리터러시이다. 미디어 리터러시는 뉴스 리터러시와 같이 다양한 메시지를 여러 형태의 매체를 통해 접할 때 이를 평가하고 소통할 수 있는 능력이다.

미디어 리터러시는 디지털 리터러시처럼 컴퓨터와 인터넷으로 인한 미디어 사용방식에 대한 지식과 이해를 말하기도 하지만 다양한 뉴스 플랫폼의 등장으로 여러 채널에서 보게 되는 정보에 대한 이해와 활용도 포함한다. 즉 미디어 리터러시는 정보를 다루는 온라인에서 살아남는 능력이다. 여기에 뉴스 리터러시는 뉴스에 대한 이해와 활용에 관한 것으로 바로 가짜뉴스에 속지 않는 문해력을 키운다는 의미이다.

뉴스를 접하는 환경은 인터넷 미디어의 기술과 함께 변화하였다. 디지털 환경의 적응 능력에 뉴스의 소비도 중요하다. 뉴스 소비 행위에는 뉴스 리터러시가 주목된다. 뉴스 리터러시가 높을수록 가짜뉴스를 가릴 수 있는 비판적 이해능력과 저항할 가능성이 큰 것으로 연구되었다.[31] 가짜뉴스를 판단하는데 다른 사람보다 스스로 우월하다고 여기는 지각이다. 이는 가짜뉴스 문제에 뉴스 리터러시가 높을수록 보다 분명한 태도를 보이며, 뉴스 리터러시가 낮으면 유보적 태도를 지닐 가능성이 있다는 내용이다. 다시 말해 뉴스 리터러시가 높을수록 자신이 평균보다 우월하다고 판단하여 가짜뉴스에 대해 분명한 태도를 드러내지만, 반대로 뉴스 리터러시가 낮으면 판단을 미루거나 연기하는 태도를 보인다는 것이다.

이는 존 잘러(J. Zaller)가 말한 대중의 정치적 태도와 비슷하다.[32] 정치적 지식수준이 높은 사람들은 정당이나 후보 간 차이를 분명하게 인식하여 정치적 메시지의 함의를 잘 파악하기 때문에 확실한 태도를 지니지만, 반대로 정치적 지식수준이 낮으면 상대적으로 유보적인 입장을 드러낸다는 것이다. 뉴스 리터러시가 낮으면 가짜뉴스에 대해 머뭇거리는 태도를 보여 어물쩍 동조하는 모습을 비친다는 의미이다. 동시에 가짜뉴스에 속지 않고 저항한다는 것은 뉴스 리터러시가 높다는 말이다. 뉴스 리터러시가 높을수록 가짜뉴스에 속을 확률은 낮다. 뉴스를 이해하고 수용하는 뉴스 소비자의 입장에서는 다양한 뉴스를 평가할 수 있는 비판적 사고력을 가져야 하는 뉴스 리터러시의 역할이 중요하다.

뉴스 소비는 보충재

뉴스 리터러시는 뉴스를 이해하는 능력이다. 이를 네 가지 차원에서 접근한다.[33] ▷뉴스 미디어에 대한 접근능력 ▷뉴스에 대한 분별력 ▷뉴스 내용의 목적에 따른 활용능력 ▷뉴스의 생산과 공유에 따른 책임 있는 행동이다. 뉴스 리터러시가 던지는 과제는 개인적 수준에서는 가짜뉴스의 영향을 줄이는 것이기도 하지만, 사회적 수준에서는 가짜뉴스에 대한 규제 조치의 필요이기도 하다. 인터넷의 뉴미디어는 정보를 수집, 활용, 변형, 생산에 따른 이용자의 능력을 요구한다. 뉴미디어의 리터러시는 인터넷 매체의 기술과 관련한 이용 능력으로 여기서도 가짜뉴스를 판단할 수 있는 역량이 포함된다.

가짜뉴스는 자극적인 내용으로 주목을 끄는 허위정보이면서도 일정 부분은 사실에 기반하고 있어 진위 여부를 판단하기 힘들다. 뉴스 소비자를 기만하기 위해 정교하게 꾸며진 뉴스이기에 가짜라는 것을 알아차리기 어렵다. 2020년 트럼프의 주장이 가짜임에도 사실로 믿는 미국인이 많았던 것에 반해, 2022년 미국 조사에서는 언론 매체가 의도적으로 가짜뉴스를 전달하고 오도한다고 믿는 국민이 50%를 넘었다.[34]

가짜뉴스를 인지하는 것뿐만 아니라 기존 언론의 보도에 대한 불신을 드러내는 태도이다. 언론사의 이해관계에 따라 의도적으로 가짜뉴스를 내보내고 있다고 믿었다. 트럼프가 워낙 가짜뉴스를 많이 쏟아낸 결과 이제 언론에서의 가짜뉴스를 그대로 받아들이지 않는 미국인들이 많아졌다. 어쩌면 뉴스 리터러시가 높아진 결과 가짜뉴스를 판별하는 능력이 높아진 것으로 기존 언론이 보도하더라도 가짜뉴스임을 자각하고 그에 대한 태도가 달라지고 있음을 보여주는 증거이다.

가짜뉴스를 판별하는 뉴스 리터러시는 뉴스를 수용하는 과정에서 가짜뉴스를 허위정보로 인식하는 교정된 효과를 갖는 능력이다. 오늘날 뉴스는 다양한 미디어 플랫폼으로 접근할 수 있다. 그만큼 뉴스 내용을 확인할 수 있는 채널이 많아졌다는 것이다. 뉴스의 사실여부를 알 수 있는 팩트체크의 기회는 충분히 널려있다. 가짜뉴스를 명확하게 확인하는 팩트체크 뉴스가 뉴스 리터러시를 높일 수 있다.[35] 그렇지만 트럼프를 지지하는 유권자들이 가짜뉴스임에도 이를 부인하지 않고 수용한 것은 가짜뉴스가 자신들의 이념과 생각을 지지했기 때문이다.

미국 케빈 애슬렛(K. Aslett) 교수팀이 『네이처』(Nature)에 발표한 내용에 따르면 뉴스의 사실 여부를 평가하는데 검색 엔진을 사용한 사람들이 그렇지 않은 사람들보다 가짜뉴스를 사실로 믿을 가능성이 높다는 실험결과를 밝혔다.[36] 온라인 검색을 한 사람들이 가짜뉴스를 사실로 평가할 가능성이 19%나 높다는 것이다. 인터넷 검색으로 잘못된 정보에 대한 믿음이 줄어들 것이란 일반적인 통념과 반대된다. 가짜뉴스를 지지하는 사람들은 인터넷 검색으로 자신의 믿음을 강화하는 쪽의 정보검색으로 가짜뉴스에 대한 믿음을 증폭시킨다. 따라서 뉴스 리터러시가 높다고 가짜뉴스를 판별해 배척할 것이라는 주장은 설득력이 약하게 되었다.

가짜뉴스를 따른다는 것은 뉴스 리터러시와 상관없다. 이는 뉴스 소비가 대체재(substitute)가 아닌 보충재(complement)라는 의미이다. 허위정보를 보고 추종하는 것이 뉴스에 대한 사회적 지각이 낮아 그런 것이 아니다. 가짜뉴스를 자신의 생각을 지지하는데 소비하는 사람일수록 또다시 가짜뉴스를 찾게 된다. 그래서 가짜뉴스는 보충재이다. 결국 신념에 의한 뉴스 소비는 가짜뉴스여도 상관없다. 가짜뉴스인지 진짜뉴스인지 자신의 생각이나 신념에 부합되면 판단을 뒤로하고 그냥 지지해버리게 된다. 여기에 확증편향적 사고까지 합쳐지면 가짜뉴스마저도 진짜로 인식한다.

노르웨이 철학 교수 라르스 스벤젠(L. Svensen)은 『거짓말의 철학』에서 진실이라고 믿는 것을 정말 진실인지 확인하지 않으려는 우리의 성향이 허위의 원천이라고 했다.[37] 진실에 다가가기 위해서는 우리 자신의 성향에 저항하는 노력이 필요하다. 그 노력은 곧 도덕적 의무라고 주장한다. 마찬가지로 가짜뉴스를 판별해서 바로잡는 것은 뉴스 리터러시를 높임으로써 가능한 것이기보다 사실에 접근하려는 노력인 도덕에서 비롯된다. 스벤젠 교수가 던지는 메시지대로라면 진실의 확인을 귀찮아하지 않고 도덕적 의무로 들여다봐야 가짜뉴스를 해결할 수 있다. TGIF(트위터, 구글, 아이폰, 페이스북)로 대변되는 스마트 미디어 환경에서의 가짜뉴스도 다르지 않을 듯하다. 즉 신념이 판단을 밀어내는 가짜뉴스에 대해 뉴미디어에서도 도덕적 의무에 기대어 진실에 다가가야 할 것 같다.

진보층이 보수보다 가짜뉴스 잘 믿는다?

가짜뉴스에 대한 믿음과 확증편향은 뗄 수 없는 관계이다. 확증편향은 한번 옳다고 하면 믿는 생각을 쉽게 바꾸지 않는 경향성을 말한다.[38] 정보의 진실 여부와 관련 없이 자신의 이념과 맞는 정보를 선택적으로 수용하여 자신의 판단을 정당화하는 심리적 현상이다. 이러한 심리가 뉴스에 맞춰지면 출처와 정확성보다 자신의 가치관에 따라 선택적으로 습득하고 해석한다. 특히 가짜뉴스의 경우 어떤 신념을 가지고 있느냐에 따라 수용 여부가 달라진다.

가짜뉴스를 신뢰한다는 것은 정보를 접하는 과학적 근거가 충분히 확보된 정확하고 공신력 있는 것이 아니어도 사람들이 받아들인다는 의미이다. 더구나 딥페이크와 같은 기술을 통해 이미지, 음성, 영상의 조작이 쉽게 가능해지면서 가짜뉴스와 진짜뉴스를 구별하는 것은 점점 어려워졌다. 자신의 신념으로 판단된 가짜뉴스에 기술까지 합쳐지면 진실성을 분별하기는 쉽지 않다. 그렇지만 가짜뉴스에 대한 진실 여부의 판가름보다 그

것이 자신의 욕구와 신념에 맞추어져 있는가에 따라 관심과 주목도는 달라진다. 그렇게 수용된 가짜뉴스로 인해 사람들은 한 쪽으로만 쏠린 생각을 할 수밖에 없다.

허위정보 테스트

개인이 편향성에 사로잡히면 자신의 생각과 일치하는 정보는 긍정적으로 쉽게 수용하려 들지만, 자신의 생각과 다른 정보는 비판적으로 바라보면서 무시하고 배척한다. 흔히들 '자신이 보고 싶은 것만 본다'는 인지심리학의 관점에서 말하는 편향성이다. 사람들은 다양한 정보를 객관적인 태도로 판단해야 함에도 불구하고 현실에서 그렇지 못한 경우가 있다. 사전에 갖게 된 신념이 작용하기 때문이다. 인지적 과정에서 판단이 신념으로부터 분리되지 못한 현상이다.[39]

가짜뉴스를 보수층과 진보층 가운데 어느 쪽이 잘 믿는가에 관한 조사가 있었다. 여론조사기관 '에스티아이'(STI)가 2023년 3월 10일에서 16일까지 만 18~69세의 성인남녀 1,056명을 대상으로 '미디어의 이용과 확증편향의 형성 및 그 특징'이란 제목으로 한 분석이다.[40] 이 분석은 자신이 지지하는 정치 진영에 유리한 뉴스는 믿고 불리한 뉴스는 믿지 않는다는 것을 보여주었다. 확증편향을 판별하기 위해 가짜뉴스로 제시된 내용은 다음과 같다.

① 윤석열 대통령은 신년 기자회견을 하지 않은 유일한 대통령이다.

② 문재인 정부는 비밀리에 6억 달러 규모의 대북 송금을 하였다.

③ 인터넷에 '극단적인 선택'과 관련한 검색을 하면 수사기관이 추적하여 집으로 찾아오게 된다.

위 내용은 모두 가짜뉴스이다. ①은 진보성향(민주당 지지층)이 좋아할 가짜뉴스 ②는 보수성향(국민의힘 지지층)이 좋아할 가짜뉴스 ③은 비이념적 가짜뉴스로 구분하였다. 제시된 가짜뉴스를 어떻게 생각하는지 5점 척도로 1은 '완전히 거짓', 5는 '완전히 사실'로 수치화하여 물었다. 진보진영에 유리한 가짜뉴스는 진보층이 가까운 3.75의 수치를 보였고, 보수층은 2.80의 수치를 보였다. 보수진영에 유리한 가짜뉴스는 보수층이 3.65의 수치로 진보층의 2.08수치보다 높게 나타났다. 각 진영에 유리한 내용의 가짜뉴스를 사실로 여기는 경향을 보였다. 무당층은 진보진영에 유리한 가짜뉴스에 대해선 3.12의 수치를 보수진영에 유리한 가짜뉴스에 대해선 2.87의 수치를 보였다. 진보 보수 양 진영의 중간점수로 뉴스 신뢰정도를 드러냈다.

진보나 보수 어느 경우도 자신의 진영에 유리한 가짜뉴스에 대해서는 더 신뢰하는 경향을 보인다. 다만 진보층은 자신들에게 유리한 가짜뉴스를 믿는 정도가 3.75로 보수층이 믿는 정도인 3.65보다 더 높게 평가하고 있다. 이 수치만으로 진보층이 보수보다 가짜뉴스를 더 잘 믿는다고 단정하기 어렵다. 자신들의 진영에 유리한 가짜뉴스는 사실(4~5점)로 보고 불리한 가짜뉴스는 거짓(1~2점)으로 응답한 사람만 분류해 분석한 결과는 민주당 지지층 303명 가운데 110명(36.5%), 국민의힘 지지층 253명 가운데 46명(18.0%)이었다.

이들은 신념에 따라 분명한 태도를 보이는 '확증편향층'이다. 진보층이 보수층보다 가짜뉴스를 더 사실로 받아들이는 태도를 보인다는 의미이다. '확증편향층'의 연령을 분석한 결과 50대(29.4%)와 60대(29.2%)가 많았으며 40대 30대 20대 순으로 나타났다. 이들 가운데 정보를 얻기 위해 사용하는 미디어 매체는 주로 '유튜브'라는 응답이 21.8%였다. 유튜브가 실제로 확증편향성을 보이는 뉴스의 이용매체라는 셈이다.

진영의 논리로 가짜뉴스를 신뢰한다

또 다른 흥미로운 조사가 있다. 유튜브의 이용이 확증편향으로 진보와 보수의 성향을 강화하는가 하는 내용이다. 서울대학교 한정훈 교수의 '한국인의 유튜브 뉴스 이용과 확증편향성'에 대한 조사이다. 2022년 4월에 조사한 내용으로 6개의 유튜브 채널, 즉 진보채널 3개(알릴레오, 김용민TV, 김어준 뉴스공장), 보수채널 3개(신의 한수, 팬앤마이크TV, 홍카콜라)를 비교하였다.[41]

조사결과는 유튜브 이용률이 전 연령대에 20~25% 수준으로 한국 사회내 정치적 양극화를 심화시키는데 영향을 주지 않는다고 보았다. 또한 95만명에 달하는 6개 채널의 이용자들 가운데 24%인 23만명만 확증편향적 뉴스 이용형태를 보이며, 이는 균형적 뉴스 이용형태 5%보다 다섯 배나 많지만 유튜브의 일반적 형태로 보지 않고 있다. 기본적으로 보수나 진보 양극단에서 확증편향에 따른 유튜브 이용이 정치성향을 변화시키는 것은 아니라고 주장한다. 확증편향을 보이는 뉴스 이용형태가 24%라고 한 결과는 다르게 해석하면 이들 이용자는 내용의 진위 여부에 상관 없이 자신의 신념에 부합하는 뉴스를 선택적으로 받아들인다는 의미이다. 가짜뉴스를 받아들이는 것은 확증편향층에게 쉬울 수 있다.

유튜브는 특히 왜곡된 콘텐츠를 지속적으로 올릴 수 있는 플랫폼이다. 확증편향에 사로잡힌 사람들에게 허위정보에 대해 믿도록 만드는 것이다. 가짜뉴스로 확증편향의 내용을 강화하는 사례로 이용되는 경우는 많다. 자주 등장하는 내용이 5.18 민주화운동에 관련한 왜곡된 내용이다. 한국에 유튜브가 시작된 2008년부터 유튜브에 5.18 관련 왜곡된 콘텐츠의 업로드 빈도는 계속 늘고 있다.[42] 2008년 1건이 처음으로 등장했고, 이후 2010년 1건, 2012년 3건, 2012년 19건, 2015년 31건, 2019년에는 98건이나 늘었다. 북한군 개입설을 주장한 내용은 방송통신

위원회로 부터 역사적 사실 왜곡을 이유로 중징계도 받았다.

가짜뉴스가 확증편향층의 지지로 확대되는 양상이다. 사람들이 허위정보에 대한 판단 능력에서 93.2%가 스스로 보통이상이라고 평가했지만, 실제로 가짜뉴스 등 허위정보 테스트를 진행해본 결과 가짜뉴스를 판별하는 비율은 평균 58.5%에 그친 것으로 나타났다.[43] 가짜뉴스에 대한 사실판단은 허위정보에 대한 판별능력이기도 하지만 뉴스에 대한 신뢰의 문제이기도 하다.

그러나 확증편향층은 대체로 뉴스를 판별하는 능력에 크게 동요하지 않는다. 자신이 믿고 싶은 뉴스만 보는 신념에 찬 사람들이기 때문이다. 앞서 뉴스의 소비에 가짜뉴스임에도 확증편향에 힘입어 더욱 신뢰를 보내는 진영은 진보층라고 했다. 그 말은 신념에 찬 자신의 판단을 뉴스의 이용에 믿고 따른다는 의미이다. 보수층 역시 자신들의 주장을 위해 유튜브에 왜곡된 콘텐츠로 계속 업로드를 시도한다. 어느 진영이 가짜뉴스를 더 추종하고 믿는다는 판단은 섣부르다.

신념이냐 책임이냐

가짜뉴스를 신뢰하느냐의 문제보다 가짜뉴스가 가짜(허위정보)인 것을 인지하면서도 받아들이는 문제가 더 우려스러운 것이다. 허위정보로 인식하고 있음에도 이를 받아들이고 팩트로 간주하려는 심리적 현상은 윤리의 문제일 수 있다. 가짜임에도 팩트로 호도하고 있기 때문이다. 베버는 정치를 말할 때 인간 행위의 윤리적 규칙을 두 가지로 나누었다.[44] 신념을 앞세운 윤리와 책임을 앞세운 윤리이다. 신념윤리(Gesinnungsethik)는 자신의 신념이 가져다줄 결과를 고려하지 않고 자신이 옳다고 생각하는 것을 실천하는 것이다. 반면 책임윤리(Verantwortungsethik)는 자신의 결정이 가져올 수 있는 결과를 상상하고 그 결과에 대해 책임을 지는 것이다.

전자가 초월적 이념의 가치구현을 위한 것이라면 후자는 어떻게 효과적으로 목적에 도달할 수 있는가를 고민한다. 따라서 신념윤리는 행위의 결과가 나쁘더라도 그 책임은 세상의 책임이며 타인의 어리석음으로 돌린다. 그러나 책임윤리는 자신의 행위의 결과를 다른 사람한테 떠넘길 수 없다고 보고 설령 잘못되어도 인간의 평균적인 결함으로 생각한다.

가짜뉴스를 믿는 확증편향층은 자신의 신념을 위해 허위정보임에도 팩트로 간주하고 신뢰하려는 자세를 보인다. 이들은 베버의 해석으로 치자면 신념윤리에 따라 뉴스를 소비하는 사람들이다. 확증편향의 사람들은 신념을 앞세운 열정의 에너지를 가진 이들이다. 특히 고의로 가짜뉴스를 만드는 사람들은 거짓을 정치화하고 진실을 쇠퇴시키며 신념을 강화한다.

대중에게 공포심을 유발하고, 과학과 합리적 담론을 거부하고, 전통과 과거를 소환하는 내용일수록 가짜뉴스의 먹잇감이 되는 콘텐츠이다. 이를 믿는 층이 진보냐 보수냐를 획일적으로 나누는 것은 위험하다. 다만 인간에게는 누구나 자신이 믿고 싶은 것만 믿고 보고 싶은 것만 보려는 관성의 힘이 작용한다. 가짜뉴스도 그러한 경향에 편승해서 믿음을 유도하려는 인간의 심리를 파고드는 것이어서 절대 사라질 수는 없다.

3.

대중의 생각을 유도하다

우리는 무언가를 선택할 때 완벽한 정보 속에서 이루어지는 것이 아니다. 정보의 부족은 의사결정을 합리적 판단으로 완전하게 내릴 수 없게 만든다. 그래서 뭔가를 결정할 때 '제한적 합리성'을 떠올린다. 완벽한 환경에서 결정하지 못하기 때문에 제한성을 인정해야 한다는 의미이다. 이러한 한계를 그나마 극복하는 적절한 방법은 집단의 지적 능력을 빌리는 것이다. 제임스 서로위키(J. Surowiecki)는 답은 천재에게 있는 것이 아니라 대중의 손에 있다고 했다. 불완전한 판단을 대처하는 적절한 방법은 서로 합쳐서 얻는 집단의 지혜이다. 집단의 지혜는 놀라운 결과를 만들어낼 때가 많다는 것이다.

하지만 집단이 나쁜 지혜를 만들 때도 있다. 나쁜 지혜는 일반적으로 옳지 않거나 유익하지 않은 조언 또는 지식을 가리키는 표현이다. 이는 종종 유머나 비판적인 맥락에 사용되며 실제로 문제를 일으키는 조언이나 행동으로 이끌기도 한다. 개인적인 의견이나 판단이 사실에 근거하지 않은 엉터리로 알려지더라도 주변 일상에만 머물면 문제가 되지 않는다. 그러나 소셜미디어를 거치면 달라진다. 동조자를 만나 집단의 생각으로 변한다. 나쁜 지혜는 타인의 판단과 합쳐져 최선의 정보로 탈바꿈된다. 여기서 중요한 것은 대중이 마땅히 알아야 할 정보마저 나쁜 지혜가 박탈한다는 것이다. 가짜뉴스는 나쁜 지혜로 사람들의 생각을 유도한다.

디지털 그레샴의 법칙
정치 판도에 위협적인 가짜뉴스

그레샴의 법칙은 악화(나쁜 돈)가 양화(좋은 돈)를 구축한다(쫓아낸다)는 현상을 설명한 이론이다. 16세기 영국 엘리자베스 1세의 고문이었던 금융업자 토마스 그레샴(T. Gresham)은 동일한 명목가치를 가진 화폐의 유통에서 소재 가치가 낮은 화폐가 소재 가치가 높은 화폐를 밀어내는 것에 주목했다. 궁극적으로 화폐의 품질이 떨어진다는 주장이다. 이렇게 되면 액면 화폐의 가치는 화폐로서 인정받기 어렵게 되고 시장에서 사라진다. 똑같은 금과 은을 화폐로 통용하면, 금화는 가치 있게 여기며 보관하려 들고 은화만 거래되다가 은마저도 함량을 떨어뜨려 실제로 같은 액면의 가치를 갖지 못해 화폐로서의 기능을 상실하게 되는 것을 지적한 것이다.

진짜뉴스를 압도하다

인터넷의 가짜뉴스도 마찬가지이다. 인터넷상에 거짓 정보나 저질 정보가 퍼지게 되면 허구의 내용을 마치 사실인 것처럼 믿게 되는 인지적 편향이 발생하는데 이를 디지털 그레샴의 법칙이라고 한다. 2016년 미국 대선이 끝난 이후, 미국의 온라인 매체 <버즈피드>(BuzzFeed)가 내놓은 보도는 미국 정치권과 언론인들뿐 아니라 전세계를 놀라게 했다. 그 해 미국 대선에서 소셜네트워크서비스(SNS)인 페이스북에 실린 가짜뉴스(fake news)의 영향력이 진짜뉴스를 능가했다는 것이었다.

<버즈피드>는 미국 대선 관련 기사 중 주목도가 가장 높았던 가짜뉴스 20개, 진짜뉴스 20개의 공유 수, 좋아요 수, 댓글 수

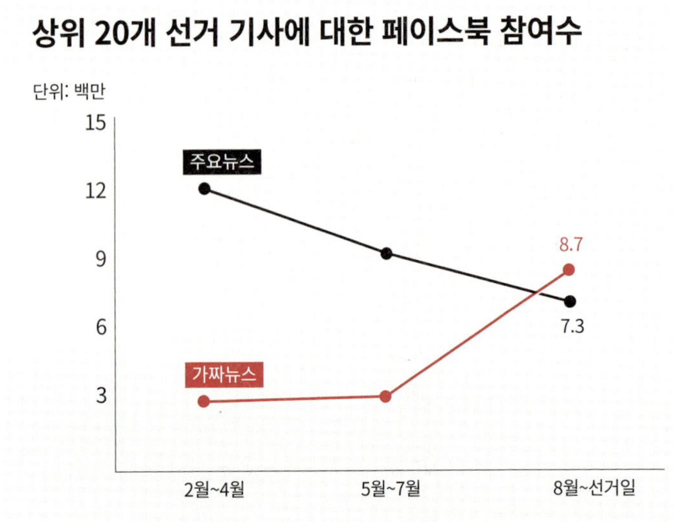

<그림 3-1> 미국 2016년 대선 관련 상위 20개 가짜 뉴스, 진짜 뉴스 참여수준 집계
출처: https://www.buzzfeednews.com/article/craigsilverman/viral-fake-election-news-outperformed-real-news-on-facebook

등 페이스북 이용자 참여를 집계하였다. <그림 3-1>의 그래프에서 보듯 가짜뉴스가 주류 언론 뉴스보다 더 많은 참여 정도를 보여주었다.[1] 주목도가 높은 20개의 가짜뉴스를 분석한 결과, 힐러리 클린턴(H. Clinton)이 ISIS에 무기를 팔았다는 기사와 교황이 도널드 트럼프(D. Trump)를 지지한다는 허위 내용이 가장 큰 관심을 끌었다. 대부분 친 트럼프 또는 반 클린턴 관련 뉴스였다. 그나마 트럼프에 불리한 내용은 아일랜드가 트럼프를 피해 도망친 미국인 '난민'을 받아 들인다는 거짓 보도와 루폴(RuPaul, 미국의 드래그 퀸, 배우 겸 가수)이 트럼프에게 성추행을 당했다고 주장하는 날조 정도였다.

가짜뉴스가 끼친 선거의 영향은 2017년 국내 조사에도 그대로 드러났다. 가짜뉴스에 대한 국민들의 인식을 묻는 조사에서 세계적으로 화제가 된 트럼프의 미국 대통령 당선에 가짜뉴스가 큰 영향을 미쳤다고 인정하는 응답자가 51%나 차지했다.[2] 가짜뉴스의 영향을 실제로 인지하고 있다는 것이다. 가짜뉴스가 무엇인지 불분명한 가운데 정파적 이익을 위해 고의적으로 만든 내용이 사실에 근거한 뉴스를 밀어내고 유권자의 선택에 영향을 미쳤다는 것은 악화가 양화를 구축한 것과 같다. 더구나 인터넷상 미디어에서 더 쉽게 일어난다는 점에서 디지털 그레샴의 법칙으로 여겨지게 된다.

2020년 한국언론진흥재단이 발표한 보고서에 따르면 뉴스

이용자들이 가짜뉴스를 접하게 되는 경로를 묻는 질문에 유튜브(70.6%), 팟캐스트 등 개인방송(65.8%), 블로그와 인터넷 카페(62.9%), 소셜미디어(62.0%) 등의 순으로 나타났다.[3] 뉴스 이용자들은 가짜뉴스라고 생각되는 정보를 전통적인 뉴스 생산 매체가 아니라 비전문적인 뉴스 생산 주체나 비전문가 혹은 정보 공급의 출처가 명확하지 않은 유튜브, 메신저, 소셜미디어를 통해 접하는 것으로 조사되었다. 인터넷 미디어는 가짜뉴스나 가짜 콘텐츠의 이슈를 쉽게 만드는 동시에 쉽게 접할 수 있는 구조의 미디어이다.

돈벌이 가짜뉴스 사이트

인터넷에서 쉽게 만들 수 있는 가짜뉴스 사이트(fake news site)는 기존 언론사와 비슷한 제호 혹은 중요한 사안을 다루는 인상의 제호를 이용한다. 이러한 인터넷 뉴스사이트는 진짜와 구별하기 어렵다. 가짜뉴스가 뉴스 사이트의 형식으로 제시되면 사람들은 반신반의하면서도 일단 정보를 받아들인다. 가짜뉴스의 내용을 뉴스사이트 형태로 본 사람들은 단순히 메신저로 제공받은 경우보다 더 신뢰하는 것으로 나타났다.[4]

인터넷에서 가짜뉴스를 제호를 갖춘 뉴스 형식으로 만들어진 사이트가 자연스럽게 늘어나 가짜뉴스와 진짜뉴스를 분간하기 어렵게 되었다. 가짜뉴스는 이용자들이 클릭할 것 같은 흥미 위주의 내용을 다루는 경우가 대부분이다. 특정 내용의 자극적인 부분만 이슈화한다. 그 밑바탕엔 클릭 수를 유도해 광고수익을 올리려는 의도가 있다.[5] 남유럽의 작은 나라 마케도니아의 소도시 벨레스(Velese)에서 미국 대선 관련 가짜뉴스를 만든 수상한 웹사이트가 100여 개 이상 등록되어 있었던 것도 한탕주의 돈을 노린 것이었다.[6] 10대 20대 이용자가 대부분인 인터넷 뉴스 사이트는 가짜뉴스가 광고수익을 올리는 중요한 수단이었다.[7] 가짜뉴스가 지니는 의미는 진짜뉴스의 진정한 가치가 가짜뉴스의 돈벌이 위세에 밀린다는 것이다.

가짜뉴스의 중대한 문제는 잘못된 정보와 조작된 정보를 고의로 유포하는데 있다. 특히 선거와 관련한 정치영역에서의 가짜뉴스는 민주주의를 위협하고 언론의 역할과 가치를 훼손한다. 더구나 선거에 영향을 줄 수 있는 뉴스의 조작은 개인적이거나 국지적 부분이 아닌 한 국가 전체에 미칠 정도로 위험한 것이다. 이전에는 정치영역에서의 가짜뉴스는 주로 '풍자적 가짜뉴스'(satirical fake news)와 유사한 의미로 사용되었다. 구글의 논문 검색 서비스에서 2013~2015년도 발표된 논문을 검색하여 '가짜뉴스'(fake news)를 찾아보면 논문 다수는 '가짜뉴스'를 '풍자적 가짜뉴스'의 의미로 사용되고 있었다.[8]

정치 영역에서의 조작은 전통적 저널리즘을 모방해 정치사건을 풍자적으로 비판하면서 유머와 함께 변형시켜 논의하는 정치

담론의 한 방법이었다. 가짜뉴스가 심각해진 것은 사람들이 더 이상 풍자로 보지 않고 인지적 편향 속에서 사실로 받아들인다는 데 있다. 인터넷 미디어로 쉽게 조작 가능한 가짜뉴스는 정치사건을 유머나 풍자쯤으로 변형시키는 것을 넘어 거짓으로 사람들을 호도하면서 선거결과를 뒤집을 수 있는 가능성을 유도하고 있어 심각할 수 있다.

정치영역의 가짜뉴스는 더 위험

클레어 워들(C. Wardle)은 선거에서 나타난 가짜뉴스가 마케도니아 10대들이 이윤추구를 위해 만든 가짜뉴스 사이트보다 훨씬 심각하다고 보고 2016년 미국 대선에서의 가짜뉴스 유형을 크게 7가지로 제시하였다.[9] 선거에 나타난 문제 있는 내용은 ▷풍자 또는 패러디 ▷오도된 콘텐츠 ▷타인의 이름을 도용한 콘텐츠 ▷허구 콘텐츠 ▷연결이 잘못된 콘텐츠 ▷거짓 콘텐츠 ▷조작된 콘텐츠 등이다.

먼저 '풍자 또는 패러디'는 공공의 사건을 풍자나 패러디로 엔터테인먼트처럼 제작한 것으로 해를 입힐 의도는 없는 내용이다. '오도된 콘텐츠'는 의도적으로 그릇된 정보의 제시이다. '타인의 이름을 도용한 콘텐츠'는 대중에게 잘 알려진 뉴스미디어와 유사한 형태의 이름 혹은 도메인 주소로 사람들에게 혼동을 주는 것이다. '허구 콘텐츠'는 온전히 거짓된 콘텐츠로 다른 사람을 속이거나 피해를 입히는 내용이다. '연결이 잘못된 콘텐츠'는 표제나 그림, 영상, 그림의 캡션 등이 콘텐츠와 맞지 않는 경우이다. '거짓 콘텐츠'는 진실된 콘텐츠가 아닌 잘못된 상황 정보를 유통 공유하는 것이다. 마지막으로 '조작된 콘텐츠'는 진짜 정보나 이미지를 속임수로 조작하는 것을 말한다.

가짜뉴스는 잘못된 뉴스와 조작된 뉴스로 구분된다. 잘못된 뉴스는 사실과 다르지만 의도적이진 않다. 조작된 뉴스는 사실과 다르지만 자신에게 유리하고 상대에게 해를 입히려는 의도를 담고 있다. 정치영역에서의 가짜뉴스는 조작된 뉴스이다. 즉 올바른 판단을 돕는 진짜뉴스를 압도하고 그릇된 여론을 형성하여 선거결과를 뒤집을 수 있다. 정치와 관련한 가짜뉴스는 선거결과 면에서 일시적인 것이 아닌 영속적인 것이다. 정치영역에서의 가짜뉴스 특히 선거 관련 가짜뉴스는 지엽적인 영역이 아닌 국가 전체로 미치게 되는 파급력이 만만치 않다.

정치영역에서 갖는 가짜뉴스의 위험을 크게 나누어 보면 '확증편향과 집단적 배타 의식 증폭', '사회적 양극화에 따른 증오와 갈등의 확산', '여론, 선거 등 집합적 의사 결정의 왜곡', '정부, 언론, 전문가 등 사회적 기구에 대한 불신 심화', '민주주의 그 자체에 대한 위협' 등으로 볼 수 있다.[10] 이러한 가짜뉴스의 위험은 뉴스의 조작으로 당장 나타나는 현재적 결과이면서 동시에 잠재적 영향으로 지속성을 갖는다.

가짜뉴스는 사실 여부에 관계없이 그 내용을 필요로 하는 사람들에게 자신의 믿음을 지지하는 근거로 이용된다. 특정 내용만을 무조건 추종하는 인지구조를 형성하여 확증편향으로 발전한다. 확증편향은 자신의 의견에 합치하는 내용에만 신뢰를 보내고, 그렇지 않은 것을 배제한다. 이로 인한 무조건적 배타성으로 상대 집단과의 차이마저도 인정하지 않는다. 가짜뉴스는 사회 전반에 걸쳐 양극화를 심화시키며 대립 집단 간에 증오와 갈등을 확산시킨다. 또한 가짜뉴스는 여론과 민의를 왜곡하여 선거나 국민투표와 같은 집합적 의사 결정을 변질시킬 수 있다.

언론을 포함해 과거에 신뢰를 받았던 정부, NGO, 사회적 기구 및 전문가들은 가짜뉴스들로 인해 위협을 받게 된다. 가짜뉴스는 정부와 언론, 전문가, 그리고 사회기구들에 대한 불신을 심화시킬 수 있다. 개인의 편향된 믿음이 앞서면서 개인들의 소외와 일탈 현상이 자연스럽게 되는 탈진실 시대로의 변질이 우려스럽다. 가짜뉴스와 확증편향으로 만들어진 잘못된 상황을 바로잡는 것은 그나마 진실된 정보가 가짜뉴스로 희생되지 않게 하는 것이다.

피자게이트
가짜뉴스로 촉발된 피자가게 총격

가짜뉴스의 음모론을 믿고 피자가게를 향해 총기난사를 한 사건이 있었다. 미국 대선에서 시작된 가짜뉴스가 음모론으로 가공되면서 이를 확인하기 위한 한 청년의 무모한 도발이었다. 2016년 12월 4일 오후 3시 미국 워싱턴DC에서 '코밋 핑퐁'(Comet Ping Pong)이라는 피자가게를 향해 에드거 메디슨 웰치(E. M. Welch, 28)라는 남성이 공격용 소총을 난사했다. 다행히도 인명피해는 없었다. 출동한 경찰에 따르면 그는 '피자게이트'를 직접 조사하기 위해 총격을 가한 것으로 밝혀졌다. 가짜뉴스가 음모론을 거치면서 피자가게에 총기난사로 이어진 것은 트럼프와 힐러리의 2016년 대선에서 불거진 선거운동이었다.

대선 후보로 도널드 트럼프와 힐러리 클린턴의 경쟁 관계에 쏟아진 가짜뉴스는 SNS에 괴담 수준으로 확대되었다. 사건 자체는 싱거운 수준의 해프닝이었지만 사건의 진원지는 SNS를 중심으로 걷잡을 수 없이 퍼진 가짜뉴스와 그에 더해진 음모론이었다. 피자게이트는 피자가게와 민주당 인사들의 아동 성매매가 연관되었다는 가짜뉴스로 일어난 사건이다. 페이스북에 힐러리 클린턴과 선거캠프의 민주당 인사들이 소아성애자 단체와 관련 있으며 피자가게에 아동 성매매 조직을 운영한다는 가짜뉴스가 돌았다.

상상을 현실로

가짜뉴스는 클린턴 측 선거대책본부장 존 포데스타(J. Podesta)가 아동 성착취 조직에 연루되어 있으며, 워싱턴시의 한 피자가게 지하실에서 소아성애 행위를 즐기고 인신매매를 한다는 내용이었다. 이들은 인신매매, 아동 성착취와 학대 살해를 즐기는 악마 숭배조직자들에 소속되어 있고 그 근거지는 '코밋 핑퐁'이라는 피자가게의 지하실이라는 구체적 정보였다. 그 해 12월 첫째 주 '피자게이트'와 관련된 댓글과 좋아요, 게시글 공유는 페이스북에 51만2000건 인스타그램에 9만3000건을 기록할 정도로 화젯거리였다.[11] 여기에 비밀을 밝히는 폭로 전문 웹사이트 '위키리크스'(WikiLeaks)가 존 포데스타의 이메일 내용을 공개하면서 '피자게이트' 관심은 증폭되었다.

'위키리크스'가 공개한 포데스타의 이메일에는 행위 예술가인 마리나 아브라모비치(M. Abramovic)가 주최한 '스피릿 쿠킹'(spirit cooking) 파티의 초대가 있었다. '스피릿 쿠킹' 파티는 일종의 오컬트(occult) 의식이었다. 위키리크스는 '악마 숭배주의가 워싱턴 고위층 사이에 침투했는가'라는 글을 통해 오컬트 의식으로 악마를 숭배하고 인신공양을 하는 행위를 묘사하고 있다고 주장했다. 여기에 더해 포데스타의 이메일에 평소 친분 있는 '코밋 핑퐁'의 사장과 주고받은 메일에 '피자', '피자가게'란 단어를 여러 차례 언급했다는 것이다. 음모론자들의 시각에서 피자는 '여자 어린이'라는 은어로 변질되어 있었고, 클린턴의 기금 모금행사를 상의하는 것 같지만 소아성애를 의미하는 것으로 탈바꿈되어 있었다.[12]

이메일의 내용에 근거해 실제 피자가게인 '코밋 핑퐁'과 연결지었다. 피자가게가 클린턴과 포데스타 등 민주당 관계자들이 속한 아동 성매매 조직의 허브 역할을 하는 기지로 여겨졌다. 피자게이트에 대한 정보들은 사실이 전혀 확인되지 않은 거짓 정보를 퍼트리는 음모론이자 가짜뉴스에 불과하였다. <워싱턴 포스트>, <CBS뉴스> 등 미국의 주요 언론들은 이런 가짜뉴스의 내용을 거짓으로 판명하였고, 피자게이트에서 문제시된 가게에는 지하실이 없다는 것만을 밝히고 큰 관심을 두지 않았다.

그러나 가짜뉴스를 믿는 사람들이 여전히 적지 않았고 문제의 장소인 지하실을 찾겠다는 소동을 벌이면서 '피자게이트'는 사건화되었다. 음모론자들은 전혀 상관없는 건물의 지하실 사진을 가져와 코밋 핑퐁의 지하실이라고 주장하였다.[13] 또한 가짜뉴스를 믿는 사람들은 위키리크스가 공개한 이메일의 내용 중 '치즈', '피자' 등의 단어가 자주 등장하는 것에 주목하고, 이 단어들을 성적인 은어라고 보고 소아성애와 관련된 내용으로 확대해석하였다. 가짜뉴스의 내용을 상대편 트럼프 진영이 적극 호도하였고 여기에 인터넷의 극우 성향 사이트 '4chan'을 중심으로 괴이하게 변하고 있었다. 결국 사실이 아닌 가짜뉴스에 의한 잘못된 믿음이 총기난사 사건으로 이어진 것이다.

피자게이트의 전개

<뉴욕타임즈>는 '피자게이트' 사건을 가짜뉴스와 소셜미디어의 강력한 혼합으로 발전한 터무니없는 음모론이라고 보도하고 이 사건이 어떻게 진화하게 되었는가를 자세히 소개하였다.[14]

① '위키리스트' 힐러리 클린턴 선거대책위원장 존 포데스타 계정에서 해킹된 이메일 공개

② 트럼프와 '4chan'사이의 극우 게시판 레딧 포럼의 소셜미디어 이용자들이 불법 행위를 위한 자료 검색

③ 이메일에 피자라는 단어 확인

④ '4chan'에 '치즈', '피자'라는 문구를 포르노와 관련한 소아성애자와 연결

⑤ 피자에 이어 워싱턴 피자가게 '코밋 핑퐁'이 관련 있으며 존 포데스타와 피자가게 사장 제임스 알래판티스(J. Alefantis)와의 서신 확인

⑥ 가짜뉴스의 본격 등장과 트위터, 페이스북에 확산
⑦ 살인방, 지하 터널, 사탄 숭배, 심지어 식인 풍습에 대한 날조된 이야기가 소셜미디어에 등장
⑧ 12월 4일 노스캐롤라이나 출신의 28세 에드가 웰치(E. M. Welch)는 소총과 권총으로 코밋 핑퐁 피자가게에 난사했으나, 가짜뉴스와 관련 증거를 찾지 못하자 자수
⑨ 가짜뉴스로 끝났음에도 추종자들은 주류언론을 범죄조직을 보호하기 위한 은폐의 공모자로 봄

대선 후보 힐러리 클린턴과 아동 성매매 사이의 음모론 정보가 사실처럼 인지하게끔 하는 데는 상대 진영인 트럼프의 극렬 지지자들이 한몫하고 있었다. 음모론자들은 '위키리크스'가 폭로한 포데스타의 이메일을 멋대로 편집하고 짜 맞추었다. 이들은 가짜뉴스를 신봉하는 사람들로 '4chan', 유튜브, 트위터 등에서 활동하는 과정에서 우익 커뮤니티의 정보 내용에 살을 붙여 사건을 키웠다. 이들은 추가적으로 알게 된 정보로 자신들의 생각을 굳히고 이를 바탕으로 사건을 해석한다. 가짜뉴스에서 문제 삼았던 피자가게의 지하실이 실제 존재하지 않는데도 이를 계속 찾도록 만들고 심지어 총기를 사용하여서라도 그것을 증명하려는 위험한 행위까지 부추겼다.

2016년 대선 시기에 일어난 피자게이트는 해프닝이었지만 '코밋 핑퐁'은 엄청난 피해를 입었다. 피자가게는 연일 시위

자들의 북새통에 영업을 제대로 할 수가 없었다. 피자게이트에 관심을 갖고 가짜뉴스에 적극 호응하는 사람들은 당연히 트럼프측 지지자였다. 피자게이트에 대한 가짜뉴스를 퍼트리고 받아들였던 주요 집단들은 '알트라이트'와 같은 극우집단이었다. 이들은 공화당 지지자들이 많이 이용하는 '포챈'(4chan), '레딧'(Reddit) 등의 인터넷 사이트를 이용해 경쟁 상대를 흠집내기에 열올렸다. 피자게이트의 허위정보를 노출시키고 수용한 이들도 대부분 여기에 속한 사람들이었다. 상대 후보에 대한 가짜뉴스는 자신들이 지지하는 후보에 유리하기 때문에 음모론을 더해 확산시키는 것이다.

거짓 뉴스의 배양

실제 사실과 상황에 대해 음모론자들이 왜곡하여 제시한 내용이다.

사실	왜곡
피자가게에는 지하실이 없다	상관없는 건물의 지하실 사진을 제시
포데스타의 이메일에 피자나 다른 이탈리아음식을 언급	문맥을 무시한 편집으로 FBI가 인증한 소아성애자들사이의 암구호로사용되었다고주장
코밋 핑퐁의 로고(별 모양)	아동 성착취범들은 사탄추종자라서 그런 로고를사용한다고주장

자신들이 지지하는 후보에 유리한 내용의 가짜뉴스는 곧 상대 후보에게 불리한 내용이다. 가짜뉴스는 지지하는 후보의 당선을 위해 상대 후보가 불리하다는 생각을 갖는 내용일수록 쉽게 받아들인다. 이는 사실과 관계가 없다. 피자게이트의 내용이 사실이 아님이 밝혀진 후에도 이를 인정하지 않으려는 생각과 태도는 편향이다. 가짜뉴스를 쉽게 수용하는 것을 넘어 억측 부리는 경우는 확증편향의 또 다른 모습이다. 대통령 선거에서 가짜뉴스가 실제 얼마나 효과가 있는가 하는 연구에서 특정 후보자에 대한 호감도는 가짜뉴스의 주요 원인으로 작용하는 것으로 밝혀졌다.[15] 호감을 가지고 있거나 지지하는 후보자에 유리한 가짜뉴스일수록 그러한 뉴스에 더 잘 노출시키고 수용하는 것으로 나타났다.

가짜뉴스를 단 한번 노출한 경우에도 그에 대한 사실성 인식이 높아진다고 한다. 가짜뉴스의 헤드라인을 통해 노출된 경우도 후속 인식이 증가해서 환상적 진실효과를 보인다는 것이다. 반복된 노출은 뻔뻔한 거짓 뉴스에 대한 믿음을 배양하며 사실로 받아들이게 된다.[16] 미국 대선에서 유권자 한 명이 평균 최소 한 건, 최대 세 건 정도의 가짜뉴스에 노출된 것으로 파악됐다.[17]

2020년 6월에 짧은 동영상을 올릴 수 있는 앱인 '틱톡'을 중심으로 일단락되었던 피자게이트는 다시 퍼졌다.[18] 힐러리 클린턴 대신 여기에는 저스틴 비버, 빌 게이츠, 오프라 윈프리 등 민주당 지지자인 유명인사를 옭아매어 의혹을 확산시켰다. 트럼프를 지지하는 극우 집단 '큐어넌'(QAnon)과 10대들이 빠르게 전파했다. 관련 댓글과 좋아요 등의 게시물 공유 건수도 2016년보다 훨씬 많았다. 2016년의 가짜뉴스에 재미 본 결과를 2020년 대선에서도 이용해 유권자들을 교란하기 위한 시도였다. 선거와 가짜뉴스는 이제 뗄 수 없는 관계가 되었다.

수면자 효과와 가짜뉴스

진실을 위해서는 시간을 투자해야 한다. 사실에 접근하려면 노력이 필요하다. 실제 사건이나 사실을 찾아내 대중에게 내용을 요약하고 압축하여 전달해주던 미디어의 신뢰는 뉴스가 책임져왔다. 그런데 뉴스의 신뢰가 인터넷으로 인해 흔들리고 있다. 시간을 투자해 사실확인을 하지 않는 뉴스가 많아졌기 때문이다. 인터넷에서는 허위성이 가득한 뉴스들이 넘쳐나고 정보 또한 광범위하게 널려있어 진실을 판별하기 어려워졌다.

인터넷에서의 정보는 뉴스 전문 사이트도 있지만 블로그나 카페, 메신저, 인터넷 커뮤니티 등 소셜네트워크서비스(SNS)의 다양한 채널을 통해 접하게 된다. 인터넷의 발달로 뉴스를 접하는 일상이 웹사이트나 소셜네트워크를 통하는 경우가 흔하게 되었다. 너무 많은 정보도 문제지만 사실을 확인하지 않는 뉴스가 더 위험하다. 그나마 인터넷의 뉴스는 자유롭게 기사를 작성해 등록하고 수정함으로써 잘못된 정보를 고칠 수 있어 다행이다. 또 독자들의 반응을 댓글로 확인하면서 내용을 바로잡을 수 있다.

출처가 사라진 메시지의 효과

인터넷은 이용자들의 짧은 시간을 붙잡기 위해 뉴스의 제목을 자극적으로 정하는 경우가 많다. 인터넷의 이용자들은 때로는 제목에 끌려 뉴스를 클릭하기도 한다. 우선 제목으로 주목을 끌려는 낚시성 뉴스이다. 사람들을 자극하는 가짜뉴스도 여기서 생겨난다. 뉴스의 소재 거리를 만들기 위해 사실이나 사건을 입맛대로 재구성한다. 1인 미디어인 유튜브, 블로그, 트위터, 틱톡도 뉴스의 역할을 하는 매체로 등장하면서 허위정보가 손쉽게 뉴스로 둔갑한다. 문제는 출처가 불분명한 뉴스가 시간이 지나면서 설득력을 갖는다는 사실이다. 출처에 대한 관심은 사라지고 메시지의 내용만 기억에 남아 메시지의 효과를 높인다. '수면자 효과'(sleeper effect)이다.

수면자 효과는 신뢰성이 낮은 출처의 정보임에도 불구하고 시간이 지남에 따라 설득효과가 높아지는 현상을 말한다. 수면자 효과는 미국 예일대학의 칼 오블랜드(C. Hovland)와 월터 바이스(W. Weiss)가 주창한 것으로 정보에 대한 출처와 전달자가 꿈처럼 사라지고 메시지만 남는다고 해서 붙여진 이름이다.[19] 메시지를 들을 당시에는 정보의 발신지가 어디인지 크게 관심을 둔다. 정보 출처에 대한 관심에 따라 정보 신뢰에 대한 무게가 달라진다. 신뢰할 수 없는 출처는 정보의 믿음을 해치는 일종의 할인 단서(discounting cue)이다.

그러나 이러한 할인 단서가 시간이 지남에 따라 영향이 줄어든다.[20] 쉽게 말해 시간이 지남에 따라 출처는 중요치 않게 된다. 시간이 경과함에 따라 정보 발신원에 대한 관심은 사라지고 메시지만 기억한다. 수면자 효과는 메시지와 발신원이 나중에 분리되면서 나타나는 설득력의 차이이다. 발신원에 따른 정보의 신뢰에 상관없이 메시지만 기억하게 된다는 것이 문제이다. 시간이 오래 지나면 출처에 대한 기억은 사라진다. 메시지의 신빙성과 상관없이 그 내용을 사실처럼 생각한다. 일정한 시간이 지남에 따라 가짜뉴스를 진짜처럼 받아들이는 것은 수면자 효과 때문이다.

원래 수면자 효과는 마케팅이나 광고 분야에 활용되었다. 어떤 암시에 의해 인위적으로 잠자는 것처럼 잠재된 메시지를 머리 속에 담아 두었다가 시간이 지나면 기억에서 떠올리는 최면효과와 같다. 일정한 시간이 지나 특정 브랜드나 제품을 생각나게 하는 것으로 광고 제작에 수면자 효과를 이용한다. 광고 노출 직후가 아니더라도 시간이 지남에 따라 제품의 특성을 머릿속에 그리며 구매로 이어지도록 만드는 전략이다. 시간이 지난 후에 떠올리는 메시지는 내용에 초점이 맞춰져 있다. 메시지를 어떤 경로로 접하게 되었는지는 머릿속에 지워져 있다. 정보원에 대한 관심은 사라진 것이다.

수면자 효과에서 놀라운 것은 신뢰성 낮거나 출처가 불분명한 정보를 처음엔 거부하거나 관심을 두지 않으려 하지만, 나중엔 그러한 정보를 신뢰하는 것처럼 바뀐다는 것이다. 왜냐하면 시간이 지남에 따라 출처는 잊혀지기 때문이다. 즉 정보가 어디서 어떻게 만들어졌는지는 관심에서 멀어져 있다. 정보의 출처보다 내용을 떠올리며 관심 있는 내용이면 신뢰하려는 태도로 변하게 된다는 것이다. 신빙성이 낮은 메시지가 일정한 시간이 지난 후 설득력을 얻게 되는 현상이다.

낮은 신뢰와 큰 임팩트

가짜뉴스를 처음에 의심스럽게 여기다가 진짜처럼 받아들이는 것도 수면자 효과이다. 근거 없는 악의적 정보를 인터넷 미디어 플랫폼에 퍼트리는 것도 이러한 효과를 노려 메시지를 믿게끔 하기 위한 전략이다. 특히 정치권에서는 수면자 효과를 노린 무차별적 가짜뉴스를 만들어낸다. 선거 때만 되면 가짜뉴스를 이용한 네거티브 선거전략에 악의적 거짓 정보가 소셜미디어를 타고 전방위로 전파된다. 출처가 불분명한 허위정보들이 소셜네트워크서비스를 이용해 전파될 때 출처에 대한 신뢰가 떨어지는데도 불구하고 쏟아지는 이유는 수면자 효과를 노린 설득의 힘을 겨냥하여 어떻게든 효과를 발휘했으면 하는 기대 때문이다.

여기서 수면자 효과를 극적으로 만들기 위한 조건이 있다. 하나는 정보원에 대한 신뢰가 낮아야 하고 다른 하나는 메시지의 임팩트가 커야 한다. 정보원에 대한 신뢰가 낮을 경우 실제로 사람들의 의식에 정보원보다는 메시지를 더 비중 있게 생각하며 내용에 관심을 둔다. 메시지의 임팩트가 크다는 것은 이용자들이 정보의 내용에 쉽게 빠져들 수 있다는 것이다. 가짜뉴스를 반복해서 접하다 보면 단순한 의혹도 사실로 착각하게 된다. 허위정보가 반복되어 나타나면 임팩트가 커지는 것도 수면자 효과이다. 눈여겨 보지 않던 허위정보가 어느 덧 큰 이슈가 되어 심각한 사안이 된 경우는 얼마든지 있다.

대만(Taiwan) 대학생이 소셜미디어에 올린 가짜뉴스가 걷잡을 수 없이 커지면서 일본 주재 대만 외교관이 자살하는 사건이 있었다. 2018년 9월 태풍 '제비'가 일본을 강타했다. 일본 오사카 간사이 국제공항이 침수되어 수천 명의 승객이 공항에 고립되었다. 대만 대학생은 자신의 소셜미디어 계정에 다음과 같은 내용을 유포했다. '주일 중국 대사관은 자국민을 위해 대피 버스를 긴급히 파견했으며, 대만인들도 여기에 중국인으로 가장해 중국이 제공한 버스를 타고 탈출했다'. 이 내용은 가짜뉴스였다. 순식간에 퍼지며 대만 언론도 검증 없이 보도했다. 주일 대만 대사관에는 항의 전화가 빗발쳤다. 업무가 마비될 정도였다. 오사카 주재 대만 외교관은 책임을 느끼고 스스로 목숨을 끊었다.[21]

실제 확인한 결과 중국은 대피 버스를 보내지 않았다. 중국 측이 보냈다는 버스는 간사이 공항에서 제공한 것이었다. 대만인이 중국인이라고 속이고 대피 버스를 탔다는 목격담도 거짓이었다. 대만은 가짜뉴스로 큰 홍역을 치렀다. 그 후 대만은 가짜뉴스로 여론을 조작하는 경우 최고 무기형에 처하도록 하는 강력한 입법 조치를 취했다. 중국과의 적대관계에 있는 대만으로서는 한 대학생의 허위정보가 엄청난 파고를 몰고 온 사실에 가짜뉴스의 출처를 확인하지 못한 뒤늦은 후회가 있을 수밖에 없다. 어느 누구도 가짜뉴스의 출처에 주목하지 않았다.

수면자 효과를 이해하고 있으면 정보를 받아들일 때 출처를 고려해야 하고 그 정보의 내용과 출처의 기억이 함께 중요한 것이다. 가짜뉴스에 대한 공포는 전세계적 현상이 되었다. 단순한 오보나 허위 사실에 기반한 뉴스가 아니라 펙트 그 자체가 아예 존재하지 않는 뉴스가 빠르게 전파되고 있다. 가짜뉴스의 확산이 주는 두려움이 분명해지고 있다.

신뢰를 위한 협업

가짜뉴스라는 단어가 대중들에게 쓰여진 계기는 2016년 미국 대선 기간이었다. 후보간 비방에 허위정보를 동원하여 사람들의 생각을 조종하려 들었다. 이때만 해도 국제연합을 비롯한 국제기구에서는 가짜뉴스를 심각하게 보지 않았다. 2017년만 해도 가짜뉴스는 모호한 개념으로 여겨졌기 때문에 규제한다는 자체가 표현의 자유에 대한 국제적 기준에 부합하지 않는다고 했다.[22] 각 나라는 자체적으로 가짜뉴스에 대한 대비를 세울 수밖에 없었다. 이후 가짜뉴스를 규제하는 법안이 쏟아지고 있다.

작은 일상에서 맞닥뜨리는 가짜뉴스를 일일이 통제하기란 쉽지 않다. 더구나 새로운 내용을 덧씌운 조작된 내용의 '심층적 가짜'(deepfake)는 규제가 더 어렵다.[23] 내용과 출처를 분리하는 수면자 효과를 생각하면 출처라도 찾아서 정보원의 신뢰성을 가늠하게 해야 한다. 이렇게 함으로써 가짜뉴스가 갖는 영향을 차단하는 반(反)수면자 효과를 기대해본다. 신뢰할 수 있는 출처의 확인으로 그나마 가짜뉴스를 판별할 수 있다. 가짜뉴스의 잘못된 정보를 식별하고 대응하기 위한 활동과 움직임이 소셜미디어 그룹과 비영리재단에서 일어나고 있다. 기본적인 확인은 팩트체크이다. 소셜미디어의 경우 페이스북은 자사의 소셜네트워크에서 발생하는 논란에 대한 팩트체크를 수행하고 있다. 또 게시물 가운데 사용자가 논란을 거듭해 제기한 콘텐츠는 복수의 관점에서 대조하여 점검하는 크로스체크로 팩트체크 검증을 한다. 트위터는 가짜뉴스 전파를 막기 위해 '안전 검색' 기능을 도입했다. '낮은 품질'의 게시글이 사용자의 검색 결과에 나오지 않도록 하는 조치였다.

구글은 검색에서 개인화 알고리즘이 가짜뉴스를 촉진하는 원인으로 비판을 받아왔다. 이용자가 클릭할 가능성이 높은 게시물을 보다 상위에 노출하도록 검색 알고리즘을 변경하면서 가짜뉴스가 정확한 보도물을 제치고 보다 많은 사람에게 노출될 환경이 조성되었다. 이러한 환경조성을 막고자 하는 해결책이 고민되어야 한다. 발신원을 뒤로하고 메시지만을 클릭하는 것은 정보의 신뢰에 문제가 된다. 알고리즘은 그래서 위험하다.

2015년 출범한 퍼스트드래프트(First Draft News)는 가짜뉴스를 막기 위한 비영리재단이다.[24] 여러 미디어 디지털 기업이 주축이 되어 만든 미디어 혁신을 위한 조직이다. 퍼스트드래프트는 독립적인 단체로 언론사와 소셜미디어 기업이 콘텐츠를 뉴스화하는 과정에서 필요한 실질적인 윤리 가이드 라인을 제공했고, 한국에서도 소개된 적이 있다.[25] 2022년까지 활동하다 지금은 멈추어 있지만, 가짜뉴스의 검증에는 이와 같은 크로스체크가 필요하다. 크로스체크는 팩트체킹을 위한 것으로 협업이 중요하다.

뉴스의 신뢰는 우선적으로 팩트체크에서 시작한다. 팩트체크는 정보의 출처를 확인하는 것이다. 정보원보다 메시지만을 믿는 수면자 효과를 막으려면 팩트체크로 출처와 정보확인을 지속적으로 수행해야 한다. 비영리재단과 함께 언론사도 자정적인 노력을 위해 팩트체크를 위한 자체기구를 만들어야 한다. 정보의 신뢰에 힘쓰는 것만이 가짜뉴스의 위협에서 벗어날 수 있는 방법이다.

황당 음모론
'샤피펜'으로 기표하면 무효

'샤피펜'으로 기표하면 무효표가 된다는 소문으로 2020년 미국 대선에 '샤피게이트'(#SharpieGate)라는 음모론이 있었다. 트럼프 대통령이 애용하는 '샤피' 브랜드의 유성펜으로 기표를 하면 무효표로 처리된다는 내용이다. 공화당 강세지역인 미국 애리조나주에서 바이든이 선전하자 '샤피펜'을 둘러싼 음모론이 등장했다. 애리조나 주도인 피닉스 도시의 매리코파(Maricopa) 카운티의 한 시민이 투표용지에 '샤피펜'으로 기표를 하다 잉크가 번졌고 이를 교환해줄 것을 요구했지만 거부당했다. 거부당한 시민은 다시 투표하게 해달라는 소송을 제기했다.[26]

사건이 알려지자 황당한 말들이 등장했다. ▷선거요원이 트럼프 표를 무효화하기 위해 트럼프 지지자들에게만 잉크가 번지는 '샤피펜'을 제공한다. ▷'사피펜'으로 기표를 하면 계수기가 인식하지 못한다. 소문이 온라인으로 퍼지면서 '샤피게이트' 음모론이 확산되었다. 매리코파 카운티의 선거당국은 '샤피펜'으로 기표해도 투표에 아무런 문제가 없다고 해명했다. 그러나 '샤피펜' 음모론을 주장하는 유튜브 영상의 조회수는 821만 회를 넘었다. 소셜네트워크서비스의 위력은 이런 음모론에 한몫했다.

'샤피펜'의 수난

'샤피펜'으로 기표를 해도 투표 집계에 문제가 없으며 잉크가 뒷면에 번져도 잘못 인식하는 일은 없다는 해명은 소용이 없었다. 여기에 트럼프 대통령도 "합법적으로 투표하면 내가 이긴다", "민주당이 선거를 훔치지 않는 한 이긴다"는 말로 음모론을 부추겼다.[27] 음모론을 확증이라도 하듯 투표용지가 가득 담긴 비닐봉투를 태우는 영상이 SNS를 통해 확산되었다. 선거 당국이 조사에 나섰다. 종이에 불탄 용지는 샘플 용지로 기표방법을 안내하기 위해 만들어진 것이며 진짜 투표용지가 아니라는 것이 밝혀졌다. 그러나 표 도난이라는 가짜뉴스는 트럼프 지지자들 사이에 급속도로 번졌다. 급기야 페이스북은 긴급조치로 '(표)도난을 막아라'(#StopTheSteal) 등의 해시태그 검색을 차단했다.

한국에서도 2022년 대선에 황당한 선거조작 의혹의 공방이 있었다. 사전투표가 조작된다는 주장이었다. 투표일 이전에 실시되는 사전투표는 2014년 부재자 투표 대신 도입되었다. 사전투표는 편리함 때문에 2017년 대선의 경우 사전투표에 참여한 유권자가 26.06%에 달했다.[28] 2022년 대선에서 사전투표가 부정선거로 조작된다는 의혹이 제기되었다. 본투표만 독려한 야당 대표측 정치인들이 선거관리위원회로부터 고발당했다. 사전투표는 조작을 통한 부정선거로 될 위험이 있으니 선거 당일에 투표하라는 운동은 선거방해죄에 해당된다는 이유였다.[29] 앞서 2020년 4월 총선에서도 패배한 정치인들이 부정선거 의혹을 사전선거에 두었다. 신문광고, 집회 발언, 유튜브 채널 등으로 사전투표 거부 활동을 하며 조작설을 주장했다.

선거결과에 따른 의혹은 늘 음모론으로 등장한다. 2022년 대통령 선거가 끝나자마자 일부 유튜버들은 "정부가 사전투표자 수를 부풀렸다"는 음모론으로 부정선거 의혹을 제기했다. 선거 이후 부정선거를 주장하는 음모론은 2020년 21대 총선 이후 SNS를 타고 크게 늘었다. 2022년 대선에서도 부정선거를 주장하는 음모론이 유튜브를 타고 전파되었다. 구독자 수 60만 명에 달하는 한 유튜버가 제기한 음모는 "중앙선관위가 전산 조작을 통해 사전 투표자 수를 부풀렸을 것이다"라는 주장과 "이재명 후보의 득표율에 맞춰 사전투표자 수를 인위적으로 늘린 다음 위조 투표지를 미리 만들어 투입하는 일이 광범위하게 이루졌다"라는 내용이었다.[30]

선거 후 등장하는 부정선거의 의혹은 구체적이다. ▷사전투표용지 QR코드에 개인정보가 담겨있다 ▷사전 투표장비에 중국 화웨이 장비를 사용해 결과를 조작한다. 이런 주장은 근거없는 음모론으로 선거행위의 실체적 위협이 된다. 행동에 나선 사람들은 선관위 투표함 이송을 8시간이나 지연시켰다. 사전투표 조작 의혹을 제기한 유튜버와 투표함 이송을 방해한 사람들은 결국 고발당했다.

음모론은 자신이 생각하는 바에 맞는 정보를 조합하여 조작하는 것이다. 잘못된 사실에 대한 확증편향이다. 확증편향에 빠지면 자신의 뜻에 거스르는 정보는 의도적으로 배척하고 자신의 생각을 지지하는 음모론을 점점 기정 사실화한다. 확증편향은 기존 태도와 일치하는 메시지에 대한 편향성이다. 수많은 정보 가운데 개인은 객관적 증거가 아닌 자신의 신념에 맞는 정보를 선별적으로 습득하고 이를 수용한다. 개인은 자신의 생각과 일치하는 정보를 비판 없이 긍정적으로 수용하는 반면, 일치하지 않는 정보에 대해서는 비판적으로 바라보면서 무시하고 배척한다.

확증편향은 정보의 진실여부 검증과 관련 없이 자신의 이념과 맞는 정보를 선택적으로 수용하여 자신의 판단을 정당화하고자 하는 심리적 현상이다. 음모론과 확증편향이 합쳐지면 출처와 정확성보다 자신의 가치관에 맞는 정보를 선택적으로 습득하고 해석하게 된다. 음모론이 집단적인 사고로 확증되면 행동으로 발전하며, 확증편향이 집단사고가 되면 다른 의견을 가진 사람들을 자신과 같은 생각을 갖도록 압박한다. 이쯤 되면 음모론의 진실 여부는 멀리하게 되고 음모론의 정당성에만 몰두하게 된다.

오캄의 면도날

음모론의 진실성과 정당성을 판단할 때 '오캄의 면도날'(Ockham's Razor)이란 개념이 있다. 14세기 영국의 수학자이자 수도사인 오캄의 윌리엄(William of Ockham)에서 유래했다. 논리적으로 가장 단순한 것이 진실에 가깝다는 원칙이다.[31] 불필요한 가정을 면도하듯 잘라내야 오류를 줄일 수 있다는 설명이다. 하나의 음모론을 설명하기 위해 또 다른 음모가 덧붙여진다. 불필요하게 복잡하게 만들어 확증편향을 위한 신념에 맞춘 증거를 제시하는 것이 음모론이다. '오캄의 면도날'처럼 진실을 주장하려면 적어도 간결하고 직관적이어야 한다. 전제가 많은 설명일수록 상식과 논리에서 벗어날 가능성이 높다.

논리 구조에 쓸모없는 비약, 전제, 논거들을 잘라내는 것이 더 설득력이 있다. '오캄의 면도날'이 진리를 위한 타당성으로 받아들일 순 없다. 다만 '오캄의 면도날'을 떠올리는 것은 음모론에 덕지덕지 붙은 설명들이 간결하면서도 반박할 수 없는 완벽한 논리와 대비되기 때문이다. 설득을 위한 군더더기가 많아지면서 복잡하게 된다. 음모론이 또 다른 음모론을 낳는 것은 정보를 확증하는데 선택적으로 동원되는 증거의 덧붙임이다. 음모론에는 그래서 희귀한 설명이 많이 붙는다. 희귀한 설명이 많아지는 것은 (객관적) 사실과 (주관적) 믿음이 불일치하기 때문이다. 진실성을 주장할 때 흔히들 사실을 우위에 둔다. 사실을 기초로 믿음을 조작하는 것이 음모론이다.

오늘날 수많은 정보인 객관적 사실들이 난무하면서 주관적 믿음과 연결 짓는 증거들은 쉽게 수집될 수 있다. 음모론은 일상의 삶에 쉽게 볼 수 있는 사회현상이 되었다. 음모론을 사회학적 관점에서 본 전상진은 『음모론의 시대』에서 음모론이 유행하는 것은 사회의 위기를 보여주는 징후라 했다. 일시적인 풍문이나 루머, 바람처럼 왔다가 사라지는 일개의 에피소드나 풍자, 괴담 등은 나름의 기능을 갖고 있으며 현대사회의 구조적 모순을 내포한다고 보았다. 음모론에 맞는 음모의 요건을 제시한다. 음모는 ▷권력을 지닌 ▷둘 이상의 사람들(음모집단)이 ▷어떤 목적을 위해 ▷비밀스런 계획을 짜서 ▷중요한 결과를 불러올 사건을 일으키는 것이다.[32] 음모론의 요건에서 보듯 음모론의 진위보다는 음모론의 쓸모에 더 관심을 둔다.

음모론이 사회에 쓸모가 있는가 하는 것은 음모론이 정당화될 수 있는가 하는 물음과 연결된다. 음모론이 진실이든 거짓이든, 유익하든 유해하든 정당화될 수 있느냐는 것이다. 음모론은 사회적 결과로 무작위적 힘이 아닌 사회질서에 내재하는 의도적인 힘이 반영되어 있다. 진실한 믿음도 정당하지 않을 수 있고,

<사진 3-1> 음모론에 휩싸인 '샤피펜'

정당한 믿음도 진실이 아닐 수 있다.[33] 산타클로스에 대한 아이들의 잘못된 믿음을 정당하지 않다고 말할 수 없는 것과 같다. 전 세계 부모들은 산타클로스가 실재하지 않는다는 것을 은폐하기 위해 공모 아닌 공모를 한다. 이로 인해 산타클로스에 대한 아이들의 믿음은 다분히 정당하다.

산타클로스 같은 음모론은 어떤 의미에서 비합리적이라는 추정을 거부한다.[34] 이런 정도의 음모는 사소한 것이다. 실제로 음모론이 우글대는 곳은 정치영역과 시장영역이다. 특히 음모론의 쓸모는 공적 부분인 정치영역에서 부각된다. 정치영역에서의 음모론은 피해자도 있지만 최대 수혜자도 동시에 존재한다. 정치는 현실 세계에서 둔감해질 수 없는 국면들을 자주 마주하게 된다. 정치영역에서의 음모론은 권력 유지와 획득을 둘러싼 갈등과 투쟁 그리고 전쟁에 국한한다.

따라서 음모론은 특정 지배집단의 전유물이 아니다. 그들만을 위한 억압 기제가 아니다. 경쟁의 대상이 되는 곳에는 늘 음모론이 등장한다. 자원을 획득하고 통제를 독점하려는 곳에는 음모론이 있기 마련이다. '샤피펜'이 부정투표를 조장한다는 것과 사전투표가 부정투표로 이어진다는 주장은 자신들의 사회적 이점을 최대화하기 위한 것이다. 일종의 자신들만을 유리하게 하려는 배제의 원리가 작동한다. 자원과 기회를 자신의 입맛에 맞게 관리하는 것이다.

경쟁을 표면화하고 결과로 드러내는 선거에서 상대방을 어떻게든 제한하려는 이해관계는 드러나기 마련이다. 칼 포퍼(K. Popper)는 음모론이란 "그것이 발생하도록 계획하고 꾸민 사람이나 집단을 발견하는 작업"이라 했다.[35] 음모는 때로는 정당할 수 있다. 주목하게 되는 것은 음모 그 자체보다 음모를 꾸민 사람이다. 음모가 황당할수록 누가 관여하고 있는가를 더 주목하게 된다.

선택적 노출
댓글조작

'포털사이트 네이버에 대한 철저한 수사가 필요합니다'. 2018년 1월 청와대 국민청원 사이트에 올라온 글이 드루킹 사건의 시작이었다. 드루킹 사건은 뉴스의 댓글을 입맛대로 조작한 사건이다. 네이버는 자사의 뉴스 서비스 댓글의 조작을 근거 없는 것으로 판명했지만 확실히 하기 위해 경찰에 수사를 의뢰했다. 정치적으로 민감한 몇몇 뉴스의 댓글이 비정상적으로 빠르게 증가했다. 비슷한 내용의 댓글들이 반복되고 있었다. 네이버의 수사의뢰는 청와대 국민청원 사이트에 제기된 댓글조작 의혹을 해명하려 한 것이었다.[36]

국민청원 사이트의 내용은 평창동계올림픽 남북 공동입장과 여자 아이스하키 단일팀 구성을 전하는 기사의 댓글 창에 달린 비방에 대한 의심이었다. 문재인 정부를 헐뜯는 여론조작의 조짐으로 보았다. 뉴스기사에 악의적 댓글이 달리고 몇 분도 되지 않아 추천 수가 크게 늘면서 최상위로 노출되는 현상이 일어났다. 추천 수가 빠르게 올라가는 모습을 영상으로 공유하며 의심이 아닌 확신으로 느끼게 했다. 정부 비판성 댓글에 여당이었던 더불어민주당도 곧바로 경찰에 고발했다.

드루킹 사건

경찰의 사이버수사대는 2018년 4월 댓글조작의 주범 드루킹과 연루자를 밝혀냈다. 드루킹은 필명이다. 드루킹 일당은 네이버 등 인터넷 포털에 정부 비방 댓글을 쓰고 추천 수를 순식간에 올렸다. 이들은 놀랍게도 민주당원이었다. 인터넷에서 친민주당 성향의 정치논객으로 활동했다.[37] 드루킹 일당은 2014년에서 2018년 4월까지 '킹크랩' 프로그램을 이용하여 포털 사이트 인기검색어와 인터넷 기사의 댓글을 조작했다. '킹크랩'은 댓글을 대량으로 조작하는 매크로 프로그램이다.

댓글을 조작한 드루킹 일당은 19대 대선에 출마한 문재인 후보와 더불어민주당에게 유리하도록 댓글 및 추천, 검색어 등을 작업하고 다른 후보를 비방하면서 여론조작을 벌였다. 그런데 이들이 난데없이 문재인 정부를 비방하고 나섰다. 대선 이후 여론조작을 공모한 더불어민주당 소속 김경수 의원에게 그 대가로 오사카 총영사 자리를 청탁했으나 거절당한 것에 대한 되갚음이었다. 결국 네이버 뉴스 기사 댓글에 매크로 프로그램을 이용해 정부를 비난하다가 덜미가 잡혔다.[38]

드루킹 사건은 댓글조작 사건이다. '드루킹'이라는 이름으로 온라인에서 활동하던 사람이 임의로 여론을 움직이기 위해 매크로 프로그램을 이용해 댓글을 조작했다. 매크로 프로그램은 한 번의 클릭으로 댓글을 수백 개 게시하는 방식이다. 이들은 댓글조작으로 여론을 움켜쥐고자 했다. 댓글을 자신들의 목적에 따라 선택적으로 노출하다가 적발되었다. 2018년 5월 21일 국회에서 드루킹 특검법이 통과되었다. 통과된 특검법으로 구체적 내막이 드러났다.

특검법으로 본격 수사가 시작되자 네이버 댓글 수가 전달에 비해 36.5%나 줄었고, 공감(비공감 포함)여부 클릭도 67.7%나 줄었다. 상습적으로 댓글 여론조작에 가담한 일명 '댓글꾼'들이 특검을 앞두고 종적을 감춘 정황이 감지되었다.[39] 특검은 60일간의 수사결과를 통해 네이버 다음 네이트 3개 포털에 게재된 기사 8만여 건에 달린 댓글 141만 개가 부정 클릭이라고 발표했다. 댓글에 공감과 비공감을 조작한 것도 9971만 1788건이나 됐다.[40] '킹크랩' 프로그램은 자동입력 반복을 위한 댓글조작 무기였다. 매크로 프로그램으로 손쉽게 여론을 조작한 것이다.

댓글조작 사건은 이전에도 있었다. 2012년에 드러난 국정원 댓글조작 사건이다. 국정원은 2009년에서 2012년 사이 여론조작을 위한 '사이버 외곽팀'을 운영했다. 이들의 목적은 포털 사이트와 소셜네트워크서비스인 트위터에 친정부 성향의 글을 게재하는 것이었다. 국정 지지 여론을 확대하기 위한 것이었다. 정부에 대한 비판적 게시물을 종북세력으로 규정하고 반정부여론을 막는데 댓글을 이용했다. 그해 12월 댓글 작업을 벌인 국정원 직원의 오피스텔이 현장 발각되어 국정원 댓글 전담팀의 실태가 드러나게 되었다. 2012년 18대 대선을 앞두고 선거운동이 한창일 때여서 파장은 만만치 않았다.[41]

국정원 댓글 조작과 드루킹 사건은 여론을 입맛에 맞도록 조장했다는 점에서 유사하다. 다만 국정원 여론조작은 팀원들이 동원되어 직접 개입으로 조작에 나섰지만 드루킹 사건은 프로그램을 이용한 것이었다. 댓글을 조작하여 여론을 호도할 목적의 프로그램 기술은 효율성에서 압도했다. 촘스키(N. Chomsky)와 허먼(E. Herman)은 『여론 조작』에서 조작이란 것은 지배권력의 목표에 충실한 것이라고 했다. 여기에 대체로 언론이 이용된다. 언론의 전략은 프로파간다(propaganda) 모델이다.[42] 프로파간다는 상황을 자신에게 유리하게 만들려는 홍보 및 선전기법이다. 언론이 아닌 인터넷이 프로파간다를 위한 도구가 되었다. 더구나 댓글은 표나지 않게 조작할 수 있는 여론의 바로미터였다.

국정원의 댓글은 국가권력의 편에서 선동을 위한 여론 조작이었지만, 드루킹의 댓글은 권력을 지향하는 선동이면서도 개별적이고 집합적인 욕망이 작동한 여론조작이다. 필요에 의한 선별적 댓글 조작에 기술을 동원한 사건인 것이다. 여론 조작에서 인터넷의 효율성과 영역의 확장을 확인할 수 있었다는 것은 중요했다. 인터넷의 기술은 개인적으로 혹은 집단적으로 손쉽게 여론을 조작할 수 있는 진보된 환경을 인간에게 주었다. 댓글은 인터넷 게시판의 활성화로 불특정 다수의 이용자들이 자신의 평을 작성하며 다양한 의견과 새로운 정보를 보충할 수 있게 한다. 개별적 의견을 상호작용의 형태로 개진할 수 있다. 댓글의 장치는 또 다른 여론이다.

News가 아닌 Views

인터넷 뉴스가 주는 상호작용성은 댓글에서 나타난다. 미디어 환경의 변화로 의견을 늘어놓을 선택이 폭이 넓어졌다. 인터넷을 이용한 뉴스의 선택은 이용자들이 뉴스의 소비에만 그치지 않고 댓글을 통해 자신의 의견을 즉각적으로 피력하는 기회의 확보이다. 동시에 다른 이용자의 반응과 의견을 알 수 있어 여론 형성의 프레임으로 작용한다. 댓글은 뉴스나 게시된 내용에 대해 수정할 수 있는 부가적 정보를 제공한다. 잘못된 오보나 그릇된 주장을 발견하여 고치거나, 새로운 정보를 첨가해 원문을 지지하기도 한다. 댓글이 가진 보충과 설득의 기능이다. 원래의 게시물에 의견을 보충하고 내용을 발전시키면서 가치 높은 콘텐츠로 만들어 낼 수도 있다. 그래서 '댓글 저널리즘'이란 말이 생겼다.

인터넷의 댓글로 인해 뉴스를 소비하는 행위는 단순히 뉴스만 보는 것에서 다른 사람들의 견해도 살피는 것까지 확장되었다. 'News'가 아니라 'Views'(다른 사람의 견해를 살핀다)를 소비한다. 댓글은 인터넷에서 뉴스의 부수적 기제로의 역할을 넘어 뉴스내용과 함께하는 통합된 속성을 지닌다. 특히 온라인 공간의 댓글은 사람들의 반대 목소리를 표명하는 데 더 적극적이라는 연구결과가 있다.[43] 뉴스 기사에 대해 긍정적인 집단은 댓글이 긍정적이든 부정적이든 반응에 차이를 보이지 않으나, 부정적인 집단은 뉴스 수용에서 더 크게 관여한다는 것이다.

댓글 메시지에서도 뉴스원문이나 게시글에 대한 부정적인 태도를 지닌 사람들이 댓글의 영향력에 크게 반응한다. 댓글 메시지에 대한 정보처리에 적극적인 자세를 보인다. 인터넷에서 확인 가능한 기사나 게시판 글이 자신의 의견에 부합하지 않을 때, 익명의 힘으로 비방 또는 인신공격을 하게 되는 이유이다. 악의적이고 공격적인 댓글 때문에 우호적인 글이 주목을 받지 못하게 되며, 결과적으로 올바른 여론 형성에 방해가 된다.

인터넷의 댓글조작은 여론조작으로 이어진다. 개인이나 집단이 개인의 사적인 목적이나 자기 집단의 이익을 위해 사실을 왜곡하거나 허위사실을 만들어 여론을 왜곡시킨다.[44] 뉴스만이 아니라 블로그, 유튜브, 페이스북 등에도 댓글이 기능한다. 연예인들은 지속적인 악성 댓글로 인해 피해를 보고 있다. 가짜뉴스를 손쉽게 유포하는 것은 댓글에서 가능하며 비방 댓글은 모욕죄 성립으로 막기에도 힘겨울 정도이다. 오늘날에는 유명인뿐만 아니라 일반인에 대한 댓글도 심각한 문제를 일으킨다. 순식간에 퍼지면서 마녀사냥이 발생한다. 댓글에는 인터넷 '자기증대능력'이 담겨 있기 때문에 댓글을 다는 사람들의 원래 의도와는 다른 의미로 확산되어 수습이 불가능한 상황이 발생할 수 있다. 네이버는 2020년 4월 연예섹션 뉴스의 댓글을 폐지했다.[45]

댓글에 영향을 받은 여론을 바꾸는 것은 힘들다. 사람들이 게시판이나 뉴스에 작성하는 댓글에 공감 또는 비공감으로 의견을 표현할 수 있을 뿐, 그 댓글 자체에 대한 사실 여부를 따지지는 않는다. 대중의 인지적 무능 때문에 그런 것이 아니다. 사람들의 자기합리화 내지 확증편향은 잘못된 내용을 수정하려 하지 않는다. 사람들은 댓글이 의심할만한 근거가 충분함에도 불구하고 의심 없는 자세로 있는 그대로의 댓글을 받아들이게 된다.

피터 버거(P. Berger)와 안톤 지더벨트(A. Zijderveld)는 『의심에 대한 옹호』에서 어느 정도의 한계를 정한 상태에서 행하는 의심은 사회적으로 유용한 기능을 한다고 말했다.[46] 댓글에 실린 가짜정보와 허위조작은 의심을 품게 하면서도 동시에 기능하는 것이 있다. 그런 점을 이용한 것이 드루킹 사건이다. 가짜여도 사실로 작용한 댓글의 조작은 인지적 오류의 집단화로 분명 여론의 한 축이 된다. 이를 노린 드루킹 사건은 선거에 영향을 미쳐 여론의 지배를 기대했던 것이다. 한마디의 해결책으로 부족하지만, 실명제를 통해 특정 주제에 작성되는 댓글을 제한해야 할 필요가 있다. 실명 댓글로 피해를 줄일 수 없다면 댓글 이력 공개 방식을 취하여 댓글의 신뢰도를 확인할 수 있도록 하는 장치가 마련되어야 한다.

4.

미디어의 조작

터무니없는 가짜뉴스가 인터넷 미디어를 통해 수십만의 조회 수를 기록하는 시대에 살고 있다. 불확실한 추측성 기사가 넘쳐난다. 뉴스가 조작되어 왜곡된 정보로 여론을 이끄는 경우가 심심찮게 일어난다. 뉴스의 형식을 빌린 허위정보들이 소셜미디어를 통해 퍼져나가면서 뉴스를 다루는 전통 언론도 가짜뉴스에 휘둘려 신뢰하는 뉴스 가치에 의심을 받고 있다. 인터넷 플랫폼의 뉴스 조작은 누구나 쉽게 가능하다. 이러한 환경에서 정보 조작자들은 사라지지 않을 듯하다.

가짜뉴스는 잘못된 정보와 조작된 정보를 이용하는 것으로 특정한 목적과 연결되어 있다. 뉴스를 가공할 때 주제나 소재가 무엇이건 간에 그 목적에 맞추어진다. 정파적 이념에 유리하기 위해서 아니면 경제적 편익을 도모하기 위해서다. 문제는 가짜뉴스가 소셜미디어를 통해 전해질 때 사람들은 무슨 이유로 이를 받아들이는가 하는 것이다. 가짜뉴스로 인한 여론조작에 '사람들은 왜 가짜뉴스를 믿는가?' 하는 것이 중심 이슈로 떠오른다.

방관자 효과를 만든 가짜뉴스
키티 제노비스 사건과 <뉴욕타임스>의 왜곡

"머릿속 헛소리를 현실처럼 만들어내면 사람들은 그걸 머릿속에서 되풀이하며 그럴 만하다고 믿기 시작합니다. 그러다 보면 그게 진짜 우리 삶의 일부가 돼버립니다." 키티 제노비스(Kitty Genovese) 사건 주인공의 동생인 빌 제노비스(B. Genovese)가 누나 죽음의 진실을 알리는 영화 '목격자'(The Witness)의 개봉을 앞두고 2016년 6월29일 <워싱턴포스트>와의 인터뷰에서 한 말이다.[1] 잘못된 정보를 믿기 시작하면 그에 따른 파급효과가 엄청나게 일어난다. 그것을 바로잡는 시간도 오래 걸린다. 영화는 진실을 알리는 작업이었다.

키티 제노비스 사건은 1964년 3월 13일 금요일 새벽 미국 뉴욕 퀸스 지역 주택가에서 '키티'라고 불리는 28세 여성 캐서린 제노비스(Catherine Genovese)가 강도에 의해 사망하는 일에서 시작된다. 제노비스는 새벽 3시 30분경 자택 근처에서

약 35분 동안 세 차례에 걸쳐 공격을 받으며 도망다니다 칼에 찔려 죽음을 맞았다. 평범한 살인 사건으로 취급되던 것이 크게 주목을 받은 것은 <뉴욕타임스>의 대서특필 때문이었다. 피해자가 죽어가면서 강도와 30분간 사투를 벌이는데 누구 하나 도와주지 않았다는 내용이다.

목격자 38명

사건이 일어난 2주 후인 3월 27일 <뉴욕타임스>의 보도가 미국 전역을 발칵 뒤집어 놓았다. '살인을 목격한 38명은 경찰에 신고하지 않았다'(Thirty-Eight Who Saw Murder Didn't Call the Police)는 기사 제목부터 자극적이었다. <뉴욕타임스>는 목격자 38명이 집안 창가에서 희생자의 죽음을 보고서도 구조를 요청하지 않았다고 보도했다. 희생자의 마지막 30분 동안의 비명에 경고성 고함 한 번 지르지 않았다고 밝혔다. 이 방관자들의 기이한 행태를 시리즈 형식으로 연속 보도했다. '냉혹한 도시', '무감각한 시민정신', '인간성의 소멸' 등의 제목을 단 기사와 칼럼을 연거푸 실었다. 목격자들의 이름과 주소를 공개하라는 분노의 비난이 빗발쳤다.

범인은 윈스턴 모즐리(W. Moseley)였다. 모즐리는 사건 엿새 후 다른 절도 혐의로 체포되었다가 스스로 제노비스 살인을 자백하며 이 사건의 범인임이 드러나게 된다. 법정 진술에서 집집마다 불이 켜졌지만 사람들이 사건 장소로 내려올 것 같지는 않았다고 했다.[2] 처음 이 사건을 보도한 것은 <뉴욕타임스>에 실린 고작 네 줄짜리 기사였다. 나중에 편집자 에이브 로젠탈(A. M. Rosenthal)은 사건을 목격하고도 도와주지 않은 38명의 방관자들이 있다고 기사를 수정한다.[3]

로젠탈은 이 사건에 대해 『38명의 목격자』(Thirty-Eight Witness)라는 저서까지 발간하면서 다음과 같이 쓰고 있다. "제노비스가 공격을 당하는 동안 왜 38명이 전화기를 들지 않았는지 아무도 설명하지 못한다. 그들도 설명할 수 없기 때문이다. 하지만 그들의 무관심은 실제로 대도시의 다양한 모습 중의 하나이다. 수백만 명의 사람들에 둘러싸여 압박을 받으며 살 경우 당신의 생활에 침해를 받지 않는 방법은 그들을 못 본 척하는 것이다. 이는 거의 심리적 생존의 문제이다."[4]

제노비스 사건은 단순한 사건을 크게 키운 오보였다. 실제 상황과 차이가 있는 내용으로 도시의 방관자를 부각시켰다. 피해자가 죽어가면서 필사적으로 살기 위해 구조를 부탁했음에도 아무도 신고하지 않았다는 것을 내세웠다. 미국 전역이 도덕성 문제로 들썩였다. 온갖 가설들이 등장했다. '충격으로 마비를 일으켜 아무런 행동도 하지 못했다'는 가설에서부터 '텔레비전 폭력성 때문에 현실과 텔레비전을 구별하지 못한다'는 가설까지 제기되었다. 왜 38명의 방관자들이 신고조차 하지 않은

것인가에 대한 의문들이 생겼다.[5]

방관자는 일탈자인가?

<뉴욕타임스>의 오보를 설득력 있는 이론으로 뒷받침하기 위한 작업들이 나타났다. 심리학자 존 달리(J. Darley)와 빕 라테인(B. Latane)은 제노비스 사건의 진실을 알고자 하는 명목으로 도시의 익명성과 무정함에 대한 연구를 수행했다. 이들은 사건 발생 4년 후인 1968년 제노비스 사건을 사회심리학적 맥락에서 설명하는 논문으로 유명한 '방관자 효과'(bystander effect)라 개념을 제시한다.[6]

타인의 불행에 대한 다수의 무관심이라는 것이 어떤 조건에서 가능한가. 달리와 라테인은 방관자 효과를 다수의 사람들에게서 개인적 책임감이 결여될 때 나타나는 사회병리적 현상으로 보았다. <뉴욕타임스>의 가짜뉴스가 38명의 방관자를 일탈자로 만들었던 것에 대한 사회심리학적 접근이다. 연구에서는 사람들이 남을 돕는데 예측할 수 있는 가장 중요한 한 가지 요인이 놀랍게도 사건 현장에 있는 목격자의 수라는 것을 밝혔다. 내가 아니더라도 남이 하지 않을까 하고 생각하는 책임의 전가와 분산 개념으로 방관자 효과를 설명한다.

이들의 연구는 실험을 통해 책임의 분산 정도에 따라 도움 요청에 반응하는 비율이 달라짐을 증명했다. 이들의 연구에서 어려운 사람이 도움을 요청할 때 한 사람만 있는 경우는 85%가 돕기 위해 달려왔으나, 자신 말고도 다른 네 명이 더 있을 경우는 31%가 도우려고 왔다. 문틈으로 연기가 새어나올 때도 혼자있을 때는 75%가 신고했으나, 여러 사람이 있을 때는 38%만 신고했다. 행동에 대한 책임이 여러 사람이 있을 때는 분산된다는 것이다.[7]

키티 제노비스의 비명에 아무도 응답하지 않았다는 기사는 사실 가짜뉴스였다. 인간의 무관심에서 나온 명백한 사례라고 강조했지만 조작된 보도였다. 이러한 내용의 가짜뉴스는 방관자 효과 이론을 만들었다. 38명에 대한 면밀한 심리 검사를 통해 나온 것이 아닌 <뉴욕타임스>의 기사가 발단이었다. 사회학자 데이비드 리스먼(D. Riesman)이 1950년 출간한 『고독한 군중』(The Lonely Crowd)에서 보여주는 미국의 자화상을 증명하는 듯한 기사였다. 사람들은 타인의 생각과 관심에 예민하게 반응하면서 그 집단에 파묻혀 책임을 전가하는 도시인들의 냉혹한 시민정신을 보여주는 뉴스로 포장되었다.

왜곡된 보도내용은 많은 수의 사람들이 비명을 들으면서도 아무도 신고하지 않았음을 주장한다. 다른 사람들이 행동하지 않은 방관자 효과를 설명하는데 제노비스 만큼 설득력 있는 사건은 없다. 달리와 라테인의 이론대로 만약 제노비스 사건에 목격자가 38명이 아닌 소수였다면 키티 제노비스의 목숨은 무사했을까? 키티 제노비스 사건은 인간 본성이 타인의 고통에 무관심하고 자신의 안위만을 생각하는 이기적 존재인가를 고민케 하는 촉발제였다. 방관자 효과의 가설은 잇달은 연구들로 지지되었다.

스탠포드 감옥 실험(1971)의 경우 죄수와 교도관역을 맡은 실험자들이 가짜감옥에서 역할을 수행하면서 자신의 위치에서 자신을 지키기 위해 언제든 타인을 희생시킬 수 있다는 관점으로 발전하는 것을 보여주었다.[8] 방관자 효과에서 보던 집단 속에 묻힌 사람들의 이기적 모습과 유사하다는 증명이었다. 1970년대 이후 인간의 이기적 본성은 시장 만능주의를 주창한 신자유주의 세계관의 핵심을 이루고 있다. 다윈의 적자생존론을 사회 진화론적으로 각색한 리처드 도킨스(R. Dawkins)의 『이기적 유전자』(1976)가 발표된 시점도 그즈음이었다.

<뉴욕타임스>의 제노비스 사건의 기사는 사람들이 곤경에 처한 이웃을 돕도록 행동을 변화시키는 열쇠는 어디에 있는가를 고민할 수밖에 없도록 만들었다. 로젠탈 기자는 방관자의 냉담함은 대도시의 다양성 중 하나라고 할 뿐, 방관자들 스스로도 답을 하지 못할 것이라 주장했다. 무관심의 비극으로 가짜뉴스는 인간 자체를 희망이 없는 악한 존재로 만들었다.

<뉴욕타임스>의 사과

키티 제노비스 사건은 21세기 들어서야 <뉴욕타임스>에 의해 과장 및 조작되었음이 밝혀졌다. 키티 제노비스 사건과 관련한 미국심리학회지 <American Psychologist>에 실린 논문에서는 드라마틱 연구의 사례로 우화적 기능의 오류가 반복되고 있다고 주장한다.[9] 2007년 키티의 남동생인 빌 제노비스가 사건을 끈질기게 추적한 결과 실제 목격자는 6명이며 그 가운데 2명이 경찰에 신고했다는 사실을 알아냈다. 사건의 목격자 중 한 명은 "여자를 내버려둬"라고 범인을 향해 외쳤고, 소피아 파라(Sophia Farrar)라는 여성은 키티의 비명을 듣고 달려와 숨을 거둘 때까지 "도움의 손길이 오고 있다"고 속삭이며 곁을 지켜준 사실이 새로 밝혀지기도 했다.

2016년 진실을 추적하는 내용의 다큐멘터리 영화 '목격자'(The Witness)가 개봉되면서 <뉴욕타임스>의 보도가 과장됐음이 만천하에 퍼지게 되었다. 2016년 <뉴욕타임스>는 키티 제노비스 사건과 관련하여 과거 보도의 부족한 정황에 대해 사과했다. 기자의 특종 욕심이 빚어낸 자작극이었음을 발표한 것이다. 그동안 사람들은 <뉴욕타임스>라는 거대 언론사가 가진 권위에 기대어 아무런 의심 없이 38명을 도시의 방관자로 내몰았던 기막힌 사건을 진실이라고 굳게 믿고 있었다.

의문점 하나는 도대체 왜 사람들이 이 믿기 어려운 사건을 진실이라고 믿었는가 하는 것이다. 게다가 38명이 지켜만 보고 있었다는 주장은 가공한 냄새가 난다. 그 사람들이 전부 지켜보고 있다는 것을 어떻게 알았으며 어떻게 증명할 수 있는가. 목격했어도 절대 못 봤다고 주장하거나 반대로 자랑스럽게 내가 신고자라고 주장할 수도 있는데 그런 부분에 대한 의심을 하지 못했다. 신고 전화가 없었다는 것이 (실제로는 신고 접수된 전화가 있었다고 밝혀졌지만) 모든 사람을 방관자로 볼 직접적인 증거가 될 수는 없다. 사건 발생을 인지하지 못했을 가능성도 있고, 신고 이외에 다른 방법으로 도왔을 가능성이 있을 수 있다.

또 다른 의문점은 왜 다른 언론들은 <뉴욕타임스>에 반대되는 기사를 작성하지 않았는가 하는 점이다. <뉴욕타임스>의 대서특필에 다른 신문들도 앞다투어 이 사건에 관한 기사와 칼럼을 쏟아냈다. 조금만 더 사건을 집요하게 취재했더라면 <뉴욕타임스>의 주장이 완전히 가짜뉴스라는 것을 알았을 수 있다. 1851년 창간된 <뉴욕타임스>는 미국의 대표적인 유력 일간 신문이다. 1912년 4월 타이타닉호의 침몰 장면을 온갖 위험을 무릅쓴 채 취재 보도하여 신문의 권위를 드높였다. 세계 각지의 네트워크를 구축하여 제 1·2차 세계대전 때는 신속 정확한 보도로 명성을 높였다. 미국의 최고 일간지라는 이유로도 큰 영향력을 행사했다. 키티 제노비스 사건은 신문의 권위에 눌려 사건의 전망에 의심을 품지 못한 것이다.

유력 일간지로 손꼽히는 신문의 1면에 시리즈로 내놓은 연속 보도가 가짜뉴스로 도배질된 사건임이 반 세기가 지난 후에 드러났다. 다행히도 <뉴욕타임스>는 잘못된 보도에 대한 반성을 잊지 않고 2020년 9월 2일 키티 제노비스를 도운 소피아 파라의 사망을 기리며 애도하는 기사까지 내보냈다.[10] 제노비스 사건은 냉담한 사회를 상징하는 사건으로 포장되고 엄청난 파장이 올 것을 직감하여 만든 <뉴욕타임스>의 가짜뉴스였다. 사건에 대한 상세한 조사도 없이 기사화되었다. 이 사건으로 방관자 효과를 확인할 수는 있었으나 방관자 이론과 같은 극적인 효과로 인간이 얼마나 냉담하고 이기적인가 하는 것을 증명했다고 볼 수는 없다.

가짜뉴스에서 주목된 제노비스 사건을 다르게 보는 관점도 존재한다. 감춰진 인간 본성에 대한 희망을 찾고자 한 뤼트허르 브레흐만(R. Bregman)은 『휴먼카인드』에서 인간은 위기의 순간에 선한 본성을 드러낸다는 일관된 주장으로 제노비스 사건을 조망한다.[11] 긴급한 상황을 여러 사람이 동시에 목격하면 책임감이 분산되긴 하지만, 그렇다고 해서 사람들이 곤경에 처한 타자를 돕지 않고 멀뚱히 쳐다보는 일은 일어나지 않는다. 비록 전면적으로 모든 사람이 개입하지 않더라도 누군가는 위험에 처한 타자를 돕고 그 과정에 자신의 위험도 무릅쓰게 된다. 브레흐만은 기자들이 키티 제노비스 사건의 선정적인 이야기를 팔기 위해 얼마나 교묘하게 자판을 두드렸는가를 비판한다.

가짜뉴스와 황색언론

우리는 하루라도 뉴스에서 비켜갈 수 없는 삶을 살고 있다. 뉴스는 어떻게든 영향을 미친다. 뉴스라는 것은 인간에게 희망을 던져주는 일종의 유토피아적 접근을 담보로 한다. 이성적인 모습으로 언젠가 이룩하게 될 사회를 그리게 된다. 알랭 드 보통(A. de Botton)의 주장이다. 그는 『뉴스의 시대』에서 "뉴스로부터 도망칠 수 있는 장소는 지구상 어디에도 존재하지 않는다"고 했다.[12] 현실의 냉담한 모습을 뉴스의 이름으로 보여주는 것은 염세적인 추정을 인정하면서 벗어나려는 갈망을 담고 있다.

뉴스를 수용하려 할 때 얻게 되는 보상을 생각하면 완전히 객관적 사실에 기반한다고 믿는 것은 어리석을 수 있다. 보상의 상대가 누구인가에 따라 뉴스는 달리 보일 수 있기 때문이다. 뉴스의 정의를 명쾌하게 내려놓지 못하는 이유도 여기에 있다. 19세기 <뉴욕 선> 편집장이 "개가 사람을 물면 뉴스가 아니지만 사람이 개를 물면 뉴스다"라는 100년 전 말을 아직도 언론에서 붙들고 있는 것을 보면 어지간히 뉴스의 정의는 쉽지 않다.[13] 뉴스의 정의는 애매하지만 뉴스 매체의 의도는 분명히 읽을 수 있다.

뉴스의 전통적인 영토는 종이신문, 라디오, 텔레비전이었다. 그 속에는 진보매체나 보수매체처럼 이데올로기의 대조적 입장을 대변하거나, 대중을 위한 책임을 내세우는 고급매체나 대중의 흥미를 앞세운 저속한 매체로 구분하기도 한다. 여기서 저속한 매체는 선정성을 앞세워 언론의 제 기능을 앞세우기보다 공격적이고 자극적인 소재를 마구잡이로 실어 판매부수 경쟁에 과도하게 집착하는 황색언론이다. 흔히 '옐로 저널리즘'이라 칭하는 황색언론은 이름만 들어도 익숙한 퓰리처상의 조지프 퓰리처(J. Pulitzer)에서 시작되었다.

선정성이냐 표현의 자유냐

1889년 <뉴욕월드> 사장이었던 퓰리처가 일요판 신문에 사진을 화려하게 쓰고 흥미와 오락 위주의 기사를 싣고 황색옷을 입은 소년 '옐로 키드'(yellow kid)를 게재하면서 붙여진 이름이다. <뉴욕월드> 일요판에 늘 등장한 '옐로키드'는 '재미없는 신문은 죄악'이라는 풀리쳐의 신념을 대변하였다. 이에 <뉴욕저널>도 뒤질세라 경쟁적으로 선정주의 기사를 실었다. 자극적인 내용으로 대중의 시선을 끄는 데 온 힘을 쏟아부은 황색언론은 뉴스의 한 영역으로 자리하게 되었다.[14] 황색언론은 사람들의 시선을 끌기 위해 선정적이고 비도덕적인 기사들을 과도하게 취재 보도한다. 신문은 옳은 것과 그른 것을 가르치는 도덕교사라는 신념을 지닌 퓰리처가 오히려 황색언론을 만드는 데 앞장섰다는 것은 아이러니하다.

20세기 중반 황색언론은 찌라시처럼 들고 다니기 쉬운 타블로이드 크기로 바뀌어 한 때 타블로이드 언론으로 부르기도 했다. 타블로이드 황색언론의 비도덕성으로 결국 폐간한 신문이 영국의 <뉴스오브더월드>이다. 1843년 10월 1일 창간한 <뉴스오브더월드>는 미디어 재벌 루퍼트 머독의 소유로 각종 스캔들 폭로로 유명했다. <뉴스오브더월드>는 맨체스터 유나이티드의 축구선수 라이언 긱스가 남동생 아내와 8년간 불륜을 저질렀다는 내용, 찰스 왕세자와 다아애나 왕세자비의 파경과 현재 부인이 된 파커볼스와의 염문 등 선정적인 뉴스를 이끄는 황색언론의 대표격이었다. 각종 스캔들의 배경에는 뉴스를 만들기 위한 전화도청이 있었다. 불법 도청은 결국 <뉴스오브더월드>를 폐간하게 만들었다.[15]

2011년 영국의 대중 일간지 <가디언>이 2002년 영국의 소녀 실종사건 밀리 도울러(Milly Dowler)를 재조명하면서 <뉴스오브더월드>가 소녀의 휴대전화 메시지를 도청하면서 내용을 지워버린 것이 비난의 도화선으로 작용했다. 휴대전화의 메시지를 지워버림으로써 소녀가 살아있다는 희망을 가족들에게

준 것은 엄청난 도덕적 지탄을 받을 행위라는 여론이 들끓었다. 관행처럼 행해지던 황색언론의 도청은 청문회까지 열리게 되었다. <뉴스오브더월드>는 회복 불가능한 상태로 빠졌다. 168년의 역사와 260만부의 판매 부수를 자랑하던 신문이 2011년 7월 10일 폐간되었다. 선정성을 앞세운 뉴스만들기에 불법적 행위의 동원은 언론자유와 표현자유의 보호막으로 정당화될 수 없음을 보여준 사건으로 결국 언론사의 폐간에 이르게 했다.

뉴스의 영토가 넓어졌다

뉴미디어 시대는 뉴스의 영토가 훨씬 넓어졌다. 페이스북, 트위터, 인스타그램 등 SNS에는 각종 정보들로 가득 차 있다. 뉴미디어의 발전으로 정보의 제공자와 수용자의 경계가 흐려진 현 시점에서, 대중에게 정보를 전달하는 것은 언론만이 아니다. 대중이 쉽게 접할 수 있는 새로운 정보들 중에는 출처와 근거가 분명하지 않은 내용들이 무작위로 섞여 있다. 취재의 불법성은 뒷전이 되고 말았다. 내용의 진위가 더 큰 문제로 떠오르면서 가짜뉴스가 중심 이슈가 되었다. 가짜뉴스의 정의와 범위에 대해서는 여전히 그 기준이 불분명하다.

2017년 2월14일 한국언론학회와 한국언론진흥재단 주최로 개최된 'Fake News(가짜 뉴스) 개념과 대응방안' 세미나에서 가짜뉴스의 정의는 '정치·경제적 이익을 위해 의도적으로 언론보도의 형식을 하고 유포된 거짓 정보'라 논의했다. 가짜뉴스는 그 자체로 저널리즘 역사의 한 부분으로 인정받을 만큼 꾸준히 존재해왔지만 '21세기형 가짜뉴스'가 이전과 달리 더욱 위험한 것은 뉴스의 영토에 함께 섞여 있다는 것이다. 고의적으로 '정식 기사'의 모습을 모방하고 있다는 점이다. 즉, 대중은 진짜뉴스와 가짜뉴스를 구분하기가 더욱 어려워졌다.

인터넷 플랫폼은 뉴스의 창고이다. 인터넷에는 언론의 형태를 띤 수많은 황색언론이 난무하듯 선정적인 기사가 넘쳐난다. 타블로이드 신문 크기로 구분되었던 황색언론은 이제 인터넷에서는 기준조차 사라졌다. 인터넷 황색언론은 제공하는 정보의 질이 확연하게 떨어지고 조작되거나 과장되거나 축소된 내용을 유포시킨다. 여기에 가짜뉴스가 숨어드는 것은 당연한 일이다. 가짜뉴스를 확산시키는 정보 제공자 중 수용자의 입장에서 분명 언론사라고 인지하고 있는 조직들이 있다. 이러한 조직에서 유포된 내용은 기사의 형태를 빌리고 있어 수용자들은 무분별하게 받아들일 가능성이 높다.

인터넷 속에 황색언론은 많다. 심지어 포털의 뉴스도 전면에 선정적인 내용을 앞세워 황색언론의 모양을 덧입고 있다. 황색언론이 가짜뉴스에 더 앞장서는 이유는 흥미와 오락 위주의 내용으로 대중들의 호기심을 자극하는데 우선하기 때문이다. 황색언론의 가치는 많은 사람들을 주목하게 만드는 것이 목표이다.[16] 황색언론의 이러한 가치는 가짜뉴스의 생산과 통한다. 가짜뉴스가 기존 언론기관에서 만든 뉴스처럼 보이며 정보를 왜곡하거나 조작하는 이유는 즐거움을 주는 흥미성과 돈벌이가 되는 상업성에 있다.[17] 가짜뉴스는 그 목적이나 가치에서 황색언론과 서로 맞닿아 있다.

인터넷에 황색언론으로 꼽히는 뉴스 사이트도 보도의 수준보다 선동적 내용을 앞세운다. 대표적으로 '위키트리', '인사이트', '디스패치' 등이 신뢰도가 낮은 황색언론으로 비판을 받는다. '인사이트'의 경우 2012년 10월 9일 인사이트 컴퍼니라는 명칭으로 법인을 설립하고 2014년 1월 13일 정식 서비스를 시작하였다. 반년이 조금 지난 2014년 8월엔 국내 페이스북 페이지 방문자와 인터렉션 수에서 1위를 차지했다. 페이스북 팔로워 650만 명, 인스타 팔로워 60만 명을 넘어서며 뉴미디어에 국한 엄청난 영향력을 행사하는 언론으로 성장하였다. 현재에도 젊은 층을 기반으로 꾸준하게 팔로워 수가 증가하고 있다.[18] 하지만 가십성 기사를 공장처럼 찍어내는 방식으로 언론으로서는 매우 낮은 평가를 받고 있다.

특히, 문제가 되는 것은 자극적인 오락성 기사를 제공하면서 내용을 왜곡하는 경우이다. 클릭 수를 유도하기 위하여 선정적이고 호기심을 유발하는 제목을 붙이고 때로는 흥미에 초점을 맞춘 사진을 첨부하며 사람들의 시선을 끄는 데 힘쓰고 있다.[19] '인사이트'는 서비스 시작 이후 빠른 기간 내에 SNS 환경에 적응하여 영향력을 행사하는 위치가 되었다. 정보 수용자의 크기가 커지면서 파급력도 만만치 않게 되었다. 실제로 중국 알루미늄 공장이 들어와서 미세먼지가 악화될 것이라는 왜곡 보도로 수십만 명이 국민청원에 동참한 사례도 있었다. 팩트체크로 보도는 가짜뉴스로 밝혀졌지만 파문은 만만치 않았다.[20]

뉴스 제공자의 편익

선정성을 앞세운 가짜뉴스에 사람들이 쉽게 속아 넘어가는 것은 언론으로 믿게끔 하는 보도 양식 때문이다. 실제 인터넷 기사와 같은 양식으로 뉴스를 제작하여 공식적인 뉴스 기사처럼 보인다. 가짜뉴스가 전통 언론 매체의 뉴스 양식과 같은 양식으로 기사를 내보내는 이유는 전통 언론 매체에 신뢰하는 경향을 가진 대중 심리의 이용이다. 또한 정보를 접하는 환경의 변화도 한몫한다. 기존의 뉴스 영토인 라디오, 텔레비전, 신문과 달리 이제는 일반 포털 사이트와 소셜 네트워크 서비스 등 다양한 채널을 통해 뉴스를 접하게 된다.

자신이 좋아하는 정보들을 제공받는 과정에서 특정 정보만을 편식하게 되는 '필터버블'은 가짜뉴스를 더욱 번성하게 만든다. 알고리즘 기술과 합쳐진 자극적인 가짜뉴스는 이용자들로 하여금 확증편향을 가지게 하고 진실과 거짓을 판단하는 능력을 멈추게 한다. 인터넷 황색언론 속에 만들어진 가짜뉴스를 판별하는 분별력을 개인에게 요구하는 것은 무리이다. 디지털 플랫폼의 확산성으로 정보의 진위 여부가 확인되기 전에 이미 사람들은 그 정보를 공유하여 한 번 생산된 가짜뉴스를 무분별하게 퍼트린다. 선정성에 호소하는 뉴스가 가짜뉴스로 확대 재생산 되는 것에는 기술력도 작용한다.

알고리즘을 통한 개인 맞춤형 콘텐츠의 제공이 자신의 기호에 맞다면 가짜뉴스라도 인간에게 희망을 주는 유토피아적 이상을 심어준다. 이용자들은 평상시 자신의 관심을 충족하는 뉴스에 더 솔깃하기 때문이다. 그러나 황색언론은 흥미를 이용한 돈벌이라는 측면이 앞서서 뉴스의 수용자보다는 제공자 측에서 갖는 편익이 크다. 황색언론은 멈추기 어렵다. 선정성을 앞세운 가짜뉴스는 인터넷에 수없이 떠다닌다. 우리는 이를 막을 수 없는 뉴스의 영토에 살고 있다.

뉴스 마케팅의 '내편 만들기'

뉴스에 나온 내용이라면 무조건 믿고 보는 시절이 있었다. 뉴스는 정보의 수용이라는 점에서 신뢰성을 높이는 포맷이다. 소셜미디어를 통해 주고받는 허위정보가 뉴스의 형태를 띠고 신뢰감 있게 다가오면 혼란스럽다. 소셜미디어에서의 뉴스 소비는 사실 여부보다 얼마나 흥미롭고 우리들의 삶에 영향을 미치는가에 따라 클릭으로 이어진다. 이러한 점을 이용해 뉴스 플랫폼으로 작용하는 소셜미디어는 사람들의 흥미와 편향을 전제로 한다.

일상과 밀접해 있는 유튜브와 같은 소셜미디어를 통해 뉴스의 형태로 접한 정보는 미디어의 효과 면에서 즉각적이다. 오늘날 소셜미디어를 통한 정보는 파급력이 막강하여 단시간에 전세계로 확산된다. 특정한 정보가 순식간에 퍼지게 되면 나중에 이를 수정하기도 쉽지 않다. 뉴스 소비자의 입장에서 잘못된 정보는 선입견으로 작용하지만, 허위정보여도 자신의 직접적인 관심과 연결되어 있지 않으면 크게 개의치 않는다. 자신의 신념에 적합한 정보만을 수용하면 그만이다.

뉴스 형식이 주는 신뢰

캐나다 한 연구팀은 코로나19 관련 유튜브 영상의 4분의 1이 허위정보임을 발표했다.[21] 연구팀에 의하면 2020년 3월 유튜브에 실린 코로나19 관련 영상 중 가장 많이 본 영상을 추려 이 가운데 69개를 집중 분석한 결과 19개가 허위라는 것을 밝혔다. 조회 수로 보면 69개 영상의 조회 기록이 무려 2억 5780만 4146회였다. 이 가운데 허위정보를 담은 19개 영상의 조회 수는 6204만 2609회로 전체 조회 수의 24%를 차지했다. 눈에 띄는 것은 19개 영상 대부분이 뉴스의 형태를 취하고 있다는 점이다. 엔터테인먼트 뉴스가 6개이며, 인터넷 뉴스의 형태는 5개, 네트워크 뉴스의 형태는 5개, 나머지 3개는 소비자 영상이었다.

가짜뉴스는 교묘하게 조작된 속임수를 노리는 뉴스이다. 뉴스라는 형식을 빌리는 것은 신뢰도를 높이는 방식으로 정보를 믿게 하는 가능성을 높이기 위함이다. 가짜뉴스는 진위 여부를 떠나 자신이 믿고 싶은 것만 믿는데 이용될 수 있다. 우리는 자신의 삶에 모순될 만한 중요한 사례에 맞닥뜨릴 때 불리하다고 판단되면 무시한다. 본인에게 유리한 사례만 선택해서 보려 한다. 사례를 선택적으로 이용하는 것이다. 이는 논리학에서 주장하는 '불완전한 증거의 오류'이다.

완전한 증거를 은닉하는 행동으로 불리한 사례나 자료는

숨기고 유리한 자료만 내보이면서 자신의 입장을 지키려는 것이다. 자신의 생각을 한 쪽으로 편향되게 만드는 뉴스의 이용은 바로 불완전한 증거의 오류일 수 있다. 특히 근거가 박약한 가짜뉴스는 더 강한 오류로 작용하며 극단을 위한 편견에 이용된다. 편향된 가짜뉴스의 소비는 소위 '우리와 그들'을 구분하게 만든다, 이는 '내편 만들기'와 연결되어 있다. 이를 잘 이용한 뉴스매체가 1996년 출범한 미국의 <폭스뉴스>이다.

<폭스뉴스>의 성공비결

미국 24시간 케이블 뉴스 채널 <폭스뉴스>의 성공비결은 '내편 만들기' 마케팅이었다. 언론의 기본 요소인 공정성을 버리고 편향성을 지향한 게 대성공의 배경이다. 일종의 이야기 만들기로 특정 스토리 개발에 열중한 것이 특정한 입장(보수 우파)에 있는 시청자들을 빠져들게 만들었다. 처음 폭스사가 설립되었을 때, 사람들은 금방 망할 회사라고 단정했다. 'CNN이 있는데 어째서 폭스사를 보겠는가'와 같은 말로 설왕설래했다. 하지만 <폭스뉴스>는 망하기는 커녕 CNN의 시청률을 따라잡더니 얼마 지나지 않아 압도하기에 이르렀다.

<폭스뉴스>는 개국한 지 5년 만인 2001년에 이익으로 들어섰을 뿐 아니라 경쟁사인 CNN과 MSNBC를 능가하는 시청률을 기록했다. 2020년 기준 보도전문채널 중에서 18년째 시청률

1위를 기록하고 있다.[22] <폭스뉴스>사의 성공 원인은 편향성에 있었다. 이를 '증오 상업주의'를 이용한 세력 확장으로 보기도 한다.[23] 내편 만들기를 위한 속내는 상대에 대한 증오로 수익을 올리는 상업주의를 배태하고 있다.

뉴스의 형식을 띠면서 전하는 가짜뉴스는 뉴스의 일탈이다. <폭스뉴스>의 뉴스 토크 프로그램을 진행하는 앵커들은 뉴스 일탈의 전령사라고 불릴 만큼 주관적인 독설로 유명세를 날렸다. 토론 패널을 보수주의로 채우고 다른 의견을 가진 출연자들에게는 발언 기회를 가로막거나 앵커 자신의 말로 채워 방송사와 앵커의 신념을 전달하기에 바빴다. 간판 앵커 빌 오라일리(B. O'Relly)가 2017년 성추문으로 쫓겨나기 전까지 그의 뉴스쇼 '오라일리 팩터'(The O'Reilly Factor)의 한 회 평균 시청자는 398만 명이었고 연간 광고매출은 1억 7천만 달러에 이르렀다.[24] 보수주의를 내편으로 만드는데 소위 '증오 상업주의' 전략이 통한 것이다.

<폭스뉴스>는 보수 우파를 내편으로 만들면서 상대에 대해선 증오에 가까운 극단적인 네거티브를 내세운 뉴스의 불량품들을 이용하였다. 2020년 미국의 대선에선 트럼프의 나팔수 역할을 대놓고 자처했다. 2010년 이후 선거 광고물량이 천문학적으로 증가한 미국에서 노골적으로 보수 우파의 편을 드는 것은 <폭스뉴스>사의 입장에서 신나는 일이었다.[25] <폭스뉴스>는

공화당에 편향된 보도를 한다. 오바마를 아예 사회주의자로 몰아붙이고 인종주의자 독재 나치라고까지 몰아붙이는 데 주저하지 않았다. 민주당의 잘못은 부풀려서 보도하고 공화당의 잘못은 보도하지 않는다는 소리를 공공연하게 들었다.

뉴스의 본질을 사실 전달로 바라보지 않고 이윤추구의 목적으로 '우리 대 그들'이라는 장치를 통해 자신들의 지지층을 확고히 하는데 신경을 세웠다. 우파만 몰리는 <폭스뉴스>의 시청자들은 CNN 시청자와는 서로 이념적으로 반대의 극단에 서 있는 듯 보였다. 양극화되는 모습이었다. 이미 2005년에 나온 연구에서 <폭스뉴스> 시청자들은 개인적인 견해를 공유하는 뉴스를 더 선호하며 상대적으로 공화당에 우호적인 성향을 보이는 것으로 밝혀졌다.[26] 2011년 메릴랜드 대학 연구팀의 조사에 의하면 <폭스뉴스> 시청자들이 시사 이슈에 대해 잘못 알고 있는 비율은 다른 채널 시청자에 비해 12퍼센트나 높은 것으로 나타났다. 이러한 무지는 <폭스뉴스>를 오래 보면 볼수록 심각한 것으로 조사되었다.

어쩌면 가짜뉴스를 활용하여 확증편향을 갖게 한 뉴스의 시발점은 바로 <폭스뉴스>사의 지지세력만을 위한 뉴스제작에서 비롯되었다고 볼 수 있다. 보수 진영에서는 자신들의 견해에 도움이 되는 정보라고 취하게 되고 진보 진영에서는 의도적으로 외면하게 되었다. <폭스뉴스>사는 스토리를 뉴스에 맞추는 것이 아니라, 뉴스를 스토리에 맞게 조정하는 방식으로 운영했다. 경영진은 내편을 옹호하고 상대를 비난하는 일종의 적만들기 스토리를 프로듀서나 앵커에게 재촉하였다. <폭스뉴스>사의 뉴스를 보는 보수파들은 열광했다. 전달한 뉴스의 진위여부보다는 보수파의 입맛에 맞았기 때문이다.

양극단

뉴스 마케팅의 '내편 만들기'는 다르게 보면 '적 만들기'와 같은 것이다. '적 만들기' 마케팅은 호전적 애국주의를 부각시켰다. <폭스뉴스>사는 9·11 테러의 배후 조종자인 오사마 빈라덴을 괴물이나 오물 주머니로 부르는 등 강력한 단어를 사용했다. 매체 중 유일하게 테러리스트라는 단어를 사용함으로써 시청자들에게 호전적 애국주의자의 이미지를 심어주었다. 이로 인해 CNN은 상대적으로 애국심이 약한 방송사의 이미지로 비쳤다. 뉴스에 대한 편견으로 뉴스 소비에서 궁극적으로 양극단의 진영으로 나누어진 셈이다.

SNS 환경의 뉴스소비는 양극단으로 더 쉽게 갈라진다. 특히 가짜뉴스로 인한 확증편향은 양극단에 존재하는 집단 구성원의 신념을 강화시킨다. 양극단의 집단은 소통하려는 생각보다 자신의 신념과 가치관을 확립시키고 이를 강력히 주장하기 위해 가짜뉴스의 정보를 반갑게 받아들인다. 그들에게 '사실'은 중요하지 않다. 가치관이 극단에 서 있는 집단 간의 다툼은 증오를 넘어 혐오의 감정을 불러온다. 혐오의 표현이 넘쳐나는 사회는 통합과는 거리가 먼 분열의 사회로 치닫는다. 소셜 미디어 또는 웹 사이트에서 뉴스의 형태로 보이는 기사는 왜곡된 정보를 접하는 정도를 뛰어넘고 있다. 주로 이용하는 미디어에 강한 신뢰를 형성하는 이용자가 미디어를 통해 가짜뉴스를 접할수록 사회 불안감 또한 증가할 것이다.

이러한 불안감에 기술도 이제 거들고 있다. 딥페이크와 같은 기술은 영상을 통한 가짜뉴스를 사실로 믿게끔 한다. 딥페이크 기술은 인공지능을 이용하여 인물의 얼굴, 음성, 동작 등을 합성하여 실제처럼 구성한다. 목소리와 말투마저 비슷하게 만들어 내기 때문에 정보를 수용하는 입장에서 진위여부를 가리기 어렵다. 잘못된 정보임에도 불구하고 영상기술로 만들어진 시각적 의존은 정보의 신뢰도를 높일 수 있다. 딥페이크 영상은 시각과 청각 모두를 완벽하게 속이기 때문에 더욱 진짜처럼 보일 수 있다.

버락 오바마 전 미국 대통령이 "트럼프는 쓰레기"라고 외치는 딥페이크 영상이 만들어졌는가 하면, 북한 김정은이 미국 대선 투표 참여를 독려하는 딥페이크 영상이 만들어져 유튜브에 올려져 주목을 끌었다. <폭스뉴스>사가 민주당 후보 존 캐리가 김정일의 총애를 받고 있다는 이야기를 딥페이크로 생생하게 만들어 전달한다면 아무도 의심할 수 없는 사실로 받아들이게 될 것이다. 가짜뉴스와 같은 거짓 정보를 '내편 만들기' 목적으로 사용하기 위해 기술과 합쳐져 사실인 양 제시되면 사람들의 분별력은 흐릿해진다. '내편 만들기' 뉴스에 딥페이크가 본격 이용되면 진짜와 가짜를 구분하는 노력에 더 힘이 쓰일 수 있다.

확실한 앎의 실패
광우병 사태

오래전 광우병 사태는 과학적으로 증명된 위험이 아닌 어설픈 직감으로 만들어진 위험에서 일어난 집단행동이었다. 위험의 조장은 가짜뉴스로 만들어졌다. 가짜뉴스를 과학철학자인 칼 포퍼(K. Popper)의 생각으로 들여다보면 어땠을까. 포퍼는 과학적 지식과 진실을 구하는 방법을 고민하면서 비판적 합리주의(critical rationalism)라는 개념을 내세웠다.[27] 진리를 규명하기 위한 증거를 찾아 주장하기보다 오류를 발견하고 수정하는 과정을 강조한다. 과학철학을 통해 이성의 오류 가능성을 받아들여야 한다는 것이다. 포퍼의 주장대로라면 과학적 지식은 완전하거나 영원하지 않으며, 항상 수정과 발전의 여지가 있어야 한다. 그러한 여지가 없다면 진리는 절대적이고 궁극적으로 독재이다.

포퍼는 진리의 독재를 거부한다. 진리의 독재를 거부하는 사회가 포퍼가 말한 열린 사회(open society)이다. 열린 사회는 개인의 자유와 권리가 확보된 사회이며 다수가 의견을 달리할 수 있는 사회이다.[28] 열린사회에서는 모든 과학적 이론도 반박 가능(falsifiable)해야 한다. 이는 늘 새로운 정보나 실험결과에 따라 변화하고 발전해야 하는 것을 의미한다. 과학적 지식에 맞서는 다른 주장과 이론을 조심스럽고 모호하게 개진할 것이 아니라, 아주 용감하고 정확하게 표현해야 한다. 반박 가능성을 통해서 입증의 정도를 높이고, 높은 정도로 입증되었다면 그 이론은 더욱 신뢰받게 된다.

직감으로 조종

포퍼의 말대로라면 2008년 광우병 사태는 미국산 쇠고기 수입이라는 일방적인 위험에 맞설 수 있는 용기를 상실한 데서 온 것이다. 여러 주장을 입증 가능한 논리로 맞서지 못하면서 일어난 사건이다. 이를 저지하기 위해선 우리 자신의 주장이 맞는지 캐묻고, 특정 주장이 맞는지 확인하면서 의도적으로 반증하려 노력이 있어야 했다. 광우병 사태는 건강한 먹거리의 위협이라는 주장만 반복되었다. 반증 가능한 주장은 쉽게 드러나지 못한 채 휘둘려 버렸다.

2008년 광우병 뉴스를 접한 국민들은 서울 광화문을 비롯한 전국 곳곳에서 집회를 열었다. '나는 아직 죽기 싫어요', '미국 쇠고기는 미친 소'라는 구호를 외치며 정부에 반대하는 시위를 벌였다. 되돌아 보면 광우병 사태는 가짜뉴스였다. '목숨을 걸고 광우병 쇠고기를 먹어야 합니까'라는 섬뜩한 문구로 2008년 4월 29일 MBC 'PD수첩'은 광우병 공포에 대해 보도했다. 방송 제목도 '긴급취재, 미국산 쇠고기, 과연 광우병에서 안전한가?'였다. 미국산 쇠고기로 인해 누구든 광우병이 쉽게 전염돼 죽을 수 있다는 공포를 만들어 온 나라를 불안하게 했다. PD수첩의 광우병 보도는 수많은 국민들을 혼란에 빠트리면서 막 출범한 이명박 정부에 대한 반감을 부추겼다.

많은 언론과 포털이 정확한 검증 없이 광우병에 대한 공포를 이어갔다. 2008년 5월 2일 청계광장에 '2MB 탄핵 투쟁 연대'가 주최한 촛불 문화제가 열렸다. 참여 시민의 수가 급속하게 불어나 예상 밖 사태를 맞아 언론의 관심은 집중됐다. 광우병 사태의 파장은 전 사회로 빠르게 확산되었다. 광우병 위험으로 점화된 촛불시위는 100일이 넘도록 계속되었다.[29] 그러나 '주저 앉은 소'를 광우병 걸린 소로 단정한 점, 방송내용의 여섯 가지 오역, 한국인의 인간광우병 발병 확률이 94%라고 한 내용은 잘못된 정보였다. 2008년 8월 12일 MBC는 뉴스에서 자신들의 방송이 왜곡된 내용이라는 것을 알렸다.

MBC는 사과 방송뿐만 아니라 모든 일간신문에 사과 광고도 실었다. 가짜뉴스 만든 것을 인정했다.[30] 문제는 일방의 견해만을 방송에 내보낸 내용에 어느 누구도 반박 가능성에 대한 시도를 하지 않았다는 사실이다. 2011년 농림수산식품부가 MBC 'PD수첩'을 상대로 낸 광우병 보도에 대한 정정·반론보도 청구 소송 판결로 허위사실을 확인하였다. 판결에 따르면 '주저 앉은 소의 광우병 위험', '미국 여성 아레사 빈슨(인간 광우병이 아닌 위 절제술 관련 사망)', '한국인에 대한 인간 광우병에 걸릴 확률' 등 세 부분에 대한 잘못 보도한 내용을 지적했다. 이는 과학적 접근보다 직감으로 고스란히 받아들인 가짜뉴스였다.

포퍼가 경계했던 것은 진리의 독재였다. 가짜뉴스에 휘둘려 일순간 다른 주장과 이론으로 반박하지 못하면서 무비판적 수용과 맹신 그리고 집단행동으로 나아간 것이 광우병 사태였다. 많은 사람들이 광우병 사태에 대한 뉴스를 이렇게 쉽게 믿고 거리로 나온 것은 과학적 사실보다는 직감을 믿고 행동한 결과이다. 일상을 살면서 알려진 사실을 일일이 열거하고 모든 가능성을 모색하지 못한다.

일상의 모든 일을 이성적으로 숙고하면서 결정을 내릴 수도 없다. 때로는 과학적 이성에 앞서 직감을 따라야 할 수도 있다. 광우병 사태에 직감을 조종한 것은 뉴스 보도였다. 반쯤 아는 상태에서 또는 훤히 들여다볼 수 없는 상태에서 선택해야 할 때 가짜뉴스가 작동을 한 결과였다. 가짜뉴스가 선동하더라도 거짓에 휘둘리지 않고 세상을 이해하는 힘은 과학적 검증과 비판적 합리주의에서 나온다.

추론의 오류

플로리안 아이그너(F. Aigner)는 『우리에겐 과학이 필요하다』는 저서에서 과학은 합리적 증거가 무시되고 진실이 억압되는 탈진실의 공격을 막아낼 강력한 무기라고 주장한다.[31] 과학은 만능이 될 수 없다. 그러나 합리적 사고를 하도록 돕는 것임에는 분명하다. 광우병 사태는 과학을 뒤로한 채 직감으로 만든 가짜뉴스가 문제였다. 반박 가능한 과학이 작동되었다면 광우병 사태가 일어나지 않았을까 반문해 본다. 의도적으로 반증하려고 할 때 얼마나 설득력이 있는가에 대해선 의문이다. 영국의 심리학자 피터 웨이슨(P. Wason)이 1960년대에 고안한 '선택과제'(selection task)라는 실험에서 잘 나타난다.[32] 이 실험은 추론과 판단에 관한 것으로 사람들의 논리적 추론 능력을 측정하기 위해 사용되었다.

대부분의 사람들은 추론 과정에 오류를 범한다는 것이다. 피터 웨이슨의 실험에서 참가자들이 수열의 규칙을 맞추는 과제를 주었다. 2->4->6이라는 수열의 규칙을 제시하고 참가자들에게 규칙에 맞는 숫자 세 개를 말하라고 했을 때 맞는가를 확인해 주는 실험이었다. 패턴을 인식한 참가자는 4->6->8이나 8->10->12처럼 비슷한 수열을 제시했다. 규칙에 맞다는 대답이 나왔고, 많은 사람들이 올바른 규칙을 찾았다고 생각했다. 하지만 규칙에는 맞지만 올바른 규칙을 찾은 것은 아니었다.

웨이슨이 생각한 규칙은 연속된 세 짝수가 아니라 아무 숫자나 작은 수부터 세 개를 나열하는 것이었다. 3->7->28도 맞고, -1->파이->6곱하기 10의 23승도 맞다. 여기서 알 수 있는 것은 참가자들이 자신의 추론이나 가설에 반박할 수 있는 다른 가설을 생각하지 않는다는 것이다. 대다수의 사람들이 올바른 해답을 찾기 어려워하며, 초기의 가정에 치우쳐져 잘못된 결과를 도출하는 경향을 보인다. 웨이슨의 '선택 과제'는 사람들이 추론할 때 초기 가정에 너무 맹목적으로 의존하고, 정보를 완전히 활용하지 않는다는 점을 강조한다. 논리적 사고의 한계를 지적한 것이다. 자신의 추론을 반박하기보다 자신의 추론을 지지하는 결과에 기억을 맞춘다. 조금이라도 불편한 추론은 기억에 담아두지 않으려 한다.

위험 소통

우리는 불분명하고 복잡한 현실세계에서 자신의 신념과 일치하는 정보를 찾는 일에 더 쉽게 다가간다. 그러나 자신의 추론을 확인해 주는 것에만 의존하면 정확한 규칙을 알 수가 없다. 광우병 사태가 '미국산 쇠고기는 위험'이라는 확증편향으로 자리한 것은 초기에 형성된 미국산 쇠고기에 대한 좋지 않은 보도에 공감하고 있었기 때문이다. 국민들 사이에 미국산 쇠고기에 대한 불신이 이미 자리하고 있었고 여론조사에서 국민 80%

가 쇠고기 수입에 부정적이었다.[33] 미국산 쇠고기가 광우병 우려로 위험하다는 생각이 '확실한 앎'으로 형성되었다. 광우병에 대한 무지를 처리하는데 적극 나서지 못하면서 자기 확신의 위험 소통만 가득했다.[34]

웨이슨의 '선택 과제' 실험에서 보여준 것처럼 사람들은 원래의 가정을 부정하는데 이르는 오류를 피하려고 한다. 미국산 쇠고기에 대한 생각이 굳혀진 상태에서 가짜뉴스는 원래 의견을 지지하는 것만으로도 만족스러운 것이었다. 포퍼는 비판적 합리주의로 과학과 비과학을 구분하는 가능성을 제공했다. 비과학적 행동을 과학적으로 접근해서 진실에 가까이 다가가는 작업에 힘쓰고자 했다. 또한 과학이라 하더라도 새로운 이론이 나올 여지를 두어 진리의 독점을 막고자 했다. 반박 가능성을 두자는 것이다.

가짜뉴스를 가짜라고 확인했더라도 사람들은 크게 달라지지 않았을 것으로 보인다. 현실에서 '선택 과제'의 실험처럼 사람들은 거짓으로 드러나더라도 우선 자신의 가치관, 신념, 판단에 부합하는 정보에 주목한다. 광우병 사태는 이전부터 형성되었던 확증편향이 자리하고 있어 많은 사람들이 미국산 쇠고기에 대한 부정적 보도에 더욱 공감했던 것이다. 위험을 무릅쓸 용기의 상실로 광우병 사태가 나온 것은 아니다. 광우병 사태가 던진 우리사회의 피해는 막대했다. 다만 광우병 사태가 가짜뉴스였지만 가짜뉴스에 대한 허위 내용이 오히려 진실을 파고드는 기회로 된 것에 위안을 얻는다. 지금 미국산 쇠고기를 마트에서 아무런 동요 없이 판매하고 사람들은 구매한다.

대통령 선거의 단골 메뉴, 가짜뉴스
커피 사건의 녹취 조작

선거는 유권자인 대중의 의사표시를 확정해서 알 수 있는 행위이다. 선거 기간에 가짜뉴스로 대중을 선동하면 선거에 영향을 준다. 온라인 뉴스 매체들이 즐비한 가운데 뉴스의 조작은 어렵지 않다. 대중을 선동하고 자극하는 뉴스는 간단한 조작으로 가능하다. 하지만 이를 바로잡기 위해서는 수많은 증거들을 동원하고 시간을 투자하는 노력이 있어야 한다. 설령 가짜뉴스가 허위정보라는 것이 밝혀지더라도 사람들은 마음을 쉽게 돌리지 않는다. 오히려 의심의 확대재생산으로 음모론을 제시하며 반박하려 든다. 조작된 뉴스를 뒷받침하는 증거 모으기에 애쓴다. 가짜뉴스는 또 다른 가짜뉴스로 발전한다.

선거 캠페인에서 가짜뉴스를 일단 만들어 퍼트려보자는 의도는 후보자의 득실과 직접 연결된다. 선거결과가 나온 뒤 사실이 바로잡힌다 해도 이미 허위정보의 힘이 미친 결과는 되돌릴 수 없다. 선거에서 사실 조작에 따른 수혜자들은 눈앞에서 얻게 될 승산에 가짜뉴스를 만들어 확산시킨다. 선거 캠페인에 가짜뉴스는 늘 등장한다. 2016년 미국 대선에 가짜뉴스가 동원되었고 그 결과로 트럼프가 당선되었다는 의심은 넓게 펴져있다. 더구나 여기에 가짜뉴스가 주목받는 것은 소셜미디어의 적극적 개입 때문이었다.

가공된 녹음파일로 선거 흔들기

2022년 한국의 20대 대통령을 뽑는 선거에서도 가짜뉴스는 소셜미디어로부터 시작되었다. 소셜미디어의 가짜뉴스 내용을 두고 TV토론에서 논박이 벌어졌다. 2022년 2월 25일 대선 후보 윤석열과 이재명의 토론에 난데없는 커피 사건이 노출되었다. 이재명 후보는 "조우형에게 왜 커피를 타 줬나"라고 윤석열 후보를 공격했다. 조우형이란 인물은 대장동 사건의 대출브로커였다. 2011년 수사검사였던 윤석열 후보가 조우형을 호의적으로 대하면서 눈감아주었다는 허위지각을 유권자들에게 주고자 한 것이다.

커피 사건은 소셜미디어인 인터넷 뉴스매체 '뉴스타파'가 만든 가짜뉴스였다. 인터넷 뉴스매체는 믹스커피를 타준 수사검사와 브로커의 관계가 화기애애했다는 상황을 연출하듯 가짜뉴스를 만들었다. 대선 후보를 흠집 내기 위해 조작한 내용이었다. 당사자인 조우형이 윤석열을 만난 적 없다는 주장에도 불구하고 가짜뉴스는 뉴스매체를 타고 확산되었다. 상반된 주장을 확인해야 할 팩트체크는 뒷전인 채 언론은 '윤석열 커피'를 보도했다. 2022년 2월 21일 JTBC는 '윤석열이 조우형에게 커피를 타 줬다고 남욱이 진술'이라는 뉴스를 전하며 불을 지폈다.[35] 25일 TV토론에서 이재명 후보는 가짜뉴스를 여과 없이 질문으로 내세웠다.

인터넷 매체 '뉴스타파'가 허위 인터뷰로 가공된 녹음파일을 조작하여 커피 사건을 공개한 것은 대선 사흘 전인 2022년 3월 6일이었다. 가짜뉴스가 선거캠페인에 동원될 때 이를 뒤집을 시간적 여유가 없을수록 효과적이라는 것을 노렸다. 대선 사흘을 앞두고 조작된 커피 사건은 뉴스매체를 통해 사람들에게 빠르게 전파되었다. 대선 개입의 논란이 일었다.[36] 자신이 지지하는 후보에게 유리한 내용의 가짜뉴스는 개인의 감정과 신념에 더해 그 자체 믿는 경향이 있다. 적어도 뉴스의 형식을 빌릴 때는 더욱 그러하다. 가짜뉴스에 피해를 보는 후보는 대선에 임박해 반박할 틈을 갖지 못하면 여론몰이에 불리하게 된다.

선거에서 조작된 내용이 뉴스로 만들어지면 정치적 허위지각(political misperception)이 만들어진다. 허위지각은 불확실성이 아닌 강한 확신감 속에서 형성된다. 뉴스의 신뢰에 힘입어 사람들은 스스로 충분한 식견과 판단을 갖는 것으로 오인한다.[37] 선거의 유권자인 대중은 가짜뉴스로 허위지각의 위험을 갖는다. 허위지각의 위험성은 '잘 모르는 것'(being uninformed)이 아닌 '잘못 알고 있는 것'(being misinformed)이다.[38] 정치 영역에서 잘못된 신념을 가진 사람이 가짜뉴스에 근거하여 정치적 식견을 갖춘 사람처럼 행동할 때 위험해진다. 이들의 행동은 무관심하거나 무지한 사람들에 비해 더 견고한 태도를 갖는다.[39]

실제 많은 유권자들 아직 검증되지 않거나 잘못된 주장을 '진실'로 수용한 가운데 중요한 정치적 결정을 내리는 경우가 있다.[40] '잘 모르는 것'이 아닌 '잘못 알고 있는 것'이 허위지각을 만들어 그릇된 판단을 한다. 이 때문에 여론 형성이나 정책 논의 과정이 왜곡된다. 가짜뉴스는 뉴스의 형식을 빌린 허위정보이다. 선거에서 허위정보가 광범위하게 파급되면 개인적, 집합적 의사결정을 변질시킬 수 있다.

팩트체크 저널리즘

커피 사건의 녹취 조작이 선거에 얼마나 영향을 미쳤는지는 알 수 없다. 오로지 정책과 비전으로 승부해야 할 TV토론에서 윤석열 후보가 브로커에게 '왜 커피를 타줬냐'는 의구심을 가짜뉴스로 확증하는 내용이 선거운동으로 활용되었다. 후보자 검증의 생방송에서 상대의 도덕성을 흠집내기 위한 발언에 열을 올리게 되면서 정치적 허위지각을 퍼트리게 된다. 가짜뉴스를 통해 대중이 허위지각을 갖도록 하는 것이 목적일 수 있다. 올바른 판단을 할 수 있는 객관적 사실은 그로부터 한참 뒤에 밝혀진다. 커피 사건이 대선개입을 위한 여론조작의 시도였음이 2023년 9월에야 드러났다.

가짜 인터뷰를 통해 왜곡 보도한 JTBC는 2023년 9월 6일 사과의 입장을 밝혔고, 뉴스매체 '뉴스타파'는 녹음파일 전문을 2023년 9월 7일 공개했다. 녹취부분의 필요한 부분만 짜깁기한 것이었다. 2023년 11월에는 사건의 당사자가 커피 사건의 의혹에 대해 사실이 아니라고 검찰에 직접 진술했다. 결국 여론 조작을 위한 허위 인터뷰를 진행하고 이를 교묘하게 편집하여 방송한 것이 확인되었다.[41] 팩트를 확인하지 않고 특정 후보에게 불리한 내용만을 짜깁기하여 편집한 방송의 보도는 대선 결과를 뒤집기 위한 마타도어로 안성맞춤이다.

대통령 선거와 관련한 가짜뉴스는 2002년 16대 대통령 선거에도 있었다. 이회창 후보의 장남이 병역비리를 은폐하기 위해 병적 기록을 파기했다는 김대업이란 인물의 주장이었다. 언론은 가짜 증빙자료로 녹음테이프를 그럴 듯하게 제시하여 보도했다. 국민들은 속아 넘어갔다. 선거결과에 미친 영향이 얼마인지는 알 수 없으나 결과적으로 이회창 후보는 낙선했다. 김대업의 주장은 나중에야 가짜로 밝혀졌다. 이미 선거가 끝나고 결과도 나온 후였다. 나찌 히틀러의 선전 장관 괴벨스는 "선동은 문장 한 줄로 가능하지만 그것을 반박하려면 수십장의 문서와 증거가 필요하다"고 했다. 그리고 그것을 번복하려고 할 때는 사

람들이 이미 선동당해 있어 되돌리기 힘들다는 것이다.[42]

조작된 커피 사건은 선거가 임박할 때 뉴스로 등장했다. 가짜뉴스로 본격 확인된 것은 선거가 끝나고 일 년 반이나 지난 후였다. 특히 충격적인 것은 언론이 아무런 사실확인 없이 조작에 가담했다는 사실이다. 언론으로서의 사명을 저버린 사태에 당국은 가짜뉴스 유통 과정을 추적하고 신문법 위반 여부를 검토하겠다고 발표했다.[43] 이제 언론은 정보의 전달이라는 전통적 기능도 중요하지만 정보의 검증이라는 새로운 기능을 요구받고 있다.[44] 팩트를 확인하는 팩트체크 저널리즘이라는 용어가 그래서 나타났다.

팩트체크 저널리즘은 참과 거짓에 대한 결론을 제시하지만, 언론 자체의 의견이기보다 다른 사람 특히 정치인의 발언에 대한 사실 판단 여부에 집중한다. 팩트체크 저널리즘이 주목받기 이전의 전통적인 저널리즘은 언론 자체의 의견으로 사설을 통해 무엇이 도덕적으로 옳은 것인가 혹은 정의로운 것인가를 설파했다. 옳고 그름에 대한 주장에 중심을 갖고 사실에 접근하는 것이 강조되기 시작한 것은 가짜뉴스를 판단해야 하는 팩트체크 때문이다. 팩트체크 저널리즘은 정보 검증을 우선시해야 한다. 뉴스는 주장의 진실성 혹은 옳고 그름에 대한 판단을 담고 있어야 하지만, 커피 사건처럼 너무 앞서간 내용은 가짜뉴스를 조장한 꼴이 된다.

부메랑 효과

대선을 앞두고 후보자간 의혹제기가 유권자인 대중에게 설득효과가 있는가에 대한 흥미로운 연구가 있었다. 2017년 19대 대선에서 제기된 의혹에 대해 팩트체크를 통한 사실과 거짓의 판정으로 그 효과를 측정했다.[45] 유권자인 대중들은 의혹 제기 상황과 지지후보 여부에 상관없이 팩트체크 뉴스가 판정하는 결과와 일치하는 방향으로 움직였다. 뉴스가 제기한 의혹이 사실이라고 판정되면 신뢰하였으며, 거짓이라고 판정되면 신뢰하지 않는 모습을 보였다. 사실반 거짓반으로 판정된 팩트체크 뉴스에 대해서는 불신하는 모습을 보였다. 팩트체크를 통한 뉴스의 설득효과는 뉴스의 사실여부 판정과 일치한다.

그러나 이는 반대로 부메랑 효과로 작용할 수도 있다. 팩트체크의 뉴스가 자신의 정파성에 따라 지지하는 정치인에 도움이 되거나, 자신이 싫어하는 정치인에 해가 되는 경우에는 따르지만 그렇지 않을 경우 거부한다. 후보자의 호감도에 따라 가짜뉴스의 효과는 달라진다.[46] 특정 뉴스가 조작되어 상대를 흠집내더라도 정파성이 뚜렷한 유권자들은 자신이 지지하는 후보자의 입장을 강화시켜주거나, 상대 후보자의 입장을 약화시키는 뉴스를 선택적으로 공유(selective sharing)하는 행동을 보인다.

커피 사건의 의도가 정치적 허위지각을 노렸지만, 선택적 공유로 실제 의도한 효과를 나타냈는지는 의문이다. 다만 사실이 밝혀질 때까지 시간적 차이를 노리고 대선에 임박해서 우선 터트리고 보자는 식의 의혹 제기인 점과 뉴스의 신뢰를 뒷전으로 언론이 앞장섰다는 점에 놀라울 뿐이다. 가짜뉴스의 의혹 제기가 설득효과로 나타날지 아니면 부메랑 효과로 나타날지는 유권자의 정파성에 따른다.

하지만 정파성이 없는 사람들은 사실 여부를 바로 알지 못하는 의혹에 대해 영향을 받을 수 있다. 대선이 임박한 의혹에 팩트체크를 할 시간적 여유가 없을 때 정파성이 없는 사람들은 가짜뉴스의 설득효과에 매료당할 수 있다. 정파성은 사람에게만 있는 것이 아니다. 언론도 정파성을 갖는다. 커피 사건은 언론의 정파성에 편향된 보도라는 비난을 피할 수 없다. 특정후보에 불리한 가짜뉴스를 팩트체크 없이 제시하는 상황은 의심받기에 충분하다.

빅토리아 루빈(V. L. Rubin) 등의 연구에 따르면 언론이 사람들을 현혹하는 뉴스의 유형에는 세 가지가 있다. 첫째는 진지하게 위조한 뉴스(serious fabrications), 둘째는 거대 음모론(large-scale hoaxes), 셋째는 재미있는 가짜뉴스(humorous hoaxes)이다.[47] 앞서 본 것처럼 커피 사건은 사실 확인을 뒤로 하고 왜곡을 조장한 편집으로 허위지각을 위한 보도였음이 일 년 반 후에 드러났다. 풍자를 위한 재미있는 가짜뉴스는 분명 아니다. 위조와 음모로 현혹하는 뉴스였다.

정파성에 매몰된 사람들과 인터넷 매체들은 커피 사건이 허위로 밝혀졌음에도 여전히 수긍하지 못하는 태도를 보인다. 커피 사건의 핵심은 사건무마이지 커피를 타주었는지 아닌지는 중요치 않다며 자신들의 태도를 견지한다. 팩트를 팩트로 보지 않고 또 다른 의혹으로 맞서는 꼴이다. 노엄 촘스키(N. Chomsky)와 에드워드 허먼(E. Herman)은 언론이 공론장을 살해하고 있다고 했다.[48] 이들은 언론권력에 의한 공론장의 타락을 지나치게 이해득실만 따지는 자본과 권력에 대한 언론의 편향에 돌리고 있다. 정치적 이유로 음모론이 된 커피 사건도 언론이 팩트체크로 사실을 바로 잡아야 했다. 그러지 못한 것은 공론장을 조장한 것이다. 누군가의 이해득실에 언론이 사실을 뒷전으로 한 사건이 되었다.

5.

자유 의지를 좇는다

집단은 개인에게 힘을 주도록 스스로 조직화한다. 그렇게 함으로써 집단은 더 강력한 지지를 받는다. 반대로 생각하면 개인의 힘은 조직된 집단에서 나온다. 사회를 이루는 기본 구성 요소로 개인을 '원자'라고 한다면 '사회적 원자'는 집단과 개인을 연결하는 거시적 패턴에서 본 사람들이다. '사회적 원자'는 과학 학술지 '네이처의 편집자인 마크 뷰캐넌(M. Buchanan)의 저서에서 따온 말이다. 중요한 것은 부분이 아닌 패턴이다. 인터넷 미디어는 오늘날 불안정한 고립 상태에 놓인 개인을 네트워크에 묶어 연결하면서 특정 패턴으로 몰고 간다.

특정 패턴이라는 것은 인간이 자유 의지에 따라 행동한다는 생각이 환상으로 머물러 있지 않고 정말 자기가 하고 싶은 대로 행동할 수 있는 욕망과 관련이 있다. 이러한 욕망을 실현하는데 인터넷 기술은 크게 기여하고 있다. 인터넷은 인간에게 전에 없었던 자유 의지를 확장시킨다. 자유 의지의 확장은 미래의 발견을 현재의 관점에서 예측할 수 없게 만든다. 자의적인 생각이나 이념을 과학이라 우기기 때문이다. 과학적 지식과 추론은 사람들의 의견에 밀린다. 진실이 불분명해지는 사회가 된다. 자유 의지를 좇다가 진짜와 가짜의 구분이 어려워지는 형국이 된 셈이다.

유튜브의 세상, 우상을 만들다

소금물로 입 안을 헹구면 염증 예방과 치아 건강에 좋다는 이야기를 한 번쯤 들어 본 적이 있다. 소금물 가글은 일종의 민간요법이다. 2020년 코로나19가 한 창일 때 난데없이 소금물 가글이 코로나19 바이러스를 제거하는 방법이라고 유튜브에 소개되었다. 소금물이 입속 건강에 도움을 준다는 말을 넘어 바이러스를 차단한다는 것은 황당한 주장이었다. 유튜브에 코로나19 바이러스를 막는 비법으로 소개된 엉터리 내용들이 넘쳐났다. 소금물이나 식초가 바이러스의 체내 침입을 막아준다거나, 마늘과 안티푸라민이 코로나19에 특효라거나 하는 가짜뉴스들이 돌았다. 신종 코로나19 바이러스 감염증과 관련된 검증되지 않은 허위정보들이었다.

마땅한 치료제가 없는 상황에 불안감을 느끼고 있던 사람들은 기존의 민간요법이 바이러스 예방에 효과가 있다는 정보를 믿기 시작했다. 실제 호흡기내과 교수들은 바이러스 제거에 소금물과 같은 민간요법이 효과가 없다고 설명했다. 바이러스 제거의 효과가 허위라는 사실이 알려지면서 소금물 정도만 해도 그저 떠도는 구설로 여겨졌다. 문제는 이 같은 소금물에 대한 부정확한 정보가 가짜뉴스로 밝혀지기도 전에 빠르게 확산되어 코로나19 바이러스의 집단감염의 원인이 되었다.

잘못된 지식과 편견이 우상

수도권의 한 교회에서는 신도들의 입에 분무기로 소금물을 뿌려 바이러스를 없애려는 황당한 시도가 일어났다. 63명의 확진자가 생겨 집단감염으로 번졌다.[1] 코로나19에 대한 사회 전반적인 불안감이 증폭되었다. 유튜브에 넘쳐난 민간요법의 효능은 확인되지 않은 정보로 공중 보건에 위협으로 다가왔다. 소금물의 예방 효과와 같은 부정확한 정보는 인터넷 여기저기 널려 있었다. 사람 간의 일상적인 의사소통으로 잘못된 내용이 전해지기도 하지만 소셜미디어를 통한 허위정보의 유통은 훨씬 쉽게 일어나면서 이를 찬동하는 글도 덧붙여지고 있었다.

이처럼 잘못된 지식이나 편견은 영국의 경험론자인 프랜시스 베이컨(F. Bacon)의 시각에서 우상(idols)이다.[2] 베이컨이 말하는 우상이란 인간의 정신을 혼란스럽게 만듦으로써 우리가 진리에 도달하는 것을 가로막는 잘못된 생각이다. 우리는 이러한 우상에 사로잡혀 정보를 선택적으로 수집하고 해석하는 경향이 있다. 사람들은 특정한 의견에 대한 가설을 세우고 그것만을 입증하려고 노력한다. 또한 이를 자신의 논리로 강화하려는 경향이 있다. 이러한 행동은 인간의 사고를 제약하고 진실을 발견하는 과정에서 장애물이 된다.

소금물과 식초나 마늘과 안티프라민이 바이러스를 막을 수 있다는 믿음을 지지하는 사람들은 관련된 가짜뉴스에 의지하게 된다. 하나의 우상인 것이다. 베이컨이 말하는 우상은 인간의 지식에 대한 편견이나 선입견을 나타내는 것으로 크게 네 종류가 있다. '종족의 우상', '동굴의 우상', '시장의 우상', '극장의 우상'이다.[3]

'종족의 우상'(Idola Tribus)은 인간 본성이 가지고 있는 편견이다. 모든 것을 인간 중심적인 관점에서 생각하고 판단하는 편견이다. '동굴의 우상'(Idola Specus)은 각 개인이 가지고 있는 편견이다. 인간은 성장 과정이나 성격에 따라 같은 대상도 다르게 판단한다. 동굴 속에 갇힌 개인의 경험이란 비유로 동굴의 우상으로 본다. '시장의 우상'(Idola Fori)은 언어가 생각에 영향을 미쳐 생기는 편견이다. 시장에서 마치 소통하면서 만들어진 편견을 벗어나지 못하고 그 테두리에서만 판단한다. '극장의 우상'(Idola Theatri)은 권위나 전통을 지닌 어떤 사람의 주장을 그대로 받아들이는 것을 말한다. 여러 사상이나 이념들은 공연을 위해 꾸며진 연극의 각본으로 사람들은 이에 쉽게 현혹된다.

이러한 우상은 인간의 사고를 흐리게 하고 왜곡한다. 베이컨

주장대로라면 주관적인 편견을 버리고 참다운 지식을 얻기 위해서는 선입견을 일으키는 우상을 제거해야 한다. 우리가 갖고 있는 우상으로 인해 자신의 편견과 선입견에 부합하는 정보를 의심 없이 쉽게 받아들인다. 정보가 어떻게 만들어졌는지 정보의 내용이 어떤 사실에 근거하는지 등을 충분히 고려하지 않은 채 자신의 신념과 그 인지 과정에 따라 선택적으로 소비하고 해석하면서 선입견과 편견이 작용한다.

신념에 근거한 뉴스 소비는 가치관여가 깊이 일어난다. 자신의 믿음으로 뉴스신뢰도를 강화한다.[4] 특히 가짜뉴스는 진실 여부가 불확실한 가설을 신뢰하면서 이를 강화하는 행위에 이용된다. 더구나 자신들의 신뢰와 믿음에 부합하는 뉴스가 가짜뉴스라는 것을 인지하면서 타인에게 전파하기도 한다. 사실 여부와 상관없이 자신의 선입견이 작용하는 정보를 무분별하게 전파한다. 대부분의 가짜뉴스는 인터넷을 통해 만들어지고 유통된다. 소금물이나 식초, 마늘과 안티프라민이 코로나19 바이러스를 막는다는 허위정보도 검색 경로로 보면 인터넷 포털이 86.2%, 유튜브 39.5%, TV 33.1% 순이었다.[5]

정보 소비의 편향적인 경향은 특히 유튜브에서 심화되고 있다. 유튜브는 기성 방송보다 콘텐츠 제작 및 공급에 제약이 없고 검열에서 자유롭다는 점 때문에 팩트체크가 불가능한 정보가 손쉽게 생산 유통되었다. 유튜브는 2005년 서비스를 시작한 동영상 플랫폼이다. 한국 서비스는 2008년 1월 23일 시작했다. 전 세계 31개국 이상에서 서비스를 펼치면서 영향력이 확대되었다. 스마트폰의 대중화와 미디어 콘텐츠 시장의 활성화로 유튜브에는 수많은 정보들이 넘쳐나고 있다. 유튜버 개인이 영상 업로드로 수익을 올리는 구조는 무책임하고 무분별한 내용을 부추기기도 한다.[6]

국회의 정책과제 보고서에 따르면 2018년 기준 유튜브는 PC에서 53.1%의 점유율, 모바일에서 56.3%의 점유율을 확보했다. 네이버, 아프리카, 카카오TV를 합친 점유율이 10%대에 불과한 것을 보면 유튜브의 점유율은 엄청난 것이다.[7] 앱 조사기관 '와이즈앱'이 국내 안드로이드 사용자 4만 명을 대상으로 2019년 8월 한 달간 스마트폰에서 가장 오래 사용한 앱을 조사한 결과 1위는 유튜브였다. 유튜브의 한 달 간 사용시간은 총 460억 분으로 같은 기간 카카오톡 앱의 220억 분에 비해 두 배 이상이었다. 이전 해인 2018년 같은 기간의 333억 분과 비교해도 38%나 늘어났다.[8] 유튜브는 일상생활과 밀접한 온라인 플랫폼 중 하나가 되었다.

허위정보 유통 1위

전문가 연예인 정치인 일반인 등 다양한 분야의 사람들이 제작한 동영상 콘텐츠를 직접 접한다는 것은 유튜브의 가장 큰 장점이다. 유튜브를 쉽게 접할 수 있게 되면서 가짜뉴스의 유통경로를 묻는 설문에서 유튜브는 1위로 꼽혔다.[9] 2019년 8월 21일 한국방송학회와 한국심리학회가 개최한 '유튜브와 정치 편향성 그리고 저널리즘 위기' 세미나에서 유튜브를 통해 허위정보가 가장 많이 유통되는 것으로 발표되었다. 20대 이상 성인 남녀 555명을 대상으로 진행된 조사에서 응답자의 22%가 허위정보를 유통하는 경로로 유튜브를 꼽았다. 유튜브 다음으로는 주위 사람(15%), 페이스북(12%), 카카오톡 등 메신저(12%), TV방송 뉴스(12%), 인터넷 뉴스(11%) 순이었다.

설문조사를 통한 조사이지만 가짜뉴스의 유통경로로 사람들은 유튜브를 가장 큰 비중에 두고 있었다. 유튜브는 알고리즘을 통해 같은 내용을 연결해서 제공하는 플랫폼이다. 같은 내용을 반복해서 보게 되면 편향성을 높여 확증편향의 문제로 굳어진다. 알고리즘에 걸린 유튜브의 내용을 계속 접하면 편파적이라 느끼던 콘텐츠도 자신의 의견과 동화하여 신념화로 작용한다. 즉 유튜브를 편파적이라고 생각하다가도 이용량이 증가하면 편파적이지 않고 신뢰하는 것으로 생각이 바뀐다.[10] 편견과 선입견이 신념으로 이어지는 자기 확증적인 태도이다.

유튜브는 자신의 동굴에서 벗어나지 못하게 하는 우상이 될 내용이 넘쳐난다. 더 이상 다른 의견을 자리하지 못하게 할 자신의 생각을 지지하는 콘텐츠가 가득하다. 사람들의 유튜브에 대한 의존이 크게 늘고 있다. 유튜브의 월간 활용 이용자수(MAU)에서 '국민 메신저'인 카카오톡을 곧 추월할 정도로 유튜브의 기세가 높다. '아이지에이웍스' 기업의 모바일인덱스 통계에 따르면 2023년 12월 카카오톡의 MAU는 4102만1737명이며, 유튜브는 4102만1401명으로 그 차이가 336명에 불과하다. MAU는 한 달에 1번 이상 해당 서비스를 쓴 이용자 수를 의미한다. 2022년 12월 경우 카카오톡과 유튜브의 차이가 100만 명이었던 것에 비해 일 년 만에 3백 명대로 그 격차가 크게 줄어들었다.[11]

모바일 앱의 총사용 시간으로는 유튜브가 앞선 지 한참 오래전이다. 이용자 수에서 유튜브가 국민 메신저 카카오톡을 제치고 1위 플랫폼으로 자리하는 것이 눈앞에 있다. 국민 대다수가 하루에 한 번 이상 이용하는 플랫폼으로 메신저인 카카오톡을 압도하며 나아가는 것이 유튜브이다. 유튜브의 의존도가 일상에서 높아진다는 의미이다. 인터넷 환경이 일상화되기 전까지만 해도 우리는 어떤 편견에 사로잡혀 있는가를 생각할 때 개인의 특수한 기질이나 환경 때문이라고 보았다. 이제는 유튜브의 환경이 개인의 편견과 선입견을 조장한다. 유튜브는 다양한 정보를 품고 있다. 그 가운데 세상의 왜곡과 편협한 내용을 개인에게 제공하기도 한다.

유튜브 이용에서 자기 편향적인 콘텐츠만을 접하게 되면

중립적으로 수용할 수 있는 이용자의 시각은 막힐 수 있다. 세상의 진리를 이해하고 올바른 지식을 얻기 위해 다양한 콘텐츠를 이용하는 것이 아니라, 편견과 선입견을 강화하는 콘텐츠로 자신을 보호하는 데 쓰이는 유튜브가 된다면 그건 우상이다. 유튜브가 사물을 있는 그대로 보여주는 것이 아니라 왜곡된 형태를 보여주는 거울이 될 수 있다. 인간은 자신의 관섬에서 세상을 본다. 울퉁불퉁한 거울을 보여주는 유튜브를 자신의 관점과 동일하다고 추종하게 되면 우상이다. 유튜브가 우상이 되는 것을 경계해야 한다.

집단 극단화와 가짜뉴스

자신이 소속된 집단 혹은 소속감을 느끼는 집단은 내집단, 그 외 집단은 외집단이다. 사회학자 윌리엄 섬너(W. G. Sumner, 1840~1910)가 분류한 사회집단 유형으로 지금은 굳이 학자를 들먹일 만큼 새롭지도 않은 누구나 아는 내용이다.[12] 내집단과 외집단에 대한 강한 감정은 경쟁을 강화한다. 대부분의 사람들은 내집단에 대해서는 편하게 응대하고 편들지만, 외집단에 대해서는 냉정하게 바라보고 깎아내리는 경향이 있다. 자신들에 소속된 집단에는 열띤 응원을 보내지만, 상대 집단에게는 모욕하거나 심지어 폭력적으로 응수하는 경우가 있다. 우리 집단(we group)인 내집단과 그들 집단(they group)인 외집단의 차이는 심리적인 격리이다.

심리적인 격리는 사람들에게 편향성을 갖게 하고 배척하게 만든다. 이것이 심해지면 집단 극단화(group polarization)가 일어난다. 캐스 선스타인(C. R. Sunstein)은 사람은 서로 생각이 같은 집단 속에 들어가면 극단으로 흐를 가능성이 높아진다고 했다.[13] 이 말 속에 드러난 '생각이 같은 집단'은 심리적 경계이다. 같은 생각을 가진 사람과 그렇지 않은 사람과의 경계에서 신념이 강해지고, 감정이 격해지고, 기존의 성향이 강화되면서 극단화가 일어난다.

동조자를 만나면 과감해진다

한마디로 사람들이 모이면 극단적으로 된다는 의미이다. 용기 있는 동조자를 만나 과감히 행동할 수 있는 힘을 얻기 때문이다. 미국 엘리트 집단인 판사의 실험에서 잘 나타났다.[14] 연방 항소법정에 세 명의 판사로 구성되는데 두 명의 공화당 판사들보다 공화당 일색의 패널에 배속된 세 명의 공화당 판사들이 더 극단적인 입장을 취하는 결과를 보였다. 민주당 판사도 세 명 모두가 한 패널로 되면 극단화되는 경향으로 나타났다. 진보적 판결에서 평균보다 더 극단적 차이를 보였다.

집단의 극단화는 지적 수준, 능력, 학력과는 무관한 것이다. 집단의 극단화가 신념의 극단화를 보인 내용이다. 신념을 넘어 감정으로 이어지면 분노의 극단화 현상이 된다. 집단 극단화는 상대 집단에 대한 편견이나 편협한 시각을 형성하는데 영향을 미치고 그 집단에 대한 공격이나 갈등을 유발할 수 있다. 집단의 심리적 격리는 사회적, 문화적, 정치적 차이로 발생할 수 있으나 그 결과로 인종, 성별, 종교, 정치적 신념 등 다양한 집단 간의 갈등이 심화된다.

여기에 가짜뉴스가 적극 이용된다. 2024년 1월 야당인 더불어 민주당 이재명 대표의 피습 사건이 일어난 다음날인 3일 유튜브와 소셜네트워크서비스(SNS) 등에 가짜뉴스들이 넘쳐났다. 진보 보수 정치영역에서의 가짜뉴스 동원은 눈살을 찌푸리게 하는 정도에 그치지 않고 혐오를 불러왔다. 상대 진영에 대한 허위정보는 물론이고 같은 진영 내에서도 자신이 지지하지 않은 정치인에 대한 노골적인 적개심은 가짜뉴스로 포장되어 확산되었다.

집단 극대화가 진영 정치의 극대화로 드러나면서 가짜뉴스가 봇물처럼 쏟아졌다. '범인이 사용한 흉기는 나무젓가락이다', '휴지로 지혈하는데 휴지에는 피 한 방울 번지지 않았다', '1센티 열상으로 쇼를 한다' 등의 가짜뉴스가 흘러나왔다. 허위사실을 확대 재생산한 건 보수 유튜브만이 아니었다. 야당에서도 '속으로 좋아죽는다', '야당 대표 우대했으면 이런 일 없었을 것이다', 같은 당내 지지하지 않는 사람에 대해선 '사이코패스로 의심된다' 등 극단적 대립을 보인 허위정보들이 진영을 둘러싸고 격화되었다.[15]

가짜뉴스는 증오를 불러일으키는 내용을 통해 심리적 격리를 뚜렷하게 만든다. 배척당하거나 탄압받는 정도가 심해지면 집단은 극단화될 가능성이 높다. 야당 대표의 피습이라는 놀라운 사건은 극단화를 일으키기에 결정적인 장면들을 담고 있어 자신들의 상황에 유리하게 가공하여 가짜뉴스를 만들어 유포하는 것이다. 상대 진영을 문제적 집단으로 극명하게 드러내려는 허위정보를 걷잡을 수 없이 쏟아낸다.[16]

사회적 폭포 효과

선스타인에 따르면 가짜뉴스의 양산은 사회적 폭포효과(social cascades)를 위한 것이다. 사회적 폭포효과는 작은 물줄기가 거대한 폭포가 되어 개인들의 생각이나 감정이 서로에게 영향을 미치는 과정에서 상승작용을 일으켜 거대한 사회적 흐름의 형성을 의미한다.[17] 사회적 폭포효과는 다르게 보면 사회적 압력이다. 사회적 폭포효과가 나타나 집단이 더욱 극단화된다고 보았다. 폭포효과가 일어나면 어떤 사람들이 갖고 있는 믿음과 관점은 다른 사람들에게로 확산된다.

이렇게 되면 사람들은 자신이 아는 정보로 판단을 내리는 게 아니라, 가짜뉴스에 근거해 판단하게 된다. 가짜뉴스가 정보로 둔갑한다. 가짜뉴스가 만든 정보의 폭포효과이다. 가짜뉴스로 얻어진 믿음은 분명 사실과 다르지만 집단의 결속을 가져온다. 다른 사람들의 생각에 동조하는 창구로 가짜뉴스를 이용하면서 그들만의 생각으로 진영논리에 따라 똘똘 뭉치게 된다. 극단적 내용의 가짜뉴스는 집단 결집을 갖게 하는 과정에서 과감성을 드러내어 집단의 극단화를 만든다.

집단 극단화는 변하지 않는 상수가 아니라 구성원들의 상황에 따라 약하게 나타날 수도 있고 강하게 나타날 수도 있다. 선스타인은 집단 극단화가 일어나는 가장 중요한 이유는 정보 교환이라고 보았다.[18] 모든 형태의 극단주의에서 가장 핵심적인 요소는 새로운 정보의 교환이다. 여기서 정보교환은 사람들이 자신이 알고 있는 내용을 이야기하고 그 내용이 예상되는 방향으로 진행될 때 자신의 생각이 움직인다는 것이다. 새로운 정보를 채워주는 것은 가짜뉴스이다. 가짜뉴스가 폭포현상을 일으켜 집단 극단화로 되는 이유이다.

사람들은 각자 속으로 품고 있는 생각이나 감정을 솔직하게 표현하지 않는다. 잘못 얘기했다가는 손가락질 당할 수도 있고 자신의 위신을 망가뜨릴 수도 있다. 어쩌다 용기 내어 '나도 한번 말해볼까'라고 생각한 것을 누군가가 대신해 준다면 적극 반응하게 되고 같은 생각을 가진 사람들이 다수라고 여길 때 과감해진다. 동조를 원하는 진영내 사람들은 표현하지 못한 자신들의 생각을 집단의 힘으로 드러낸다. 누군가 감히 생각지 못한 내용을 공개적으로 언급할 때 집단내 같은 생각이 존재한다는 것을 알게 되면 심리적 동질감이 높아진다. 심리적 동질감을 위해 동원되는 정보는 과감하다. 사실과 관계없이 다른 사람의 의견을 따라가는 경우가 일어난다. 사실이 아닌 감정을 움직이는 정보가 곧 가짜뉴스로 만들어진다.

표현이 사실에 근거하기 보다 사람들의 동조를 이끄는 반응을 앞서 생각하면서 가짜뉴스는 더욱 극단적인 내용으로 가공된다. 사소한 사건도 그 이후에 발생하는 사건에서 주요한 설명이 되거나 더 과감해진다. 가짜뉴스는 인터넷이 낚시글로 유인하듯 더 자극적이고 과감한 내용을 끌어오게 된다. 제목에서 중요한 내용이 담긴 것처럼 꾸민다. 맥거핀 효과(MacGuffin effect)를 노린 가짜뉴스는 혐오와 증오를 담게 된다.

원래 맥거핀 효과는 궁금한 데 알려주지 않고 끝나는 영화의 문법이었다. 영화문법의 맥거핀 효과는 모호하게 변질되어 실제 내용에 중요하지 않으면서 사람들의 시선을 의도적으로 묶어두려는 속임수를 뜻한다. 특정 사건이 일어나면 그와 관련한 가짜뉴스를 통해 사람들의 시선을 묶어두고 자신들의 내집단을 결속시키려는 과감한 제목의 뉴스가 올라오는 것도 같은 이유이다. 그러나 내용은 맹탕 그런저런 내용으로 끝나는 경우가 많다.

진영 논리에 사로잡힌 가짜뉴스는 사람들의 눈길을 끄는 제목에서부터 집단 극단화의 방향으로 치닫는다. 상대를 악마화하는 정치테러 수준의 가짜뉴스는 자신들의 무조건적 팬심으로 뭉친 팬덤 정치의 폐단을 혐오정치의 모습으로 보여준다. 이는 가짜뉴스로 드러난 집단 극단화이다. 야당 대표의 피습에 대해 '나무젓가락 흉기설', '민주당 자작극'이란 보수 성향의 가짜뉴스는 나아가 '민주당 젓가락 판매금지법 발의'라는 황당한 주장으로 혐오와 조롱으로 발전하였다. 집단 극단화가 가짜뉴스로 확대 재생산되면서 음모론으로 격화한 것이다.

동조에 대한 보상

우리 집단(we group)에서의 동지애와 평화의 관계, 그리고 그들 집단(they group)에 대한 적대감과 전쟁의 관계는 상호연계성을 갖는다. 가짜뉴스는 집단 극단화를 이끌면서 진영 내에서 작동하는 두 가지 기능이 있다. 하나는 가짜뉴스로 숨어 있는 신념과 욕망을 끄집어내어 주는 것이고 다른 하나는 가짜뉴스로 기존에 없었던 욕망을 드러내는 것이다. 상대 진영에 대한 혐오를 가짜뉴스로 만들어 자신들의 집단 정체성을 강한 연대감으로 뭉치려 하는 것이다.

집단 극단화를 가짜뉴스가 강화하는 것처럼 보이지만 자신의 입장에 대한 확신이 없는 사람의 경우에는 극단적 입장을 강화하는 것이 아닌 완화하는 경우가 많다. 그 반대로 극단적인 경향을 가진 상태에서 확신에 찬 사람들이 가짜뉴스를 접하게 될 경우 집단 극단화를 보인다. 모든 사람들이 가짜뉴스에 동조하는 것은 아니다. 가짜뉴스가 주는 동조에 대한 보상이 사람마다 다르기 때문이다. 특별한 정보를 갖고 있지 않은 미미한 정도의 상태로는 가짜뉴스가 아무리 극단적인 내용을 담고 있어도 사람들은 집단 극단화로 발전하지 않는다. 집단 구성원의 특징이나 상황에 따라 가짜뉴스는 집단 극단화를 가져올 수도 있고 그 반대로 약화될 수도 있다.

'야당 대표의 피습이 자작극이다'라는 가짜뉴스를 적극 단속하겠다는 의지를 정부가 보였다.[19] 정치영역에서의 가짜뉴스는 집단 극단화의 문제이다. 문제는 집단 내부가 갖는 문제를 외부에서 막는다고 집단 극단화가 멈추어질 것인지는 미지수이다. 집단의 외부에 있는 법적인 단속으로 집단 극단화를 막는데 효과를 보기 어렵다. 가짜뉴스로 집단 극단화를 일으키는 집단은 대개 부정적으로 인식되고 있다. 정보가 과도하게 인터넷에 퍼지면서 너도 나도 익명성을 앞세워 집단 광기를 보이는 가짜뉴스는 집단의 힘에 대한 쓰임새를 자기 편리대로 이용하기 때문이다. 집단은 '좋다' '나쁘다'와 같은 이분법적 논리와 관계없이 집단이 가진 힘이 분명히 있다.[20]

집단의 힘에 대한 원리를 알고 세상과 개인에게 유용하게 작동할 수 있는 집단에 대한 이해가 필요하다. 사람들을 강제하고 구속하는 힘은 분명 집단에 있을 수 있을 수 있다. 그러나 가짜뉴스가 그 힘을 조종할 수 없다는 믿음을 갖는다. 사람들 간의 관계를 조정하고 서로 다른 이해관계나 요구사항을 이해하려는 노력을 촉진함으로써 사회적 통합을 이끌어내는 방법은 가짜뉴스에 있는 것이 아니다. 타인의 생각을 이해하는 새로운 메커니즘이 필요하다. 상대에 대한 공감이다.

아담 스미스(A. Smith)는 『도덕감정론』에서 자신이 받고 싶은 그대로 타인에게 해주라고 하는 메시지를 던지며 타인과 동일시하는 공감에 대해 말했다[21] 자신을 타인의 상태에 놓아 보고 어떤 주체에게 일어날 수 있는 온갖 사소한 불편 상황을 이해하려는 노력을 하면 좀 나아질 수 있을까? 그래도 가짜뉴스는 사라지지 않겠지만 집단의 극단화로 상대를 혐오하는 것만이라도 달라질 수 있는 공감의 사회를 희망한다.

가짜뉴스와 자유론
엉터리 뉴스의 해결책

가짜뉴스를 진짜처럼 받아들이는 자유는 인정해야 하는가? 허위정보를 팩트체크 없이 임의로 만들어 인터넷에 올리는 자유는 허용해야 하는가? 가짜뉴스의 폐해가 심각해지면서 갖는 근원적인 질문이다. 인터넷은 사람들의 의견을 자유롭게 공유하게 한다. 다양한 의견을 접촉하고 판단하여 수용하게 함으로써 인간 삶의 자유로움을 확대시켜 준 것은 분명하다. 인터넷 미디어의 채널을 풍부하게 하고 접촉을 수월하게 한 기술은 자신의 성향이나 입맛에 편향된 정보를 선택할 수 있는 여지를 키워주었다.

불확실성의 시대인 복잡하고 불분명한 사회에서 자신의 신념을 지지해 주는 정보만을 찾아 선택하는 것은 쉬워졌다. 정보를 소비하는 입장에서 인터넷의 무한 정보는 선택의 자유를 넓혔다. 반대로 정보를 제공하는 입장에서는 자신의 생각을 가공하여 펼칠 자유를 얻는다. 사실을 무시하고 정보를 가공하면서 가짜뉴스가 만들어진다. 자신의 의견을 마음대로 말할 자유가 가짜뉴스로 등장할 때 흔히들 '표현의 자유'란 이름으로 보장해 주어야 하는가가 문제이다.

해악의 원리

사회학자 바우만은 자유는 인간의 보편적 조건이 아니라 성취물(창작물)로 보았다.[22] 인간에게 주어진 자유는 근대 이전엔 권력과 연관이 있었다. 인간에게는 신과 같은 주인의 지속적인 지배가 필요했다. 자유의 제한이 권력에 묶여 있다. "인간의 자유는 악을 선택하는데 한정된다. 선을 선택하는 것은 신적 은총의 행위이다."[23] 자유의지에 따른 선과 악의 선택에서 쉽게 휘둘릴 수 있는 인간은 한계를 보인다. 자유로운 행위자가 자유롭게 되기 위해서는 조건이 필요한 것이다.

자연상태로서의 인간의 자유는 조건을 갖는다. 사회를 통제하는 방식이 억압에서 유혹으로 바뀐 정보사회에서 자신의 동기에 따라 행동하면 그 행동에 책임지는 존재로 바뀌어야 한다. 자유에 따른 책임이 필요하다. 자유는 정보사회에선 유혹을 골라내는 소비자 영역이다. 자유에 대한 소비자의 선택에서 자유에 대한 책임이 따른다. 개인적 자유는 사회의 체계적 통합과 사회통제와 긴밀히 연관된다. 자유는 상대적이고 관계적 본성을 갖는다. 개인이 갖는 자유의 한계이다. 훨씬 오래전 존 스튜어트 밀(J. S. Mill)은 『자유론』에서 자유의 한계를 규정하기 위

해 의견과 행동을 구분하여 조건을 붙인다.[24]

의견은 그 어떤 것도 자유롭게 말할 수 있어야 하고, 행동은 남에게 피해를 끼치지 않는 한에서 사적인 행동의 자유가 보장되어야 한다. 의견이든 행동이든 자유를 보장해주어야 한다는 것이 밀의 생각이다. 한 개인의 의견을 표현하지 못하게 하는 것은 밀의 입장에서 해악이다. 어떤 의견이 특정한 사람에게는 의미가 있고 나머지 다른 사람에게는 아무런 의미가 없다고 해도 이를 막아서는 안된다는 주장이다.

개인의 사적인 행동도 간섭받지 않을 자유가 중요하다. 문제는 최대한 자유롭게 의견을 펼치더라도 이 의견이 다른 사람에게 직접적이고 즉각적으로 눈에 보이는 피해를 끼치는 행동으로 이어진다면 비난을 받아야 한다는 사실이다. '표현의 자유'란 이름에 맞물려 가짜뉴스를 받아들여야 하는가는 그것이 심각한 해악이 되는가를 우선 생각해 보아야 한다. 사회에 대한 해악은 인간의 자유와 함께 고려해야 할 조건이다.

가짜뉴스를 믿고 따르는 확증편향은 한 개인의 행위 중에 다른 사람과 관련된 부분에 속할 때 다른 원리에서 보아야 한다. 가짜뉴스가 다른 사람의 이익을 명백히 침해하는 것이라면 도덕적 압박을 가할 수 있어야 한다. 다른 사람에 대한 해악을 막으려는 목적하에서 개인의 자유에 강제로 개입할 수 있듯이 자유로운 정보의 소통이라 하더라도 가짜뉴스가 미치

는 폐해가 심각하면 적극 막아야 한다. 밀은 이를 해악의 원리(harm principle)라 한다.[25]

해악의 원리는 개인의 자유와 자기 결정의 중요성을 강조하면서도 다른 사람의 행동에 해를 끼치지 않아야 한다는 내용이다. 사회적 압력과 다양한 의견에 대한 허용을 강조한다. 그러나 어떤 해악을 생각할 때 막연히 추정되는 해악이라면 인간의 자유를 더 큰 이익으로 보고 사회의 해악 정도는 불편함 정도로 감수하고 개인의 자유를 보장해주어야 한다고 주장한다.

가짜뉴스와 해악 그리고 인간의 자유를 생각하면 기호와 취향의 자유를 위한 가짜뉴스의 난무가 막연한 사회의 해악으로 그치지 않을 때가 있다. 가짜뉴스가 심각하게 되는 경우이다. 단순히 개인의 자유를 구가하는 정보의 선택에 가짜뉴스의 폐해를 알면서 이를 편향적으로 믿는 것을 개인의 자유로 보장할 문제가 아닌 것이다.

가짜뉴스와 확증편향이 문제가 되는 것은 서로가 대립하는 의견을 무시하고 자신의 주장을 고집하는 데 있다. 자신의 의견에 오류가 있는지 사실적으로 검증이 되었는지 숙고할 수 있는 과정과 기회를 생략한다. 가짜뉴스와 확증편향은 서로가 갖는 생각의 교환을 막아버린다. 소통의 장을 무기력하게 한다. 가짜뉴스가 혐오와 선동이라는 자극적 프레임으로 등장하더라도 이를 동조하고 믿는 사람들이 있다. 왜냐하면 인터넷에서 사람들은 자신들의 신념과 일치하는 정보는 받아들이고 그렇지 않은 정보는 무시하는 확증편향을 보이기 때문이다.

포스팅으로 바로잡다

사실에 근거하지 않는 가짜뉴스가 일방적인 황당한 내용으로 해악을 끼치는 경우는 흔하게 볼 수 있다. 이러한 상황의 가짜뉴스는 자유롭게 무차별적 퍼나르기로 피해를 줄 수 있다. 쿠팡은 2020년 9월 황당한 가짜뉴스의 해악을 막기 위해 전쟁을 선포하듯 해명에 나서면서 가짜뉴스를 해결하려고 하였다. 마구잡이로 왜곡된 주장이 가짜뉴스로 등장한 것에 대한 적극적인 대처였다. 물류센터에서 분류 작업을 하던 직원이 격무로 사망한 사건에 대해 고된 압박으로 죽음에 이르렀다는 과로사 대책위원회의 주장에 반박하면서 대응한 것이다.

쿠팡은 뉴스룸에 허위정보에 대한 해명을 싣는 공간을 만들어 적극 활용하였다. 쿠팡 뉴스룸은 회사 사업과 기술 등을 소개하는 외부와의 소통을 위해 개설되었지만, 가짜뉴스를 해명하는 공간으로 바뀐 것이다. '사실관계를 말씀드립니다'(9월 30일), '사실과 다릅니다'(10월16일), '사실 왜곡을 중단해 주십시오'(10월27일), '명백한 오보입니다'(10월30일)라는 포스팅으로 가짜뉴스의 내용을 바로 잡으려고 노력했다.[26]

쿠팡은 무분별한 가짜뉴스로 피해를 입었다. 실제 택배 기사 과로사 문제가 잇따라 도마에 오른 뒤부터 일반적인 택배 산업과 자사 고용 구조가 다르다는 점을 강조하며 많은 투자와 대책을 강구해 왔다. 쿠팡의 주장에 의하면 쿠팡 기사들은 직접 고용으로 주 5일 근무, 휴가, 4대 보험 등을 법적으로 보장받고 있으며 분류작업 전담 인력 4,400명을 고용하고, 자동화 설비에 2년간 4,850억을 투자했다고 밝혔다.

그런데 가짜뉴스로 이러한 노력이 한순간 물거품이 되듯 신뢰를 잃은 기업이 되면서 적극 해명에 나선 것이다. 또한 쿠팡맨이 코로나19에 확진되었다는 유언비어로 인해 악플러를 고소하며 한차례 소용돌이가 있었다.[27] 고객의 신뢰를 기반으로 하는 기업에서 가짜뉴스를 통해 받게 되는 피해는 연쇄적으로 이어진다. 구매가 되지 않고, 계속되는 반품으로 물건을 제작하고 판매하는 소상공인의 삶의 터전 또한 어려움을 받는다. 가짜뉴스의 적극적인 해결책에 나선 것은 물질적 정신적 피해인 해악을 막을 뿐 아니라 가짜뉴스에 대한 사회적 폐해에 대한 조치였다.

가짜뉴스에 대한 정보가 잘못되었다는 것을 바로잡을 수 있도록 하는 것은 상대방의 의견을 듣고 내 주장의 근거를 찾아 옳은지를 판단하게 하는 기회를 만드는 데 있다. 가짜뉴스를 판단할 자유를 제공해야 한다. 인간의 판단은 절대적으로 옳지 않기 때문에 자신의 생각과 신념이 틀릴 수 있음을 전제해야 한다고 밀은 『자유론』에서 주장한다. 그래서 토론을 통해 상대방의 의견을 듣고 내 주장의 근거를 찾고 근거가 옳은지 판단해야 한다. 밀은 토론할 자유를 강조한다.[28] 합리적인 행동을 이끌기 위해서이다.

결과 편향

가짜뉴스의 해결을 위한 토론과 반박에 주목하게 된다. 어떤 사람의 정보를 신뢰할 만하다고 했을 때 근거는 무엇인가에 대해 열려있어야 한다. 가짜뉴스라는 정보를 받아들일 때 초기에 이를 수정하고 바로 잡으려는 노력이 필요하다. 자신의 판단에 대한 최초의 정보가 가짜뉴스로 입력되었을 때 나타나는 반응을 수정해야 한다. 판단에 대한 합리적 믿음이 올바른지 적절히 따지고 평가해서 최종결과로 만들어지면 이를 수정하기 쉽지 않다. 나중에 오류를 발견하더라도 수정하지 않으려는 것이 결과 편향(outcome bias)이다.[29]

결과에 따른 확신을 확고히 하면서 생각을 바꾸지 않는다. 결과 편향을 막기 위해 사람들의 의견을 수정할 기회인 토론이 필요하다. 쿠팡은 가짜뉴스를 적극 반박하는 글을 초기에 자신들의 쿠팡 뉴스룸에 올렸다. 가짜뉴스에 대한 믿음이 확증편향으로 되면서 집단적 믿음으로 이어지면 사회적 폐해가 돌이킬 수 없게 된다. 결과 편향도 개인주의자들보다 집단주의자들에게 일어날 때 심각할 수 있다. 개인주의자들은 자신의 무의식적 의견을 집단주의자들보다는 변경하기가 쉽다.

개인일수록 특정 행위에 대한 오류를 자신의 내부에 그 원인이 있는 것으로 본다. 개인은 자신의 행동에 강한 책임을 느끼는 경향이 있다는 것이다. 자신의 오류를 타인의 의견에 휩쓸리지 않고 쉽게 수정할 수 있다. 물론 개인들의 신념과 열정이 더 강하다면 반대로 믿음을 굳히는 경우도 있다. 결과 편향으로 특정 정보를 믿음으로 굳히기 전에 오류로 인정하고 바로 잡도록 하는데 자유로운 토론이 중요하다. 적어도 확증편향으로 이어지기 전에는 그렇다.

합리적 행동을 이끄는 자유의 보장이 토론이라면 가짜뉴스의 허위정보가 사람들의 머리 속에 팩트처럼 받아들이기 전에 토론으로 적극 해결하는 것이 그나마 가짜뉴스의 해결책일 수 있다. 시간이 지난 후 가짜뉴스가 확증편향으로 굳어지면 자신의 판단에 대한 오류를 인정하지 않는다는 것은 이제 다 아는 사실이 되었다. 2023년에도 쿠팡은 가짜뉴스에 적극 대응하고 있다. 팬데믹 이후 소셜미디어에 난데없이 프레시백에서 빈대가 나왔다는 가짜뉴스가 등장했다. 쿠팡은 "빈대는 없었다. 강경 대응할 것"이라고 밝혔다.[30]

생각을 사실로 여기는 자유가 있다. 이러한 자유가 뉴스로 만들어지면 가짜뉴스이다. 정보 소비자로서의 자유는 확대될 것이다. 가짜뉴스도 마찬가지이다. 사라지지 않는 가짜뉴스에 쿠팡은 전쟁을 쉼 없이 계속하고 있는 듯하다. 가짜뉴스는 확산 속도가 빨라 되돌아볼 시간을 주지 않는다. 일방적 주장을 앞세운 가짜뉴스를 논박할 자유마저 보장받지 못하면 가짜뉴스가 사실로 둔갑하는 것은 시간문제이다.

쿠팡과 '가짜뉴스'와의 전쟁 사례 - 가짜뉴스로 쿠팡을 향한 왜곡된 주장과 이를 바로잡기 위한 쿠팡의 대응으로서 진실을 주장하는 주요 내용의 일부[31]

왜곡된 주장	진실
고인은 힘들기로 악명 높은 택배 분류 노동을 했다.	고인은 택배 분류와는 무관한 포장지원 업무를 담당. 쿠팡의 분류 업무는 전담 인력 4,400여 명이 따로 맡고 있다.
정규직이 되겠다는 희망으로 압박 속에서 일했다.	고인이 정규직 전환에 관심이 없었다. 지난달에만 20회 이상 상시직 전환을 제안했지만 본인이 모두 거절했다.
불규칙한 휴일과 교대근무로 과로사했다.	본인이 원하는 날, 본인이 원하는 근무 시간대에 일했다.
추석에도 쉬지 못하고 근무했다.	고인이 추석근무를 원했으며, 추석연휴 직전 4일간 쉬었다.

가짜뉴스의 일상화 '사이버렉카'

우리의 일상은 주로 루틴과 프레임워크에 의해 구성된다. 루틴은 반복되는 일상적인 활동들의 집합을 나타내며, 프레임워크는 일상의 상황과 사건을 이해하는데 사용되는 기본적인 개념과 구조를 의미한다. 일상화는 우리가 일상생활에서 경험하는 습속, 관행, 기대 등이 일정한 패턴이나 규칙에 따라 구성되고 이를 통해 예측 가능한 상황을 만들어 내는 과정이다. 고정된 패턴과 규칙으로 만들어진 일상생활의 틀은 우리가 원하는 대로 건설된 것이 아니다. 고정된 패턴과 규칙은 미리 알 수도 없다. 어떤 것은 우리가 태어나기 전에 존재했다. 또 다른 어떤 것은 주변 세계를 이해하고 해석하기 위한 상호과정에서 만들어 간다.

유형화

일상화는 대체로 문화적 맥락에서 발생한다. 특정 사회나 공동체에서 통용되는 가치, 믿음, 규범 등이 일상적 행동에 영향을 미친다. 문화적인 의미체계는 우리가 일상에서 하는 선택이나 의사결정에 영향을 미치는 중요한 역할을 한다. 일상화의 예로 우리가 모르는 사람과 처음 상호작용을 하게 될 때, 잠정적으로 그 사람을 알기 위한 제한된 수의 범주들에 의존한다. 우선 귀여운 사람, 재미있는 사람, 매력 있는 사람 등으로 범주화할 수 있다. 개인들은 모르는 사람뿐 아니라 주변 세계에 대해서도 이를 이해하고 해석하기 위해 특정한 범주를 이용한다. 우리가 사용하는 범주를 오스트리아 사회학자 알프레드 슈츠(A. Schutz)는 '유형화'(typification)라 했다.[32]

유형화는 일상생활에서 다른 사람이나 주변 세계와 상호작용을 가능하게 한다. 사람들은 다양한 상황에서 어떤 사물, 상황, 또는 인물에 대해 일종의 유형이나 모델을 사용하여 이해한다. 유형화는 상황이나 문맥에 따라 달라질 수 있다. 유형화라고 하는 것은 고정된 것이 아니라 변화한다. 처음에 귀엽고 매력적으로 보였던 사람이 나중에 재미있는 사람으로 수정될 수 있다. 우리는 어떤 사람을 알게 되면 처음에 사용했던 유형화에는 덜 의존하게 된다. 우리가 그 사람을 자세히 알게 되었기 때문이다.

유형화는 시간이 지남에 따라 일상화 속에서 전통적이며 관습적인 도구로 제도화된다. 개인이 행동하는 하나의 지침이 만들어진다. 특정한 상황에서 특정한 유형의 행동이나 상호작용이 어떻게 이루어져야 하는가에 대한 지침이나 모범사례를 만들게 된다. 슈츠는 이를 '처방'(recipes)이라 했다. 처방은 어떤 규칙이나 예상에 따라 만들어진 요리책과 같은 것으로 상황을 처리하는 방식이다. 이를 통해 일반적인 상호작용을 예측하고 제도화를 이해할 수 있다.[33] 개인이 주변 세계와 사회적 상호작용을 어떻게 경험하고 해석하는가에 중점을 두는 일상화 이론이다.

우리는 알지 못하는 사람과 상황을 만나는 동안 계속해서 유형화와 처방을 사용한다. 문제는 우리가 전혀 만나본 적이 없는 사람이나 상황에 맞닥뜨리면 새로운 유형화와 처방이 요구된다. 문화적으로 축적된 처방과 유형으로만 그 상황을 처리할 수 없다. 사람들은 문제 상황을 만나면 벗어나려고 애쓰게 된다. 새로운 상황을 다루기 위해 사람들은 일순간 창의적이게 된다. 코로나19 팬데믹 초기에 이를 해결하기 위해 나온 가짜뉴스는 황당하면서도 그야말로 창의적이었다. 코로나19 사태는 기존의 유형화와 처방으로 감당할 수가 없었다. 사람들은 예상할 수 없는 상황을 다루기 위해 새로운 방식을 찾아 제시했다. 물론 실용적인 지식은 아니었다.

영국의 경우 코로나19 바이러스가 5G를 통해 확산된다는 가짜뉴스로 인해 기지국에 방화가 일어났다. 5G 기지국에서 발산되는 전파가 대중의 면역체계를 약화시켜 코로나19 바이러스가 빠르게 확산했다고 주장하며 송전탑에 불을 지른 것이다.[34] 이란에서는 공업용 알코올이 코로나19 바이러스를 소독한다는 가짜뉴스로 인해 두 달 동안 5천11명이 소독용 알코올을 마셔 중독되었다. 이 가운데 525명이 사망하고 95명이 실명했으며 405명이 신장 투석 치료를 받게 된 사례가 있었다.[35]

전세계 곳곳에서 코로나19 바이러스와 관련한 허위정보인 가짜뉴스가 판을 쳤다. '하루에 계란 9개를 먹으면 코로나19를 이겨낼 수 있다', '불꽃놀이는 대기 중 바이러스를 없앤다', '채식주의자는 감염되지 않는다', '코카콜라 또는 5G 네트워크가 바이러스를 확산시킨다'. 한국의 기초과학연구원(IBS) 데이터 사이언스 그룹이 각국의 소셜미디어를 분석해 정리한 코로나19 가짜뉴스들이다. 황당한 가짜뉴스들은 창조적이긴 하지만 현실에 적용할 만큼 다룰 수 있는 내용은 아니었다.[36]

문제는 가짜뉴스를 많이 접할 뿐 아니라 이를 사실로 믿는 경향이 높다는 데 있다. 특히 국민소득이 낮은 나라일수록 코로나19 관련 가짜뉴스를 사실로 믿는 경향이 강한 것으로 나타났다. 일부 개발도상국에서는 33.3%가 가짜뉴스를 신뢰한다는 것이다. 황당한 가짜뉴스를 어떻게 다루어야 하는가? 오히려 이제는 가짜뉴스가 유형화와 처방이 필요한 사회현실이 되었다. 일상생활을 통해 만나게 되는 가짜뉴스는 많아졌다. 가짜뉴스는 인터넷 시대에 마주한 현실로 과학을 앞서고 있다.

가짜뉴스는 스마트폰의 대중화와 미디어 콘텐츠 시장의 성장으로 제작과 유포가 손쉬워졌다. 더구나 콘텐츠 제작 및 공급에 제약이 없고 검열에서 자유로운 인터넷 플랫폼은 1인 미디어의 활약을 왕성하게 하면서 근거 없는 내용을 콘텐츠로 만드는 경우가 흔하게 되었다. 즉 가짜뉴스를 생산하기 쉬운 환경이 된 것이다. 특히 수많은 '사이버렉카'의 활약은 가짜뉴스를 일상화한다.

'사이버렉카'의 활약과 위험

'사이버렉카'란 컴퓨터 통신 혹은 가상현실을 일컫는 '사이버'(cyber)와 사설 견인차를 뜻하는 '렉카'(wrecker)의 합성어이다. 마치 사고가 난 현장에 재빠르게 도착하는 렉카처럼 정치, 사회, 문화, 예술 등 주목될 만한 사건이 터지면 이슈들을 짜깁기하여 1인 플랫폼에 게시하는 활동가들을 칭한다. '사이버렉카'는 남의 불행이나 사고, 실수, 결점, 잘못 등을 인터넷상에 주로 영상의 형태로 올려 공론화해서 이슈화를 노린다. 이들은 조회수, 인지도, 광고 수익 등의 이득을 챙기는 목적이 앞선다. 그렇지 않은 경우는 남의 결점이나 불행을 포장하여 왜곡하려는 의도로 저격글을 유도하거나 언론 플레이를 이끌려는 시도이다.[37]

'사이버렉카'의 활동가들은 연예인, 유투버, 인플루언서의 사진을 띄우고 자신이 조작한 영상 내용의 자극적인 제목을 캡처하여 마치 대중의 여론인 마냥 그대로 노출시킨다. 때로는 일반인을 대상화한 경우도 있다. 한강 대학생 사망 사건의 경우 국민의 알 권리와 표현의 자유를 방패삼아 CCTV를 확보했다는 낚시성 영상을 올리거나 실명이 공개되지 않은 피해자 친구의 개인정보까지 유출하는 선정적인 영상을 올리기도 했다.[38]

'사이버렉카'의 특징으로 먼저 신속성과 연결된 수익구조로 이윤을 창출한다는 점이 있다. '사이버렉카'는 속보성을 강조하여 다른 언론 매체보다 먼저 방송을 업로드하여 대중들의 관심과 클릭 수를 선점한다. 즉, 구독자 수와 조회 수는 곧 경제적 이득이 되어 사건이 터질 때마다 가짜뉴스를 생성해낸다. 또 다른 특징으로 콘텐츠의 내용이 공적인 요소만이 아닌 일반인과 개인의 사적인 부분까지 다룬다는 점이다. 연예인의 열애설부터 유튜버의 과거사나 SNS로 인지도를 얻은 일반인까지 공인이 아니더라도 시청자들의 이목을 끌 수 있다면 물불 가리지 않고 영상을 제작한다.

'사이버렉카'는 한마디로 이슈 유튜버이다. 1인 미디어 플랫폼을 이용해 사회의 다양한 영역에서 논란이 된 이슈들과 관련한 정보를 재구성해서 전달하거나 비판하는 콘텐츠를 제공해 그들만의 이익을 노린다. 어떤 측면에서는 특정 이슈에 대해 논리적으로 새로운 정보를 제공하는 경우도 있지만, 또 다른 측면에서는 사실이 확인되지 않은 논란을 소개하고 재미를 위한 가십거리에 매달리면서 가공된 정보를 앞세우기도 한다. 특히 익명을 사용한 '사이버렉카'의 영상은 악성 댓글의 생산을 유도해 피해를 초래한다.[39]

'사이버렉카'는 단순히 가짜뉴스만 생산하는 것을 넘어 콘텐츠에 지목된 사람들의 외모와 행동에 대한 악플을 생산하고 나이, 성별, 출신지, 직업과 같은 개인 속성에 대해 차별하고 혐오하는 2차 가해를 입힌다. 한 인터넷 방송인 BJ는 페미 용어를 언급했다는 이유로 '사이버렉카'들에게 저격당했고 이로 인해 극심한 마녀사냥과 악플을 받아 사망하는 비극적인 일이 있었다.[40] '사이버렉카'는 일반적인 영상 제작자들과 다르게 익명성을 토대로 얼굴을 드러내지 않은 채 마스크를 착용하거나 음성변조를 한 상태로 등장하는 경우가 대부분이다. 사실만을 전달해야 된다는 의무감이나 책임감을 갖기보다 추측성에 기반한 콘텐츠를 제작한다. 소재가 떨어진 '사이버렉카'들은 서로를 저격하며 이슈를 만들기도 한다.[41]

1인 미디어는 플랫폼 자체의 질적 규제를 받지만 플랫폼마다 상이하고 자율적인 규제로 실상 강한 규제를 받지 않는다. 유튜브의 경우 명예훼손으로 고발하더라도 '논란', '의혹', '추측' 등 간접적인 단어를 사용하여 법망을 교묘하게 피해간다. '사이버렉카'의 일상화된 가짜뉴스에 대처하기엔 슈츠가 말한 유형화와 처방으로 우리의 능력을 보이는 데 한계가 있다. '사이버렉카'를 통해 잘못된 정보와 루머가 전염병처럼 빠르게 전파된다. 이슈에 비켜있는 일반인들조차 한순간 가짜뉴스의 대상이 될 수 있다.

'사이버렉카'의 무분별한 활동에 특정한 이슈가 만들어지면서 가짜뉴스가 일상화되는 것은 다반사이다. 이용자의 입장에서 '사이버렉카'에 대한 거부감보다 재미욕구의 충족에 만족하며 부정확하고 왜곡된 정보를 반기는 측면도 있다. '사이버렉카'가 제공하는 콘텐츠를 이용하는 동기에 관한 연구에서 재미추구가 정보 추구 못지않게 높은 설명력을 보였다.[42] '사이버렉카'에 의해 만들어진 가짜뉴스가 일상화된 현실을 어떻게 희화화하는가가 부각된다.

그러나 '사이버렉카'가 던지는 이슈는 일견 사회적 상호작용을 위한 사회현실의 모습이다. 억측으로 만든 가짜뉴스가 폐해로 다가오면 저항이 있을 수 있다. 가짜뉴스의 일상화에 대비하는 유형화와 처방을 기대하지만 '사이버렉카'로 인해 혼란스러울 때가 있다. 고프만(E. Goffman)에 따르면 개인들은 일상적인 상호작용에서 특정한 규칙과 패턴을 따르며 상호작용을 연습하고 리허설한다고 했다.[43] 일종의 역할이 필요한 상호작용이다.

갑자기 던져지는 이슈에 재미만을 앞세운 콘텐츠에 반응하는 것은 리허설이 필요 없는 즉흥적인 것이다. '사이버렉카'가 만든 허위정보도 문제지만 불쑥 내민 이슈를 그때마다 어떻게 반응해야 할지 그 역할에 대해 고민하지 않을 수 없다. '사이버렉카'가 만든 정보를 가짜뉴스로 인식하면서도 재미만을 추구하면 역할 없는 상호작용에 익숙하게 된다. 역할 없는 상호작용에 익숙하게 된다는 것은 우리 스스로가 예측불가능하게 된다는 의미이다.

거짓 신념이 주는 사회적 힘

사람들은 믿고 싶은 것만 믿는다. 믿고 싶은 것만 믿도록 하는 힘은 자신의 내면에서 나온 것이 아닌(유전적이거나 심리적인 것이 아닌) 외부의 힘에 의한 것일 때가 있다. 외부의 힘은 사회현실의 수준에서 물질적인 부분에서 나오기도 하고 비물질적인 부분에서 나오기도 한다. 물질적인 것은 사회를 구성하는 구조적 요소나 형태학적 요소들(국가, 교회, 건축물 등)이며, 비물질적인 것은 도덕 양심 신념 등과 같은 정신 현상에 대한 규정이다. 정신 현상에 관한 것은 특히 주변 상황에 영향을 받는다.

사회적 압력 실험

주변 상황이 어떻게 영향을 미치는가 하는 실험이 있었다. 솔로몬 애쉬(S. Asch)의 실험이다. 7~9명의 참가자들로 구성된 공모자 실험에서 한 명을 제외한 나머지 참가자들이 공모하여 <그림 5-1>의 왼쪽 선과 같은 길이의 선이 a, b, c 중 a임에도 불구하고 b나 c를 선택하게 하고 마지막 한 명에게 최후에 정답을 선택하게 했다. 눈으로 확인하고 있음에도 불구하고 피실

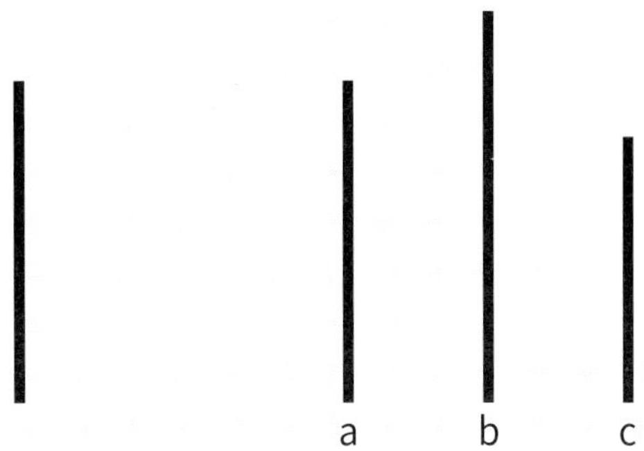

<그림 5-1> 솔로몬 애쉬의 동조 실험에 사용된 기호

험 참가자의 3분의 1 이상이 정답이 아닌 공모자의 답을 택했다.[44] 눈으로 확인하면서도 타인의 행동에 동조하여 자신이 감지한 증거를 거스르는 선택을 한 것이다. 자신의 선택을 공모자의 동조에 맡겼다. 이를 동조편향(conformity bias)이라 한다. 솔로몬 애쉬는 사회적 압력(social pressure)을 보여주려 했다.

동조실험은 인간이 자신의 믿음이 주위 사람들의 믿음과 조화를 이루지 않으면 설령 감각을 통해 직접 경험한 증거라고 하더라도 외면한다는 증명이었다. 우리는 자신이 믿는 진실을 바탕으로 세상을 이해한다. 자신이 믿는 진실은 자신의 신념에 근거한다. 근거 없는 신념이 우리의 행동을 지배할 때가 있다. 거짓 신념이다. 거짓 신념에 근거해 의사결정을 한다면 a가 아닌 b와 c를 택하는 것처럼 예상하는 결과를 얻지 못할 수 있다.

그러나 결과보다는 자신의 믿음을 추종한다. 근거 없는 신념이 완벽한 증거를 물리치게 된다. 틀린 선택을 부추기는 것이다.

케일린 오코너(C. O'Connor)와 제임스 오언 웨더럴(J. O. Weatherall)은 『가짜뉴스의 시대』에서 '당신이 무엇을 믿는가는 당신이 누구와 알고 지내는가에 달려 있다'고 했다.[45] 잘못된 믿음이 어떻게 퍼져나가는가를 본 것이다. 거짓 신념이 퍼지는 것은 주변의 인물이든 상황이든 사회적 맥락과 연결된다. 잘못된 신념이 퍼지는 이유는 개인의 심리보다 사회적 상황에 주목해야 한다. 거짓 신념은 증거가 허위 임에도 자신의 태도나 행동을 지속시킨다. 거짓 신념도 사회적 힘에 영향을 받는다.

사회적 힘은 사회를 움직이는 원리로 사회학의 관심이었다. 사회적 힘을 권력, 지식, 감시 등의 관점에서 복잡하게 개발했지만 쉽게 보면 개인을 강제하는 힘이다. 길거리에 휴지가 떨어져 있을 때 개인에게 줍도록 만드는 힘은 여러 조건에서 나올 수 있다. 강압적 힘이 휴지를 줍도록 만들 수 있고, 보상적 힘이 휴지를 줍게 할 수도 있으며, 도덕적 힘도 휴지를 줍게 할 수 있다. 개인에게 외부적인 힘을 가해 구속을 행사할 수 있는 행위양식은 사회적 힘이다. 이를 뒤르켐은 사회적 사실(social facts)로 보았다.[46]

사회적 힘은 특정한 동기에서 나오는 힘으로 자신의 내부에 존재하며 강압적일 필요가 없는 심리적 차원과는 다른 것이다. 사회적 힘은 외형적인 사회세계로 실체화한 것이다. 그 실체가 무엇인지는 다가오지 않지만 적어도 휴지를 줍도록 만드는 실체가 내면적(유전적)인 것이라면 심리적이고, 외재적이고 강제적인 특정의 힘이라면 사회적이다. 인간이 집단 압력에 영향을 받는다는 것은 내면적 요인보다 외부에 순응하려는 힘을 느끼기 때문이다.

공모자의 편향

개인의 심리적(유전적) 요인이 아닌 사회적 관점에서 외부의 힘에 의한 거짓 신념을 작동시키는 경우는 얼마든지 있다. 코로나19 사태에 이런 경우가 흔하게 일어났다. 코로나19 치료제와 관련한 가짜뉴스로 잘못된 치료방법이나 백신에 대한 불신들이 그렇다. 코로나19 바이러스로 인한 불안감에 처방전 없이 말라리아 약인 클로로퀸을 구입하러 노인들이 약국에 방문했다. 미국 도널드 트럼프 대통령이 '코로나19 예방을 위해 복용했다'고 알려졌지만 세계보건기구(WHO)는 이 약이 코로나19 예방·치료에 효과가 없는 것으로 결론 내렸고 임상에서도 사용하지 않았다.

그러나 이 약을 구매하고자 한 대부분의 사람들은 지인으로부터 받은 카카오톡 메시지를 통해 스스로 건강을 지켜야한다는 신념이 작동했다. 확진자가 늘면 병원가는 것이 불가능해진다는 소문에 약을 미리 구해야 한다는 정보를 노인들이 주변에서 듣고 약국을 방문하기 시작한 것이었다.[47] 이처럼 가짜뉴스는 지인들과의 SNS를 통한 교류로 확산되는 경향이 있다.

주변사람들의 말에 쉽게 동조하면서 사실여부는 제대로 확인해보지 않고 우선 믿으려는 거짓 신념에서 행동으로 옮겨진다. 또한 사람들은 허위정보라는 사실이 전해졌는데도 치료제가 사실인 것처럼 계속해서 댓글을 남기는 공모자의 활약에 따른다. 공모자에 동조한 거짓 신념은 확증편향을 가속화시켰다. 댓글창은 공론장으로의 의미보다 공모자의 편향을 위한 공간이 되었다.

정치영역에서는 더 극화된 모습을 보인다. 신념에 대한 판단은 일단 차치하고 명확한 증거를 눈앞에 보면서도 자신들의 신념에 거스르면 단호히 무시한다. 올바른 증거나 객관적 사실의 확인으로 잘못된 신념을 인정하는 것은 쉽게 일어나지 않는다. 자신의 선택이나 판단을 되돌리지 않는 힘이 작동한다. 정치적 신념이 주는 집단 압력이 개인들의 합리적 판단을 제압한다. 가짜뉴스에 쉽게 동조하는 것도 같은 이유이다.

2017년 트럼프 행정부 때 대통령 취임식에 사상 최대 규모의 청중을 맞았다고 행정부 대변인이 발표했다. 그러나 실제는 그렇지 않았다. 일부 대중 매체에서 참석자 수가 2009년과 2013년 오바마 대통령의 두 차례 취임식에 비해 한참 모자란다고 보도했다. 더구나 트럼프 취임식 다음날 개최된 '여성 행진'(Woman's March)의 대대적 규모도 언급했다. 트럼프의 백악관은 즉각 사실을 부인했다.[48]

이 사건을 착안해 정치학자 브라이언 셰프너(B. Schaffner)와 여론조사원 사만사 럭스(S. Luks)가 연구한 내용이 흥미롭다. 두 학자는 트럼프와 오바마의 취임식 사진을 미국인 성인 약 14,000명에게 제시하고 어느 쪽이 트럼프 사진인지 물었다. 트럼프 지지자들은 군중이 더 많은 사진을 트럼프 취임식이라고 짚었다. 오바마의 취임식 사진을 트럼프 취임식이라고 우기는 것이다. 더구나 트럼프와 오바마의 취임식 사진을 확인하고 난 뒤 증거 사진을 보면서도 잘못된 주장을 하고 있었다. 어느 쪽 사진이 사람이 더 많은가에 대한 질문에서도 확연히 적은 트럼프 쪽 군중의 사진을 많은 것으로 선택했다. 눈으로 보는 사진에서 뚜렷이 군중의 차이를 확인했음에도 불구하고 트럼프 지지자들 가운데 15%나 트럼프 취임식에 군중이 많다는 것을 주장하고 있었다.[49]

수많은 사람들이 확실한 증거로 높은 수준의 기준을 활용하는 대신 자신 혹은 자신이 속한 집단의 직관에 순응하는 방향으로 믿음을 형성한다. 원래 자신이 가지고 있는 생각이나 신념을 확인하는 과정에서 객관적인 사실보다 잘못된 생각이나 판단이라 하더라도 믿고자 하는 거짓 신념을 보이는 비합리성을 보여준다. 트럼프는 이후에도 취임식 사진의 군중에 유난히 집착했다. 취임식 사진을 편집하도록 지시하여 더 많은 군중이 운집한 것으로 보이도록 하는 가짜뉴스의 절대 공모자가 되었다.[50]

비관습적 참여의 왜곡

한국에서도 2019년 일어난 진보세력의 지지를 받은 서초동 집회와 보수세력의 지지를 받은 광화문 집회가 서로 자신들의 위세를 과시하기 위해 가짜뉴스를 동원했다. 서초동에 200만 명이 모였다면 광화문은 300만 명이라며 제각각 집회참여 인원 부풀리기에 가짜사진을 동원했다. 서로가 각자의 집회를 국민을 대표하는 집회라고 우기며 자신들의 신념에 부합하는 주장만을 내세웠다.[51] 보수진영의 한 국회의원은 서초동 집회의 사진이 조작됐다며 뻥튀기 증거 사진이라고 제시했지만 가짜 사진이었다. 2012년 박근혜 새누리당 대선 후보가 신문 광고에 조작해서 올린 사진을 마치 서초동 사진이 조작된 것처럼 올려 이용하려다 들통난 것이다.[52]

가짜 사진이 자신들의 믿음을 지지하도록 만드는 데 도움이 된다면 도덕적 의식도 큰 문제가 되지 않았다. 우선 숫자놀음으로 자신들의 유리한 해석을 위해 사진 조작이라는 가짜뉴스를 동원한다. 이렇게 해서 거짓 신념을 만든다. 허위정보를 믿는 사람들은 거짓 신념을 바탕으로 가짜뉴스를 그대로 받아들인다. 우리가 외부에서 아는 것과 안에서 아는 것은 서로 다르다. 사회적 힘은 순전히 정신적 활동에서 갖는 영향력이다. 자기 진영에서 보게 되면 마음 밖의 관찰과 실험으로부터 얻은 자료는 멀리하게 된다. 얼마나 참여하는가를 가짜뉴스로 몰아치기 전에 누가 참여하는가도 중요하다.

정치 집회의 참여는 관습적 참여와 비관습적 참여가 있다. 관습적 참여는 50대 이상이 적극적이지만 비관습적 참여는 20대가 더 적극적이라는 연구가 있다.[53] 투표행위와 같은 관습적 참여와 달리 비관습적 참여는 시위나 집회 등 정치적 항의의 성격을 포함한다. 동조편향의 사회적 힘이 작동하는 시위는 비관습적 참여에서 더 강하게 나타날 수 있다. 트럼프의 취임식과 같은 관습적 참여에도 가짜뉴스가 동원되는데, 비관습적 참여인 서초동과 광화문의 정치 집회에 가짜뉴스가 동원되었을 거라는 추측은 당연하다.

거짓 신념을 당연시하면서 느끼는 힘으로 동조한다면 도덕이나 책임이 약화될 수 있다. 원래 뒤르켐이 말한 사회적 힘은 도덕률로서 대중적 양심으로 시민의 행동을 감시하고 마음대로 행동하는 것에 대한 통제를 통해 사람들의 행위를 점검하는 것에 목적이 있었다. 정치적 편향에 쏠려 쏟아낸 가짜뉴스를 그대로 믿는 거짓 신념은 도덕률이 담긴 힘이 아닌 동조를 앞세운 그들만의 힘이 되고 있다.

6.

무책임의 사회

책임 있는 행동은 언제나 다양한 동기와 욕망 때문에 고통이 뒤섞여 있다. 책임 있는 절대적 행동은 사회가 요구하는 순수한 목적을 지닌 욕망을 향한 투쟁이다. 이 욕망은 사람들의 고통스러운 도전으로 성취할 수 있다. 또한 이 욕망은 사람들을 고정되고 확실하며 예측 가능한 질서에 대한 꿈으로 이끈다. 순수를 위한 욕망은 윤리적으로 보면 일종의 자기노예화 또는 자유에 대한 두려움이다. 이러한 기반에서 질서를 갈구하는 특별한 윤리를 요구하게 된다. 베버(M. Weber)는 사회 참여를 위한 윤리로 이를 '책임 윤리'라고 불렀다.

'책임윤리'가 작동되는 사회라면 가짜뉴스는 사회에 만연될 수 없다. 베버는 도덕적 목표를 위한 또 다른 윤리를 내세운다. 그건 '신념윤리'이다. '신념윤리'는 내면적 윤리이다. 신념과 책임이라는 두 모순적 도덕은 칸트의 순수이성 비판에서 나오는 이율배반의 한 유형인 '자유'와 '필연'에 대비된다. 자유에 기반한 이념이나 가치와 같은 내면적 신념이 가짜뉴스를 만들고 확대 유포한다. 내면적 신념으로 만들어진 가짜뉴스는 자신의 윤리적 목적을 스스로 만족시키는 수단이다. 책임을 멀리하고 신념만 강조되는 사회라면 가짜뉴스도 거리낌이 없다. 그렇게 되지 않는 책임윤리의 사회를 기대한다.

플랫폼 사회와 가짜뉴스
사회구조와 행위

구글, 페이스북, 인스타그램, 트위터 등은 초국가적 플랫폼이다. 이들은 세상을 바꾸는 힘으로 여겨진다. 인터넷 시대에 인간들의 다양한 행위가 이루어지는 틀이다. 인간행위의 틀은 곧 사회구조이다. 사회학에서 사회구조와 인간행위는 함께 상호 우위를 다투는 중요한 개념이다. 구체적으로 사회구조가 무엇인지 묻게 된다면 선뜻 답할 만큼 친숙한 것은 아니다. 사회구조는 사회질서와 조직을 나타내는 것으로 사회 내의 인간들 간의 관계와 상호작용을 결정하고 구성하는 방식을 의미한다. 일종의 사회적 합의들의 지속된 패턴이나 상호작용 속에서 이루어진다.[1] 예를 들어 가족, 종교, 국가와 같은 것이 사회구조이다. 인간은 이러한 구조에 영향을 받는다.

오래전 마르크스(K. Marx)는 "인간이 역사를 만들지만 인간이 원하는 대로 만든 것은 아니다. 자신들이 선택한 상황에서 역사를 만드는 것이 아니라 그들이 직접적으로 직면하게 되는 주어진 과거로부터 전승된 환경에서 만드는 것이다"라고 했다.[2] 인간 역시 자신들이 행위자임을 표현하는 수단을 통해 지속적으로 자신의 활동 안에서 가능하게 하는 조건들을 만들어 낸다. 사회구조를 다루는 이론들을 검토하면 사회구조는 개별적 행위자의 경험이 아닌 규칙화된 사회적 실천이었다. 구조와 행위를 분리하지 않고 함께 묶어 사회구조와 인간행위의 상호작용을 관행적 실천으로 보는 구조화이론(structuration theory)이란 이름으로 제시하기도 한다.[3] 사회를 역동적인 방식으로 보려는 시도이다.

사회구조인가?

구조화 이론은 사회구조가 인간에게 주는 속박이 있지만, 그렇다고 해서 인간들이 선택할 수 없거나 다르게 행동할 수 없다는 뜻은 아니다. 행위가 상황을 바꿀 수 있는 힘이나 능력을 보일 수 있다. 동시에 구조는 인간들의 활동 안에서 그리고 활동을 통해서만 존재한다. 사회구조는 인지능력이 있는 인간들의 활동에 기억 추적(memory trace)으로 방향을 잡아준다. 인간의 활동과 사회구조는 서로 독립적인 것이 아니라 상호작용하면서 얽혀있다.

구조와 행위 중 어느 것을 우위에 두는가 하는 것보다, 인간의 행위가 반복적으로 수행하는 실천의 매체이면서 결과로 구조를 이해하고자 한다. 사회구조는 지속되는 동안 변할 수 있으며 동시에 개인들의 행위는 구조를 바꿀 수 있다. 사회구조란 이름 속에 개인들의 행위가 일정하게 지속하게 되는 것은 시공간의 제약을 넘는 제도들의 배열과 규칙 때문이다.

온라인의 플랫폼도 사회구조와 같이 틀을 포괄하는 개념이다. 온라인 플랫폼은 인터넷 영역에서 다양한 분야에 적용 가능한 보편적인 개념으로 사용된다. 인간 활동을 위해 공통적으로 사용하는 인터넷의 기본구조, 상품거래나 응용 프로그램을 개발할 수 있는 인프라, 반복 작업의 공간 또는 구조물, 정치 사회문화적 합의나 규칙 등을 이룰 수 있는 환경이다. 더 구체적으로 말하면 디지털 환경에서 서비스를 제공하거나 사용 간의 상호작용을 지원하는 웹기반의 시스템이나 소프트웨어를 의미한다. 이러한 플랫폼들은 다양한 목적으로 사용되며 사용자들이 정보를 교환하고 서비스를 이용하여 상호작용할 수 있도록 도와준다.[4] 네트워킹의 효과를 극대화하기 위한 배열과 규칙으로 작동하는 플랫폼은 인터넷의 사회구조이다.

플랫폼이란 개념은 시대의 변화에 따라 그 뜻이 계속 확장되어 오고 있다. 사람들마다 똑같은 플랫폼 용어를 사용하고 있음에도 불구하고 서로 다른 의미로 이해하는 경우가 있다. 어떤 사람은 컴퓨터의 윈도즈, 안드로이드, iOS와 같은 운영체제나 통신사를 플랫폼이라 하고, 또 다른 사람은 네이버와 다음과 같은 포털사이트나 페이스북과 유튜브 같은 소셜 미디어를 플랫폼이라 하기도 한다.

온라인 플랫폼 유형과 몇 가지 예시를 보면 다음과 같다. ▷소셜미디어 플랫폼->페이스북, 인스타그램, 트위터 ▷동영상 공유 플랫폼->유튜브, 트위치 ▷온라인 쇼핑 플랫폼->아마존, 이베이 ▷커뮤니케이션 및 협업 플랫폼->슬랙, 구글 드라이브 ▷온라인 교육 플랫폼->코세라, Udemy 등이다.

온라인 플랫폼은 사회적으로 구성된다. 사람들의 일상인 일, 소비, 문화를 반영하고 있다.사람들의 일상을 기술이란 환경에 올린 것이 플랫폼이다. 인터넷 기술이 만든 온라인의 플랫폼은 일상을 기술로 연결하여 일어나는 상호작용 속에서 규칙성을 갖는다. 플랫폼의 규칙성은 규제와 제약으로 이루어진 하나의 제도이다. 플랫폼은 일상, 기술, 제도가 상호연관된 사회구성주의적 장치로 이해할 수 있다.[5] 온라인 플랫폼이 사회구조처럼 보이는 이유이다. 플랫폼은 정치적 문화적 지리적 경계를 허무는 전세계적 영역으로 사람들의 상호작용을 가능하게 한다.

이제 사람들의 일상적 삶에서 플랫폼을 떼어놓고 생각하기 어렵게 되었다. 반디크(Van Dijck)는 인류가 과거와 질적으로 다른 플랫폼 사회에 진입했다고 주장한다. 반디크는 플랫폼의 작동 메커니즘을 세 가지로 본다. 첫째, 인간의 행동을 데이터로 기록하는 데이터화(datafication), 둘째, 인간활동,

감정, 아이디어 등을 교환 가능한 상품으로 가공하는 상품화(commodification), 셋째, 다양한 알고리즘으로 이용자의 선택을 돕거나 필터링하는 선택(selection)이다.[6]

자유는 있지만 책임은 없다

플랫폼의 구조에서 작동하는 매커니즘을 보면 각 개인에게 최적화된 맞춤형 추천이 가능한 개인화를 기본으로 한다. 플랫폼 비즈니스도 이런 개인화를 충분히 만족시켜 오래 머물도록 할 때 효용성이 높다. 온라인 플랫폼 사업은 온라인상에 이해관계자들이 모이는 공간을 만드는 사업이다. 플랫폼 이용자의 입장이나 플랫폼 구축하는 사업자의 입장이나 개인화를 적극 강화한 것이 오프라인의 사회구조와의 차이점이다. 오프라인 사회구조 속의 인간행위는 상호작용 과정에서 구속받는 부분이 있다.

플랫폼의 구조에서는 인간행위가 훨씬 자유롭다. 플랫폼의 구조는 제약이 아닌 자유로움을 위한 맞춤 서비스로 개인화를 앞세우기 때문에 다양한 사람들이 플랫폼을 적극 이용한다. 플랫폼은 오프라인의 사회구조와 달리 다양한 사람들이 연결되어 있다. 앱개발자, 콘텐츠 제공자, 검색 유저, 상품 판매자, 광고주 등 여러 사람들이 다양한 상호작용을 하는 곳이다.

플랫폼은 개인들을 제약하지 않는 자유의 보장을 기본으로 한다. 여기에 '중립성'이라는 개념을 전략적으로 활용했다. 구글이나 네이버 같은 디지털 앱은 기술 플랫폼일 뿐, 자체적으로 콘텐츠를 만들어내지 않고 자유로운 거래만 촉진하도록 한다. 결과적으로 플랫폼은 유통내용에 책임지지 않는다는 담론을 형성했다. 자유는 있지만 책임은 지지 않는 면책이 플랫폼의 특권으로 되었다.[7]

플랫폼에서 개인들이 주장하는 콘텐츠의 폭력성이나 외설성 혹은 정치적 왜곡 등을 관리하고 조정하는 것이 과제로 등장한다. 그러나 플랫폼 사회는 개인화를 강조하면서 인간 행위자에게 요구하는 것은 극히 제한적이다. 소셜 미디어 플랫폼의 경우 '구독'과 '좋아요'의 숫자로 가치평가가 이루어지며 대체로 양적으로 동량화된다. 플랫폼에서 접하는 정보를 판단하는 다양한 장치가 없는 것이다.

황당한 가짜뉴스가 플랫폼을 타고 전파되어도 이를 적극 바로 잡는 경우는 드물다. 허위정보를 해명하는 몫은 뉴스에 연결된 당사자의 노력 말고는 방법이 없다. 이마저도 신뢰를 받기 어려운 경우가 대부분이다. 플랫폼의 중립성은 편향적인 콘텐츠를 바로잡는 것이 아니다. 어떤 콘텐츠가 유통되든 관여하지 않고 전달하기만 하며 책임을 지지 않는다는 의미이다. 코로나 19 사태에 일어난 가짜뉴스가 완전히 황당무계한 내용임에도 쉽게 전파된 것은 플랫폼의 구조 때문이었다.

헤어드라이어 해프닝

코로나19 바이러스가 열에 약해 헤어드라이어로 열을 가하면 바이러스를 죽일 수 있다는 '코로나19 예방 수칙'이 온라인 플랫폼에 등장해 큰 화제가 되었다.[8] '춘해보건대 김희진 총장입니다. 저도 가정의학과 전문의인데요. 제가 확실하고 간단한 소독법을 알려드리겠습니다.' 사람들은 코로나19에 걸릴지도 모르는 공포에 우선 정보부터 퍼날랐다. 2020년 2월 24일 페이스북과 트위터를 통해 유포되기 시작한 글이다. 해당 글에는 열에 약한 코로나19 바이러스는 30도만 돼도 활동이 많이 약해지거나 죽는다며 온도가 70~80도까지 올라가는 헤어드라이어를 이용해 열풍을 쐬어주면 옷이나 물품을 효과적으로 살균할 수 있다는 주장이 담겨 있었다.

플랫폼을 통해 전파된 가짜뉴스는 보건대학교 총장이 언급한 내용이라는 점에 공신력을 얻어 급속하게 퍼졌다. 황당한 가짜뉴스에 해당 대학 측은 적극 부인했다. 대학 측 관계자는 갑자기 문의 전화가 폭주해 영문을 몰라했으며 자신들과 무관한 글이라고 밝혔다. 더구나 총장이 가정의학과 전문의라는 사실부터가 틀린 내용으로 소아과를 전공했다고 했다. 대학 홈페이지를 통해 해당 뉴스가 거짓이라는 공식입장문을 게시했다.[9]

헤어드라이어로 코로나19 바이러스를 죽인다는 내용이 설득력 있는 정보로 들리는 것은 플랫폼의 구조에 이를 거스르는 장치가 없기 때문이었다. 방송에서 전문가들이 코로나19 바이러스가 고열에 취약하다는 것은 특별히 검증된 내용이 아니라고 적극 해명했다. 플랫폼은 타고 전파된 가짜뉴스가 한차례 헤프닝으로 끝났다.

플랫폼의 사회는 세상을 연결된 개방의 장으로 만들어 사람들에게 공유하는 힘을 준다. 플랫폼에서는 얕고 넓은 인간 관계가 형성된다. 얕은 관계는 SNS로 관리되면서 확대 가속화된다. 가령 트위터는 자신이 좋다고 생각했던 다른 사용자의 트윗을 재투고하는 리트윗이라는 기능이 있다. 관계를 무한 늘려준다. 그러나 늘어난 관계 속에서 개인의 기호나 욕구에 맞춘 정보만 접하는 경향이 있다. 개인화에 맞추어진 맞춤형 콘텐츠는 오히려 정보의 다양성을 감소시킨다.

플랫폼의 책임이 약화되고 개인 정보취향의 다양성이 감소되면 특정한 정보에 대한 이해는 편협하게 이루어진다. 플랫폼의 구조에서 가짜뉴스가 확산되는 것은 편협한 정보에 매몰된 개인들이 자신들의 일상에 결정적인 영향을 주는 정보에 이끌리기 때문이다. 평소에 생각지 않았던 정보나 생각지 못했던 정보가 가짜뉴스로 만들어져도 특정 상황에 대비하지 못했다면 우선 받아들이게 되는 것이 플랫폼 콘텐츠의 특성이다.

특히 코로나19 사태에 가짜뉴스가 플랫폼에 난무한 것은 자신이 코로나19 확진자가 될지도 모르는 불안한 상황 속에 허위정보를 마구잡이 공유한 때문이다. 늘 연결된 공간구조인 플랫폼은 알 수 없는 정보여도 신뢰는 차치하고 우선 필요한 정보로 받아들여 전파한다. 개인화된 행위의 영역을 특별한 제약 없이 보장하는 플랫폼은 오프라인의 행위와 다른 점이 있다. 개인의 행위에 동기는 있지만 합리화와 성찰로 연결된 행위가 아닐 수 있다. 행위자들이 당연시 여기는 행위를 하도록 하는 의식이 없다는 것이다. 정보의 흐름에 맡기는 즉흥적인 개인 행위가 쉽게 일어나는 곳이 플랫폼이다.

우리는 자신의 취향이나 기호에 맞는 가짜뉴스라면 우선 관심을 보인다. 플랫폼의 구조에서 개인들의 욕구에 맞는 알고리즘으로 화답하면 관심을 보인 가짜뉴스는 반복적으로 노출되어 진짜처럼 여겨진다. 플랫폼 구조가 인간행위를 조정한 것이다. 구조 속에 놓인 인간행위에 주목할 것은 사실 의식과 성찰이다. 이는 단순히 자기 의식적이라는 말이 아니라 플랫폼 속에서의 인간 활동이 구조적 조건을 감시해야 한다는 의미이다. 사회학에서 구조와 행위의 역동적인 모습은 인간의 관행적인 실천과 의식을 강조한 데서 나온다.

플랫폼 사회는 플랫폼이 갖는 중립성의 기반에 개인들의 자유로운 의식과 성찰이 작동되어야 하지만 그렇지 못한 경우가 있다. 플랫폼의 구조속에서 의식과 성찰 없는 개인의 생각만 고집하게 되면 가짜뉴스가 더 활개칠 수 있다. 헤어드라이어로 코로나19 바이러스를 제거한다는 정보를 받아들이는 편협함은 합리적 판단의 성찰이 조금만 있어도 잘못된 것임을 알 수 있다. 개인들이 가짜뉴스에 속지 않기 위해서 필요한 것은 편협함을 벗는 실천으로 사회적 맥락을 계속 들여다보는 성찰이다.

불완전한 증거의 오류
인간 인식의 유한성

자신의 주장을 뒷받침할 만한 증거나 자료가 불완전하여 유리한 것만 선택적으로 제시하는 것이 가짜뉴스를 만들 수 있다. 불완전한 증거가 진실에 이르는 충분한 설명이 되지 못하면 근거 없는 결론을 내리는 상황이 되면서 허위정보가 된다. 사람들은 자신의 주장을 뒷받침하는데 불완전한 증거를 이용하면 부정확하게 해석할 수 있다. 즉 불완전한 증거의 오류이다. 이것은 논리학에서 결론에 영향을 미치는 증거를 부정확하게 해석하는 데 따른 오류를 가리키는 표현으로, 논증의 불충분한 부분에 중점을 두고 있다. 이러한 오류는 대개 다음과 같은 상황에서 일어난다.

- ☐ 부족한 증거 활용 – 논리적인 주장이 결론을 뒷받침하기 위한 증거로 충분하지 않거나 부적절한 경우
- ☐ 편향된 증거 해석 – 증거를 부정확하게 해석하거나 특정한 시각에서만 증거를 고려하는 경우

- □ 일부 사실 무시 – 모든 관련된 사실을 고려하지 않고 일부 사실만을 강조하는 경우
- □ 불완전한 비교 – 서로 다른 상황이나 사례를 비교할 때 중요한 측면을 놓치고 불완전한 비교로 인해 잘못된 결론을 이끄는 경우

이러한 오류는 쉽게 말하면 사람들이 자신에게 맞는 정보만 수용하고 그렇지 않은 정보는 회피하는 데서 기인한다. 이를 막기 위해 편견을 피하고 모든 정보를 조심스럽게 평가하는 것이 핵심이다. 불확실한 가설이 제시되었을 때 사람들은 자신의 믿음을 지지하는 가설이면 수용하고, 그렇지 않은 가설에 대해서는 회피하거나 거부한다. 일종의 확증편향으로 자신의 믿음을 강화하는 행위이다. 부정확한 가설임에도 불구하고 받아들인다는 의미이다. 어떤 문제 상황에 직면했을 때 자신의 논리에서 수용 아니면 거부라는 양자택일을 강요하는 '거짓 딜레마'(false dilemma) 혹은 '거짓 이분법'(false dichotomy)과 같은 것이다.[10]

바이든이냐 vs 날리면이냐

대통령의 말 한마디가 거짓 딜레마의 소용돌이 속에서 국민을 둘로 쪼개버렸다. 2022년 9월 22일 윤석열 대통령이 유엔총회 참석차 미국 뉴욕을 방문해 미국 대통령을 만난 직후 행사

장을 빠져나가며 한 말이 화근이었다. "국회에서 이 xx들이 승인을 안 해주면 OOOO 쪽팔려서 어떡하냐"라고 발언한 장면이 TV 카메라에 포착되었다. 최초 보도한 MBC는 자막을 넣어 방송했다. 자막은 "(미국) 국회에서 이 xx들이 승인을 안 해주면 바이든은 쪽팔려서 어떡하냐"였다.

여러 언론사들이 잇달아 인용 보도했다. 대통령실과 외교부는 윤 대통령이 '바이든'이라고 발언한 적이 없고 '(예산을) 날리면'이라고 했다며 반박했다. 국회도 미국 국회가 아니고 한국의 국회를 지칭한 것이라고 설명했다. '바이든이냐', '날리면이냐' 논란의 상반된 주장은 온 나라를 양분해 버렸다. 불완전한 증거에 한쪽은 거짓말이 될 상황이었다. 소리를 확인하는 게 불가능해진 상황에 상반된 의견이 나온 것은 불완전한 증거를 자신들의 믿음대로 끌어쓰며 엇갈린 주장을 한 때문이다.

자막을 통해 발언을 감각적으로 제어한 뉴스는 '바이든'이라고 했고, 그 반대 측은 주변 음악과 소음이 섞여 실제로 규명하기 어려운 상황에서 입모양을 보아 '날리면'이 분명하다고 반박하였다. 시각정보와 청각정보의 모순이 일어나면서 두 감각의 겨루기처럼 되어버린 뉴스의 판별은 가짜뉴스 여부를 놓고 국민을 헷갈리게 만들었다. '바이든'파는 '날리면'파를 거짓말쟁이라고 손가락질했고, '날리면'파는 '바이든'파를 선동가라고 맞받아쳤다.[11] 가짜뉴스 여부를 놓고 현실이 통제된 환각에 서로 자신들이 맞다고 우기는 꼴이었다. 어쨌든 한 쪽은 가짜뉴스를 만든 입장이고 다른 쪽은 가짜뉴스의 희생으로 국격을 훼손할 판이었다.

불확실한 증거가 자신의 믿음을 강화하는데 이용될 경우, 사후에 허위정보로 드러나면 그만큼 회복하는 사회적 비용은 높아진다. 생각이 완전히 정리되지 않은 민감한 이슈에 대해 사람들은 어떤 태도를 보이는가는 사후 결과에 따라 달라질 수 있다. 사후 확신에 대해 타인을 대신해 의사결정을 하는 사람들이 있다. 의사, 금융가, 야구 코치, 최고경영자, 사회복지사, 외교관, 정치인들이다.[12] 언론사도 사람들의 의견을 대신 정하는 사후 확신의 태도에 영향을 미친다. 이들은 자신이 확신한 내용에 불리한 결과가 나오면 비난을 받는다. 이전에 성공한 결정마저도 신뢰받지 못한다. 그 반대도 있다. 사후 결과에 성공하면 계속된 신뢰를 받는다.

대통령실과 외교부는 윤 대통령이 '바이든'이라고 발언한 적이 없고 '(예산을) 날리면'이라고 주장하며 비속어를 자막으로 보도한 MBC를 상대로 언론중재위원회에 정정 보도 청구를 했지만 받아들여지지 않았다. 외교부는 그해 12월 정정보도 청구 소송을 냈다. 2024년 1월 12일 법원은 1년 2개월 동안의 재판 끝에 외교부의 판정승이라는 결론을 냈다. MBC측은 재판 과정에서 MBC 보도가 허위라는 점을 제대로 입증하지 못했다

는 입장문을 내고 항소의 뜻을 밝혔다.[13]

과거 믿음을 재구성할 수 있는 능력을 잃으면 우리는 결과적으로 과거 사건들 때문에 놀랐던 정도를 과소평가하게 된다. 그렇지만 확증편향으로 자신의 믿음을 부적절하게 강화하는 행위로 이용된 불완전한 증거는 사후 결과에 큰 영향을 받지 않는다. 판결에도 불구하고 여전히 '바이든이냐', '날리면이냐'의 의혹을 해소하지 못하고 있다. 불확실한 가설이나 혹은 불완전한 증거로 만들어진 정보를 자신의 믿음을 강화하는 것으로 받아들이고 그 반대의 경우는 도외시하는 무의식적 인지 과정을 보여주는 예는 얼마든지 있다.

2016년 경북 성주에 사드(고고도 미사일 방어 체계) 배치가 결정된 후 오랫동안 가짜뉴스로 사람들은 자신들의 주장을 고집했다. 전자파가 인체에 미치는 영향을 극대화하고 성주 참외가 피해를 입는다는 불완전한 증거는 가짜뉴스에 적극 이용되었다. 하지만 2023년 6월 기지 정상운영을 위한 마지막 절차인 환경영향평가에서 공개된 전자파 최대치는 휴대전화 기지국의 전자파보다 낮은 수준으로 드러났다.[14]

성주 사드 기지의 전자파 논란은 괴담 수준으로 끝났다. 성주 참외 매출도 2023년 역대 최대로 6000억을 넘어섰다.[15] 사후 결과로 불완전한 증거가 확실하게 밝혀졌음에도 여전히 결과를 부정하는 확증편향은 진실과 무관하게 작용한다. 왜곡된 증거를 철회하지 않고 있다. '사드 전자파는 괴담'이라는 주장과 '주민 100명 중 11명이 암'이라는 상반된 주장으로 서로 반목하고 있다.

자신의 눈으로 세상을 이해

불완전한 증거가 갖는 오류만이 아니라, 완전한 증거에도 오류는 일어난다. 대통령의 확실한 발언도 가짜뉴스로 둔갑한 사건이 일어났다. 시장 방문에서 '상인의 매출을 오르게 힘쓰겠다'고 한 말이 '물가를 오르게 힘쓰겠다'라는 말로 퍼져나갔다.[16] 2024년 1월 25일 경기도의 한 재래시장을 방문한 윤석열 대통령이 가게 상인과 대화를 나누면서 "정부가 매출 오르게 많이 힘껏 하겠습니다"라고 한 말을 JTBC가 유튜브로 보여주면서 '배추 오르게 많이 힘쓰겠습니다'라는 자막을 달았다. 자막 앞부분의 '배추 물가 걱정도 하고' 부분이 연달아 보이면서 '물가 오르게 하겠다'로 확산되었다.

이 장면은 대통령이 물가를 올린다는 가짜뉴스로 뻥튀기되어 온갖 댓글이 쏟아졌다. JTBC는 28일 사과방송을 했다. 영상물에 대한 확인절차를 제대로 하지 못한 것을 인정하고 정확한 발언을 담지 못한 실수를 인정했다. 가짜뉴스라는 완전한 증거를 제시했음에도 불구하고 이에 대한 믿음을 철회하지 못하는 사람들이 있었다. '배추를 매출로 윽박지른 소리'라는 표현으로

가짜뉴스를 두둔하며 동조하는 댓글이 계속되었다.[17]

불완전한 증거이든 혹은 완전한 증거이든 사실 여부는 믿음을 바꾸는 결과에 중요치 않을 수 있다. 확증편향과 연결된 인식으로 가짜뉴스가 자신의 가치에 도움이 되면 그대로 믿고자 하는 것은 더 이상 특이한 현상이 아니다. 특정 이념에 사로 잡히면 진실에 다가간다는 것이 불가능하다. 세상을 바라보는 모든 인식은 자신의 가치와 관계가 있다. 가치와 연관해 세상을 이해하는 것은 가치지향적 관여이다. 세상을 이해하는 무한한 대상에 대해 인간정신은 유한하다는 것이 막스 베버(M. Weber)의 인식론이다.[18] 그 유한한 정신에 가치가 작용한다. 가짜뉴스를 바라보는 사람들의 관점도 마찬가지이다. 똑같은 가짜뉴스를 각자의 가치로 이해한다.

우리를 둘러싸고 있는 현실을 이해하는 방식에서 인간정신의 유한성은 특정한 관점에서 선택할 수밖에 없다. 선택에는 사람들이 관심 있는 부분만을 얻기 위해 노력한다. 어떠한 관점에서도 관심을 얻지 못하는 부분은 제외된다. 그러한 관점의 중심을 베버는 가치(Wert)로 보았다. 베버의 가치관계에 도덕과 정의의 문제를 어떻게 연결해야 할지 고민이 필요하다. 가치중립(Wertfreiheit)이란 말이 그래서 나왔는지도 모른다. 그만큼 가치로부터 자유롭기 어려워서! 가짜뉴스에 대해서도 사람들이 자신들의 관점에서 관심 있는 부분만을 가치로 여긴다. 이를 고집하는 데서 각자의 주장은 엇갈리게 된다. 여기서 각자의 주장을 쉽게 포기하지 않는다.

휴리스틱 시대

사회의 복잡한 현상에 대해 사람들은 각자의 방식으로 판단을 내린다. 판단은 행동의 전 단계이다. 판단을 하게 된 전후 상황은 심리학이나 사회학의 주된 관심이다. 대부분 연구에서 사람의 판단은 철저하고 최적의 전략을 쓴다고 가정하며, 합리주의적 편향을 특징으로 내세운다. 만약에 판단에 오류가 있다면 사람이 의식하지 못하는 데서 생긴 우발적 오류이거나 아니면 판단하는 사람의 비합리적 요구나 동기 때문에 생긴 오류이다.

너무 쉽게 생각해서 끌어들인 연상이나 범례는 오류를 낳을 수 있다. 오류의 결과는 심리적 편향이며 비합리적 판단이다. 심리학에서 말하는 편향은 모든 데이터를 제대로 분석 평가하지 않고 한쪽으로 치우쳐서 사고하는 생각의 오류를 가리킨다. 사회학에서 말하는 비합리적 판단은 과학적 방법을 도외시한 인간의 직관적 감각에 의존한 행위의 오류를 말한다.

통밥

우리는 불확실하고 복잡한 상황에 부딪히는 문제를 가능한

한 빨리 풀기 위해 자신의 직관적 판단에 의존한다. 주먹구구식 셈법을 쓰거나 경험과 상식에 바탕한 단순하고 즉흥적인 추론으로 해석한다. 이는 완벽한 해결책이 없는 상황에서 의사 결정을 돕는 데 도움을 준다. 문제를 해결하는 데 정해진 정식 과정이나 방법을 거치지 않고 자기식대로 해석하고 판단하는 경우이다. 흔히 쓰이는 말로 '통밥'이다.

검색엔진 국어사전에는 '어떤 문제에 있어서 어떠한 과정이나 방법을 거치지 않고 임의대로 찍어 넘기는 것'으로 설명한다. 통밥은 임의대로 찍어넘겨 해석하고 판단한다는 의미이다. 통밥으로 설명하려 드는 사람을 보면 논리적 사고로부터 거리가 먼 존재로 느껴진다. 실제로 인간은 판단과 의사결정 과정에서 감정과 정서에 쉽게 휘둘리는 경우가 많다. 통밥으로 판단하고 결정하는 경우가 일상생활 속에서 일어난다. 인간이 그만큼 비합리적이라는 말이다.

노벨경제학상을 수상한 심리학자 대니얼 카너먼(D. Kahneman)은 인간의 판단과 의사 결정이 갖는 오류를 지적한다. 인간이 합리적인가에 대한 근본적인 의문을 제기하고 있다. 그의 저서 『생각에 관한 생각』(Thinking, Fast and Slow)에서 실제 상황에서 발생할 수 있는 판단과 결정의 함정을 설명한다.[19] 인간은 어려운 문제를 해결하기 위해 경험에 기초한 간단한 규칙이나 방법만을 사용한다. 여기에는 오류가 뒤따른다. 이를 '휴리스틱과 편향'(heuristic and bias)이라 한다.

휴리스틱은 한국어로 '발견법'이다. 휴리스틱은 '찾아내다' '발견하다'라는 뜻의 그리스어에 뿌리를 두고 있다.[20] 합리적인 방법을 동원하지 않고 인간의 직관적 판단으로 발견한 수단을 따른다. 이러한 방법은 인지적 오류를 일으켜 합리적 의사결정을 방해한다. 휴리스틱은 각자의 방식으로 상황을 해석한다. 말하자면 임의대로 찍는 통밥이다.[21] 어려운 문제를 해결하기 위해 사용되는 그들만의 방식에 따른 규칙이다. 상황에 대한 정보가 부족한 경우 간단하게 사용하는 추론방법이다.

휴리스틱에는 여러 종류가 있다.[22]

□ '앵커링 휴리스틱'(anchoring heuristic)은 처음에 제시된 정보나 숫자에 과도하게 의존하여 판단하는 경향을 말한다. 예를 들어, 상품의 가격이 높게 제시되면 이후 제시되는 가격을 그 기준에 맞춰 판단한다.

□ '대표성 휴리스틱'(representativeness heuristic)은 어떤 대상이나 사건이 특정한 범주나 모형에 얼마나 비슷한지에 따라 판단하거나 분류하는 경향을 말한다. 예를 들어, 어떤 사람이 특정 집단에 속한다고 생각하면 그 집단의 특징과 연관된 상황과 비교해서 인물을 추측하거나 판단한다.

□ '가용성 휴리스틱'(availability heuristic)은 기억하

기 쉬운 사례나 정보를 이용하여 판단하거나 추측하는 경향을 말한다. 예를 들어, 뉴스나 영화에서 자주 보는 사건이나 현상에 대해 과대평가하거나 머릿속에 쉽게 떠오르는 대상에 대해 높게 평가하는 경우이다.

□ '감정 휴리스틱'(affective heuristic)은 어떤 대상이나 사건에 감정적으로 반응하면서 판단하는 경우이다. 예를 들어, 좋아하는 사람이나 물건에 대해서는 긍정적인 평가를 하지만, 싫어하는 사람이나 물건에 대해서는 부정적인 평가를 하는 경우이다.

□ '인지 휴리스틱'(recognition heuristic)은 어떤 대상이나 사건을 인지되는 정도에 따라 판단하는 경향을 말한다. 예를 들어, 인지도가 높은 것을 선택하거나 선호하는 경우이다.

과학 지식을 부정하다

휴리스틱은 특정 상황에 맞닥뜨렸을 때 빠르고 간단하게 해결하는 방법을 찾도록 한다. 문제는 논리적이고 과학적이지 않다는 것이다. 소위 '통밥'을 이용한 판단과 해결이 과학적일 수는 없다. 과학을 거부하는 사람들은 각자의 휴리스틱을 갖고 있다. 지구가 평평하다고 믿는 사람들도 그들만의 휴리스틱(발견법)이 있다. '평평한 지구론자'들은 자신들의 휴리스틱으로 지구가 둥글다는 과학적 주장을 거부한다. 이들은 지구가 둥글지 않고, 평평하다고 믿는 사람들이다. 미국 시카고시에서 97Km나 떨어진 미시간 호수 위에서 시카고 스카이라인을 볼 수 있는 것은 지구가 평평하기 때문이라고 주장한다.

리 매킨타이어(L. McIntyre)의 책 『지구가 평평하다고 믿는 사람과 즐겁고 생산적인 대화를 나누는 법』에 나오는 내용이다.[23] 시카고 스카이라인이 멀리서 보이는 것은 특정한 기상 조건에서만 관찰되는 신기루 현상이라는 것을 믿지 않는다. 휴리스틱에 따라 판단하고 결정하면 과학계에서 합의되고 널리 받아들여지는 사실까지 부정하게 된다. 과학부정론이다. 매킨타이어는 과학부정론으로 자신의 방법을 고집하는 사람들의 특징을 다섯 가지로 꼽는다. 유리한 증거만을 골라내기(체리피킹), 음모론에 의지하기, 가짜전문가에 의존하기, 비논리적으로 추론하기, 과학이 달성할 수 없는 불가능한 목표를 정하기 등이다.[24]

자신만의 방법으로 판단하고 과학지식을 부정하면 사람의 목숨까지 위태롭게 된다. 휴리스틱은 코로나19 사태 내내 음모론으로 사람들을 혼돈의 선택에 휘둘리게 했다. 코로나19 바이러스가 미국에 처음 상륙했을 때 잘못된 인식도 마찬가지이다. “그냥 독감일 뿐이다”, “대부분 그냥 회복된다”. 이를 따르는 사람과 그렇지 않은 사람과의 당파적 노선에 따라 마스크 착용 비율도 달랐다. 그 결과 미국은 코로나19 누진 확진자 수가 2천 986명(2021년 3월 기준)으로 세계 1위였다. 누진확진자 수 2위였던 인도의 1천 126명보다 2.5배나 많았다.[25]

언론도 즉흥적인 추론으로 보도하면서 낭패를 본 경우가 있었다. UPI는 독감 백신을 맞으면 코로나19 바이러스 감염 위험을 높일 수 있다는 기사를 단독 작성했다. 2020년 10월 독감 백신의 공포가 확산되고 있는 가운데 독감 백신 공포가 충격을 주었다. UPI뉴스의 내용은 독감 백신 접종을 받을 경우 그렇지 않은 경우보다 비독감 바이러스(non-flu virus)와 기타 박테리아 감염질환에 걸릴 확률이 65%나 높다는 것이다. 또한 비독감 바이러스에는 코로나19 바이러스도 포함되기에 오히려 백신이 코로나19 감염을 부추길 수 있다는 내용을 다루었다.[26]

이 기사는 미국 의사단체인 PIC(Physicians for Informed Consent)의 보고서에 근거했다. 보고서에 따르면 미국질병통제예방센터(CDC)가 독감 백신을 접종받은 사람과 그렇지 않은 사람을 구분해 접종 후 인체 반응 검사를 실시한 결과, 백신 접종을 받은 사람이 14일 이내 비독감 호흡기 감염질환에 걸린 경우가 65%나 더 많았다고 한다. 또한 백신이 독감 감염을 예방한다는 증거가 없기 때문에 알려진 것과 달리 효과보다는 오히려 부작용을 초래할 수 있음을 상기시키고 국가에서 시행하는 독감 백신 접종정책을 재고해야 한다고 주장했다. UPI가 뉴스를 단독으로 내보내면서 사람들의 불안감을 증폭시켰다. 한국에서도 일부 의사들은 백신이 바이러스를 막는 것은 제약회사의 논리이지 정답은 아니라며 백신 접종을 꺼려했다.

그러나 이는 명백하게 가짜뉴스였다. 서울대 언론정보연구소는 가짜뉴스 내용을 팩트체크로 세밀하게 검증했다.[27] UPI뉴스의 기사는 PIC를 인용하고 있다. PIC는 '환자의 선택권을 중요시하는 의사들의 모임'이다. PIC 홈페이지에 따르면 PIC는 과학적 연구와 통계를 근거로 환자의 건강을 증진시키기 위한 단체임을 표방한다. 다양한 연구 결과를 내면서도 유독 백신에 관한 연구에서는 안전성과 효과에 대한 의문을 꾸준히 제기하고 있다.

PIC는 학계에서 권위를 인정받는 단체가 아니다. 실제로 백신 관련 전문가들은 이 단체를 들어본 적이 없으며 환자의 자유로운 선택권을 중요시하는 시민단체의 성격이 짙다고 했다. 또한 주장에 대한 근거 역시 믿을 만한 수준이 아니었다. PIC가 제시한 근거들은 전부 독감백신에 대해 부정적인 논문만을 근거로 가져온 것이며, 임상 데이터로 검증된 근거는 전무하였다. PIC는 그들만의 휴리스틱을 이용해 주장을 펼쳤다. 휴리스틱은 진실을 은폐하는 오류가 있을 수 있다.

평평한 지구론자들처럼 자신들의 주장을 위해 과학적 논거를 부정하는 가짜뉴스는 주변에 많이 있다. 오존으로 기후변화를 초래한다거나, 유전자변형생물체(GMO) 먹거리가 위험하다거나, 담배가 암을 일으킨다는 등의 내용도 부정하는 편에서는 과학적으로 제시하는 논거가 아닌 특정 상황에 따라 다르게 해석하는 휴리스틱으로 접근한다. 사람들은 문제 해결에 반드시 과학적 방법을 동원하지 않는다.

'들어본 적 있음'의 효용성

사람들은 자신의 경험을 토대로 공정하거나 중립적인 것이 아닌 임의대로 유리하고 쉬운 방법을 찾는다. 거기에 따르는 이익이 있기 때문이다. 독일 심리학자 게르트 기거렌처(G. Gigerenzer)는 단순한 휴리스틱이 실제로 복잡한 문제 해결에 효과적일 수 있다고 본다. 아주 간단하게 보이는 의사결정 규칙이라도 환경의 특성을 잘 반영하는 것이라면 충분히 합리적일 수 있다는 것이다.[28]

따라서 우리는 일상적 삶에서 자신들의 판단과 결정에 영향을 주는 자신만의 '통밥', 즉 휴리스틱(발견법)을 갖고 있다. 인터넷에 활약하는 인플루언서나 특정 정보에 달린 댓글이나 후기 등은 사람들이 판단하고 결정하는 데 영향을 주는 휴리스틱이다. 인터넷의 인플루언서, 댓글이나 후기와 같은 것이 틀릴 수 있고 논리적으로 참이 아닌 추론일 수 있다. 오류가 생기면 허위정보이거나 가짜뉴스로의 둔갑은 순식간이다. 오늘날 인플루언서 과잉시대라는 말도 휴리스틱의 작동을 위한 것일 수 있다. 과학적인 방법에의 의존이 아닌 다른 사람들의 의견을 더 고려한다.

여기서 중요한 것은 인플루언서를 통해 '들어본 적 있음'으로 바뀐 인지적 경험은 상황을 익숙하게 만들어 판단과 결정이 훨씬 수월하다. '들어본 적 있음'의 적극적 활용은 자신의 기준에서 합리적인 판단을 위한 것이다. 댓글의 경우도 자신의 신념을 강화하는 내용을 접할 때 판단이나 결정에 힘을 받을 수 있다. 또한 영화와 연극을 볼 때나 특정 상품을 소비할 때도 후기를 읽거나 평점을 확인하는 것은 최소한의 불확실성을 줄여 자신만의 합리성을 찾는 방법이다.

불확실한 상황 속에서 판단이나 결정을 할 때 복잡하게 계산하는 것을 덜어준다. 대략 어림짐작과 같은 지름길을 택하는데 자신만의 휴리스틱이 작동한다. 너무 쉬운 지름길에 오류가 있을 수 있다. 진위를 가리는 인지적 과정을 줄이면서 생기는 오류이다. 가짜뉴스나 허위정보는 여기서 나온다. 판단과 결정을 쉽게 하는 휴리스틱의 편향인 오류를 없애려면 세심한 주의를 기울여야 한다.

가짜전문가와 메타인지

'백신은 신을 믿는 것을 방해하기 위해 과학자들이 만든 것이다'. 정확하지 않은 정보로 제대로 된 지식을 밀어낸 가짜전문가가 던진 말이다. 코로나19 바이러스로 어지럽게 된 상황은 가짜전문가를 더욱 활개 치게 했다. 목사이면서 의사인 스텔라 임마누엘(S. Immanuel) 박사의 황당한 이야기가 2020년 7월 30일 <워싱턴포스트>에 실렸다.[29] 신체에 열을 가하거나 빛을 쬐거나 소독제나 살균제 성분을 주사하면 코로나19를 치료할 수 있다는 주장이었다. 이 내용은 한국에서도 헤어드라이어로 열을 쬐면 코로나19 바이러스를 막는다는 가짜뉴스로 전파되었다.

스텔라 박사는 황당하게도 말라리아 치료제를 사용하면 코로나19를 막을 수 있다고 홍보했다. 치료제의 효능은 안면 보호 마스크를 필요 없게 만들 것이라는 말까지 덧붙였다. 더구나 현재 외계인 DNA가 의학적 치료에 사용되고 있으며, 과학자들이 백신을 만든 이유는 사람들이 신을 믿지 못하게 방해하기 위한 것이라는 엉터리 의학적 내용도 퍼트렸다. 비주류 의사 그룹의 일원인 스텔라 박사의 잘못된 정보를 미국 대통령 트럼프가 소셜미디어에 리트윗했다. 트럼프 대통령은 스텔라 임마누엘 박사를 '매우 인상적이다' '놀랍다'라는 긍정의 신호를 보내며 칭찬했다. 영향력 있는 대통령의 리트윗은 허위정보를 순식간에 전세계에 퍼져나가게 하는 데 일조했다.

타자 지향적 인간

<워싱턴포스트>는 이러한 황당한 뉴스가 가짜전문가를 통해 전파되는 것은 바이럴 마케팅(viral marketing)의 일종이라 보았다. 잠정적인 소비자들 사이에 소문이나 여론을 조장해 관련 정보를 끊임없이 전파되도록 유도한다는 것이다. 소셜미디어를 통해 잘못된 정보를 접하는 경우는 많다. 특정 정보가 100퍼센트 확증되기 전까지 우리는 반신반의하며 수용하게 된다. 어떤 땐 근거 없는 다수의 의견으로 소수 전문가의 의견을 무시한다. 소수의 전문가와 다수의 대중이 충돌하는 일도 늘었다. 다수의 의견을 우선시하는 것은 수적 명분에서 정당화된다. 대통령의 리트윗은 가짜전문가의 영향력을 높였고 다수를 움직였다.

다수의 의견 속에 가짜전문가들이 있다. 다수의 의견을 좇는 기술적 도구는 SNS이다. 트위터, 페이스북, 인스타그램과 같은 SNS는 수많은 정보를 담고 있다. 다른 사람들의 의견을 간파할 수 있는 정보들이다. 카카오톡도 네트워크 효과로 치자면 다

른 사람의 의견을 쉽게 간파하는 강력한 툴이다. 좋은 정보, 나쁜 정보 모두 섞여 있다. 겉보기에 그럴싸해도 불량식품 같은 정보도 널려있다. 대중이 올바른 정보를 갖는다는 보장은 쉽지 않다. 사람들은 SNS의 정보공유만이 아니라 정보검색이라는 행위 자체를 통해 뭔가를 배웠다고 생각하는 착각에 빠진다.

정보검색 전에 많은 사람들은 다른 사람들이 찾은 정보와 평가에 의존한다. 정보의 바다에 빠져 그 자체의 의미를 몰라도 다른 사람이 추종하는 정보라는 이유로 받아들이고 신뢰하려는 의지가 작동한다. 그렇게 함으로써 자신이 스스로 다른 사람과 같거나 더 낫다고 평가한다. 이는 많은 사람들이 추종하는 것을 따라하면서 갖는 우월감이다. 정보사회의 복잡성 때문에 평범한 일반 사람들이 똑똑하고 유능하게 할 수 있는 일들이 사라지고 있지만, 스스로 유능한 판단으로 여기는 방법은 다수의 의견을 좇는 것이다.

다수의 의견을 따르는 것이 사회생활에서 이익을 가져다준다고 판단한 사회학자는 데이비드 리스먼(D. Riesman)이었다. 반세기 훨씬 전에 출간된 그의 저서 『고독한 군중』(The Lonely Crowd)은 타자지향형의 인간을 설명한다.[30] 주변이나 타인의 평가에 의존하여 판단하거나 행동하는 것은 사회적 행동 규범과 일치하려고 하는 것이며 타인들의 인정과 승인을 위해 중요하다고 보았다. 자신의 가치나 정체성을 주변 사람들의 시선에 의존하여 인정받으려 한 인간형에 대한 기술이었다. 타자지향형의 인간 행동은 사회적 관습이나 기대에 따라 지배되며, 주변 사람들과의 관계를 우선순위에 둔다.

다른 사람으로부터 인정받고자 하는 세속적 욕구는 모든 사회와 시대에 발견되지만 타자의 인정을 행동지향의 주요한 원천에 두는 것은 20세기 중반 인간형의 한 단면이었다.[31] 오늘날 SNS에 의존하며 다수의 의견을 따르는 사람들의 모습은 리스먼이 본 타자지향형의 인간과는 다르다. 타자지향에서 보인 다른 사람들로부터 좋은 평판을 얻으려는 감정에 기반한 동조주의적 관심과는 차이가 있다. 어떤 문제를 해결할 때 자신의 행동이 효과적인지를 판단하는 과정에서 다수의 의견을 추종하지만, 중요한 것은 자신에 대한 자신의 생각이다. 일반적으로 자신의 행동을 한 차원 높은 시각에서 관찰하고 판단하는 일종의 '메타인지'(meta-recognition)를 보인다.

'나도 너만큼 안다'

메타인지는 다른 사람들의 의식에 대한 의식으로 고차원으로 생각하는 기술이다. 메타인지라는 용어는 말 그대로 '인지 이상의 것'을 의미한다. 인지에 대한 인지를 가리킨다. 보다 비격식적으로 말하자면 생각에 대해 생각하는 것이다.[32] 한마디로 자신의 행동이나 판단에서 실수하지 않으려는 과정이다.

우리는 인터넷 속의 수많은 정보에 허우적거리며 그 자료들을 제대로 확인하지 못하는 경우가 많다. 소셜미디어를 통해 접하는 정보에는 객관적이고 구체적인 데이터와 구분되지 않는 내용들이 넘쳐난다. 알 수 없는 상황에서 접하는 정보를 자신이 판단하게 될 때, 스스로 엉터리 정보에 현혹되지 않고 있다는 주문이 필요하다. 메타인지는 자신이 하는 일이 엉터리가 아님을 확인하는 능력이다. 스스로 객관화해서 보고자 하는 자신만의 테크닉이다. 이때 전문가의 의견보다는 다수의 의견을 좇는 것이 유리할 수 있다. 바로 인터넷에서의 메타인지이다.

웹사이트에서 시간을 보내며 스쳐지나가는 경우 '스쳐 지나봄'을 실제의 지식으로 여기며 스스로 확신할 때가 있다. 여기서 최상의 증거로 무장한 전문가의 의견과 충돌한다. 사람들은 메타인지를 통해 자신의 견해에 강한 자신감을 갖는다. 그렇게 하지 말아야 할 순간에도 우기는 이유는 메타인지 때문이다. 잘 알지도 못하면서 전문가를 눌러버리는 강적들이 있다. 톰 니컬스(T. Nicholos)는 그의 저서 『전문가와 강적들』(The Death of Expertise)에서 사실적이고 경험적인 이슈의 논쟁거리 속에서 극단화한 문제적 상황을 보여 준다.[33] 멍청한 인간들이 전문가를 이기는 당파적 다툼을 지적했다.

우리 모두는 믿고 싶어 하는 것을 믿는다. 본능적으로 믿고 싶은 사실에 꼭 들어맞는 증거를 찾으려는 경향이 있다. 그러한 증거는 마음만 먹으면 인터넷에 널려있다. 자신이 원하는 결론에 이를 때까지 웹을 이리저리 검색하는 사람들은 계속 마우스를 누른다. 굳이 그렇게 나서는 이유는 자신이 똑똑한 인물임을 증명하기 위해서다. 인터넷의 정보는 실제 우리 자신보다 더 똑똑한 척하게 만든다. 똑똑한 척하는 강적들이 전문가를 압도한다.

니컬스는 "검색엔진과 함께 아침나절을 보냈다는 이유로 10년은 걸려야 쌓을 수 있을 만한 지식을 습득했다고 믿고 있는 사람들을 계몽시킬 방법은 없다"고 했다.[34] '나도 너만큼 안다'는 믿음이 전문가를 거부한다. 인터넷은 정보를 폭증시켰다. 소셜미디어는 이러한 정보를 무한 전파한다. 정보의 폭증으로 전문가의 의견은 많은 사람들에게 노출되었다. 동시에 그것을 거부하는 반대의견으로 무장한 사람도 많아졌다.

몇 번의 클릭으로 '나도 너만큼 알고 있다'는 착각을 만든다. 속칭 '아무나 전문가'가 많이 등장한다. 이들은 잘못된 결론에 도달하고 어리석은 선택을 유도할 뿐만 아니라 자신이 무능하다는 사실 자체도 깨닫지 못한다. 인터넷에는 사실 전혀 똑똑하지 않는데도 스스로 똑똑하다고 생각하는 사람들이 존재한다. 일명 '더닝-크루거 효과'(Dunning-Kruger effect)이다. 더닝-크루거 효과는 코넬대학교의 데이비드 더닝(D. Dunning)과 저스틴 크루거(J. Kruger)가 1999년 제안한 것으로 능력 없는 사람이 잘못된 판단을 내려 잘못된 결론에 도달하지만, 능력이 없기

때문에 자신의 실수를 알아차리지 못하는 현상을 말한다.[35]

자기효능감을 높이다.

능력 없는 사람은 환영적 우월감으로 자신의 실력을 실제보다 높게 평가한다는 것이다. '무식한 사람이 용감하다'는 말처럼 모르면서 아는 척하는 인터넷 전문가들의 위험을 '더닝-크루거 효과'에서 보여준다. 더닝과 크루거는 별로 아는 게 없는 사람들이 전문가와 이야기를 나누면서 자신의 능력 밖의 주제를 과감하게 떠들고 있다는 것을 모르고 있다는 사실을 밝혔다. 코넬대학에서 행했던 연구에서 사람들은 자신이 이야기하고 있는 것에 대해 전혀 모를 때에도 여전히 이야기를 멈추지 않는다는 것을 증명했다. 인터넷에도 이런 경우는 많다. 더구나 확실치 않은 내용을 아무거나 갖다 붙여서 그 공백을 메우려는 사람들이 널려있다.[36]

인터넷에는 자신이 잘 알지도 못하는 주제를 근거 없는 자신감으로 똘똘 뭉쳐 술술 읊어대는 가짜전문가들이 실제로 존재한다. 여기에 동조하는 사람도 인터넷에서 쉽게 찾을 수 있다. 스마트폰의 SNS로 지식인에 대한 의존 없이 자신의 지식인 양 정보를 나눈다. 사람들이 자신의 신념과 일치한다는 이유로 가짜전문가들의 생각을 받아들이면 가짜전문가에 동조하는 무리는 커지면서 수적 우위를 갖는다. 특별한 지식이 없는 사람들의 느슨한 추종이 자신의 신념 때문에 진짜전문가의 지식을 물리친다. 정보의 진위 여부와 상관없이 그러한 정보를 받아들이는 것이 스스로 자기 효능감을 높여주는 유능한 판단으로 여긴다.

지식에 대한 이해력이 곤두박질치고 의도적 무지가 뚜렷이 보이는데도 가짜전문가들은 줄어들지 않고 있다. 자신이 누구보다 똑똑하다고 증명하는 가운데 자신이 옳다는 가짜전문가의 주장은 더 이상 가짜가 아니다. 별종에 가까운 사람도 인터넷에서 별종이 아닌 것으로 변하였다. 가짜전문가가 내세우는 허위 정보도 의존하는 무리가 있기 때문에 굴러간다. 신념과 일치하는 추종자를 인터넷에서 기다린다. 백신 개발에 외계인이 등장하고, 백신 개발이 신을 믿는 것을 방해하기 위한 공작임을 주장하는 가짜전문가는 자신의 말을 높게 평가해주길 기다리고 있었다. 트럼프는 여기에 걸려들었다. 트럼프의 메타인지였다.

역사 속에 배어 있는 가짜뉴스

가짜뉴스가 인터넷 SNS의 발달로 새롭게 나타난 현상은 아니다. 역사적으로 인간사의 주변에 늘 있던 것으로 예는 얼마든지 있다. 역사적 현상의 원인과 결과를 통해 분석할 수 있는 개념이 있다면 그건 사회학이 할 일이다. 개별적이고 구체적인 사건에서 특징적인 관점을 가지고 보려는 사회학은 역사 속 사건을 이용하여 일반화된 틀(generalized uniformities)을 분명히 제시하고자 한다.[37] 꼭 역사학이나 사회학이란 말을 붙이지 않더라도 대부분의 사람들은 역사의 경험을 유형화하여 일반적인 조건들을 탐색하려는 반응을 보인다. 역사의 일반화를 모색하려는 시도이다.

인간의 삶에 거짓 정보는 늘 존재했다. 가짜뉴스는 완전히 새롭게 나타난 현상이 아니다. 가짜뉴스가 인터넷과 SNS만의 극성맞은 현상처럼 보이지만 실제로 역사 속에 찾아보면 다양한 모습으로 사람들을 현혹시켰다. 가짜뉴스는 오래전부터 사람들 주변을 맴돌면서 역사를 바꾸는 데 일조했다. 어쩌면 지금보다 영향이 훨씬 세게 미쳤던 듯하다. 가짜뉴스를 가짜라고 확인할 수 있는 메커니즘이 부재했기 때문이다. 역사 속에 드러난 가짜뉴스가 인간 삶의 복잡한 본질을 공정하게 보여주는 일반적 현상인지를 고민하게 된다.

서동과 옥타비아누스

한국 사회에 가장 흔하게 인용되는 가짜뉴스의 역사적 사건은 '서동요'이다. 신라 진평왕 때(599년 이전)의 이야기이다. '서동요'는 백제 30대 왕, 무왕의 설화로 무왕이 어렸을 때 신라 진평왕의 셋째 딸인 선화공주를 꼬드기기 위해 만든 노래이다. 문학적으로 향가의 시초가 된 작품이다. 노래 형식의 줄거리는 신라의 선화공주가 백제 사람인 서동의 방을 밤마다 남몰래 찾아간다는 내용이다.

무왕은 어렸을 때 마를 캐서 시장에 팔았기 때문에 맛동(서동)이라는 이름으로 불렸다. 신라 진평왕의 셋째 딸인 선화공주가 미인이란 소문을 듣고 신라에 가서 아이들에게 마를 나누어주며 불순한 노래를 부르게 하여 허위정보를 퍼트렸다. 장안에 떠도는 소위 가짜뉴스에 휘둘린 진평왕이 선화공주를 궁궐에서 쫓아내고 서동은 선화공주와 함께 백제로 돌아가서 왕이 된다는 설화이다. 서동요는 삼국유사에 실린 민간설화가 향가로 승격된 것으로 정확한 실상을 알 수 없는 내용이다.[38]

로마사에도 가짜뉴스가 역사의 한 장면을 장식한다. 고대

로마의 정치가인 카이사르가 로마 공화정을 이끌며 민중의 지지를 얻고 각종 개혁을 추진했다. 카이사르가 원로원 회의에 참석하다 암살당하자 양자였던 옥타비아누스와 안토니우스는 후계자 자리를 놓고 싸우게 되었다. 대부분 안토니우스가 카이사르의 후계자가 될 것으로 생각했다. 옥타비아누스는 자신의 불리함을 만회하기 위해 허위정보를 이용한다. 옥타비아누스는 안토니우스와 이집트의 여왕인 클레오파트라와의 로맨스를 정치 스캔들로 비화시켜 로마 전역에 퍼트렸다.[39]

가짜뉴스는 안토니우스가 클레오파트라에게 빠져 로마를 배신할 것이라는 내용이었다. 반대로 옥타비아누스는 이집트를 선택한 배신자 안토니우스와 달리 자신을 로마의 정통성을 수호할 인물로 묘사했다. 가짜뉴스로 지지기반을 잃은 안토니우스는 기원전 31년 옥타비아누스와의 악티움 해전에서 패배하여 이집트로 도망치고 말았다. 옥타비아누스는 로마 황제가 되었다. 고대 로마 역사의 시작에 가짜뉴스가 힘을 발휘했다.[40]

인간의 새로운 국면 전환의 호기심으로 일어난 가짜뉴스는 역사적 모멘텀에 영향을 준다. 가짜뉴스에 몰린 호기심은 대체로 드라마틱한 내용이다. 뭔가 새롭고 자극적인 내용이 눈길을 끌 때 가짜뉴스는 더 효과가 있다. 숨어 있는 인간의 호기심을 자극할 만한 사안이 가짜뉴스로 가공되면 사람들의 상상력과 섞여 진짜처럼 만들어진다. 역사적인 사건에 동원된 가짜뉴스는 그럴듯한 허위정보와 적당한 사실이 섞여 사람들은 믿게 된다. 일제 합병에 반대를 위한 헤이그 밀사 이준의 할복 자살이 가짜뉴스라는 기사가 등장한 것처럼 말이다.

사실과 해악성

1907년 네덜란드 헤이그 만국평화회의에 세 명의 밀사인 이준, 이상설, 이위종은 한국의 을사늑약(1905년)이 일본의 강압으로 이루어진 불평등 조약임을 폭로하고자 갔다. 헤이그 특사인 이들이 뜻을 이루지 못하자 이준 열사가 할복자살을 했다는 것은 널리 알려져 왔다. 그런데 할복자살이 대한매일신보의 가짜뉴스였다는 것이다. 역사적 죽음에 대해 미화된 뉴스가 민족 긍지를 위해 조작되었다는 주장이다. '할복자살'과 '분사'로 대립하던 이준 열사의 죽음에 국사편찬위는 '순국'으로 타협을 봤다.[41] 할복자살은 드라마틱한 사건으로 사람들을 자극하기에 충분했다.

적당한 사실에 드라마틱한 허위정보가 섞임으로써 사람들에게 분명한 인상을 남긴다. 지금까지 알던 내용과 차이가 있어 가짜뉴스의 범위를 어디까지 봐야 할지 논란이 될 수 있다. 역사학자의 입장에서 팩트를 확인하고 바로잡는 것은 중요하다. 동시에 사실 왜곡에 어느 정도 해악성과 위험성이 있는지 판단하는 것도 필요하다. 사람들은 이러한 가짜뉴스에 크게 동요하지 않는 듯하다. 민족의 긍지라는 국가적 사건을 미화한 것에 해악성과 위험의 수준을 가늠하지 않기 때문이다. 정당한 이유가 있다면 허위 사실을 일부 담고 있는 언론 보도에 법적 책임을 묻지 않는 대법원의 판결에는 시사하는 바가 있다.[42]

하지만 역사 속의 가짜뉴스가 진영논리의 프레임에 갇히면 달라진다. 다큐멘터리 영화로 돌풍을 일으킨 <건국전쟁>(2024년 2월 개봉)이 역사적 사건에 대해 극명하게 대립된 해석을 내놓았다. 대한민국 초대 대통령 이승만을 둘러싼 다큐멘터리 영화 속에 가짜뉴스로 만들어진 사건을 들추면서 이승만에 대한 재평가가 일어났다. 보수와 진보라는 진영의 갈림에 역사적 사건을 다른 해석으로 차이나게 보는 것은 양극단이 자신들에게 미칠 정치적 정당성의 해악을 차단하기 위함이다.

역사 속의 가짜뉴스는 의도를 담고 있다. 그래서 새로운 증거가 의도와 상반되면 언급조차 하지 않고 감추어 버린다. 이념에 사로잡힌 가짜뉴스가 있다면 팩트체크를 통해 진위 구분을 시도하는 것은 당연하다. 더구나 진영논리에 갇힌 가짜뉴스는 균형 잡힌 시각으로 볼 수 있는 증거로 접근해야 한다. "역사는 고정된 것이 아니라 새로운 증거 자료가 발굴되면 뒤집혀야 되는 것이다"라는 김덕영 감독의 인터뷰가 주목을 끈다.[43] 거짓 이데올로기로 꾸며진 가짜뉴스에 대해 역사적 관점에서의 공정성 회복을 드러낸 말이다.

균형된 시각으로 세상을 바라보는 것은 상황이 달라지면 변할 수 있는 여유가 보장될 때 가능하다. 우리사회가 거짓말을 만들고 고착화시키는 역사에 매몰되어 있다면 위험하다. 역사에서 가짜뉴스가 특정 진영에 유리하도록 작용하는 것은 사실에 대한 접근에 앞서 이념에 사로잡힌 경직된 관점으로 바라보기 때문이다. 이는 정치적 여론의 향방을 인위적으로 이끄는 프로파간다가 되면서 가짜뉴스의 무기화(weaponizing)로 요약된다.

가짜뉴스의 무기화

가짜뉴스의 무기화는 특정 상황을 각자 원하는 대로 해석하는 데서 만들어진다. 1525년 독일의 농민전쟁은 종교개혁에 대한 해석의 차이에서 일어났다. 개신교 개혁운동에 대한 마틴 루터의 논리는 농민들에게는 가짜뉴스의 함정이 되었다. 그 결과 농민들은 전쟁을 일으키게 된다. 루터는 1517년 95조 문서를 공개하고 개신교 개혁 운동을 시작하여 종교 분위기를 변화시켰다. 교황청의 면죄부 매매행위를 비판하며 성경에 기반해 믿음을 가진 기독교인이라면 교황과 평민, 농부 사이에 차이가 없다는 것이 큰 테마였다. 농민들의 열광적 지지를 얻는 것은 당연했다.

그러나 세부적인 내용에 있어 여러 종교 커뮤니티는 제각각 자신들에게 유리하게 해석했다. 독일 중남부를 휩쓸었던 농민전쟁의 참여자들은 '성경은 우리가 자유인이라는 것을 증명한다'고 주장했다. 루터는 기독교를 믿는 한 모두가 성직자나 다름없다고 말했을 뿐 농민해방을 정당화한 적은 없다며 성경을 자의적으로 해석한 농민을 맹렬히 비난했다. 루터의 말은 종교개혁이 '교황의 대중적 착취에 반대한다'는 것뿐이었다.[44]

루터의 신학을 각자의 방식으로 해석한 농민들은 상황에 맞춰 자신들의 생각을 강화했다. 믿고 싶은 방향으로 정보를 왜곡해서 일어난 대규모 농민전쟁은 30만 명이 참여해 1년 만에 10만여 명의 학살로 진압되었다. 같은 상황을 다르게 해석하면 그 상황에 대한 해석이 한편에서는 가짜뉴스로 전락한다. 농민들은 자신들 삶의 경험으로 만들어진 필터로 종교개혁을 해석했다.

루터가 이를 막기 위해 많은 사람들이 이해할 수 있도록 각주를 붙이고 보충자료를 첨부했지만 농민들은 스스로 유리한 관점에서 농민해방을 정당화하며 전쟁을 일으켰다. 농민전쟁은 자기들만의 해석으로 만든 가짜뉴스의 함정에 빠져 일어난 사건이다. 루터는 농민전쟁에 대한 책임이 있다. 프로파간다로 된 루터의 메시지는 농민들에겐 가짜뉴스가 된 것이다. 루터가 설득하려는 메시지는 결과적으로 농민에게 성공적이지 않았으며, 적어도 농민들의 기대와 일치하지 않았다.[45]

어떤 메시지가 역사적으로 가짜뉴스가 되는 것은 전체 그림에 맞지 않은 퍼즐 모양을 두고 제각각 자신들의 해석에서 맞추려 하기 때문이다. 역사적 사건도 마찬가지이다. 진영에 따른 역사의 판단은 달라질 수 있다. 그럼에도 불구하고 역사학자는 퍼즐을 맞추듯 팩트를 발굴해야하는 의무가 있으며 사회학자는 이를 일반화하는 서비스로 전체 퍼즐을 완수하는 임무를 다해야 한다. 가짜뉴스를 만들고 이를 고착하는 것은 유연한 사회가 아니다.

역사에서 특정 이념에 사로잡힌 사실에 집착하면 곧 가짜뉴스가 된다. 역사적 사건에 대한 해석은 다양하다. 이를 인정하지 않을 때, 즉 다른 해석을 불가능하게 하면 가짜뉴스를 낳게 된다. 가짜뉴스는 사실의 왜곡도 있지만 고정된 시각으로 한쪽 면만 고집하는 데서 오는 경직성에서 나타날 수 있다. 역사 편향도 가짜뉴스를 만든다. 사실의 왜곡은 사실에 대해 차이나는 다른 해석으로 정정 가능해야 한다.

7.

자기 확증의 시대

불확실성의 시대에 끊임없는 제기되는 불안에 사람들은 광범위한 열망을 배출한다. 그 열망이란 것은 모호하고 산만하게 분산된 불안정함에 대한 의식으로, 과연 확실하게 알려주는 힘이 무엇인가에 대한 갈구이다. 보이지 않는 것도 꿰뚫어 볼 수 있게 하고 신뢰할 수 없게 감추어져 있는 것도 아주 가까이에서 맞설 수 있게 하는 확신을 주는 힘이라면 충분히 받아들일 수 있다. 그 힘은 많은 사람들이 꿈꾸지만 어떤 의미에서 '초인'(superhuman)이어야 가능하다.

초인적인 힘을 옛날에는 아주 흔하게 신으로 여기는 사람에게서 찾을 수 있었다. 그러나 우리 시대에 더 이상 그런 힘을 타인으로부터 애원하지 않는다. 인터넷의 수많은 정보 속에는 자신의 열망을 충족시키는 콘텐츠가 널려있기 때문이다. 입맛에 맞는 정보로 자신의 확신을 강화시킨다. 보이지 않는 것을 굳이 꿰뚫어 보려 하지 않는다. 자신이 보고 싶은 것만 보면 되기 때문이다.

딥페이크와 인상관리

사람들은 일상생활에서 다른 사람과의 관계를 원만하게 또는 긍정적으로 유지하기 위해 자신의 인상을 조절하고 관리하는 방법을 가지고 있다. 사회학자 어빙 고프만(E. Goffman)은 일상적인 상호작용에서 자신의 역할, 신분, 정체성을 보여주는 다양한 전략과 기술을 사용한다고 했다. 그가 개발한 이론이 '인상관리'(impression management)이다.[1] 인상관리는 자신의 이미지나 인상을 다른 사람들에게 어떻게 보여줄지를 조절하는 것이다.

일반적으로 사람들은 마치 무대의 연극인처럼 고정되고 일반화된 방식으로 자신을 드러낸다. 자신이 의도한 행위도 있지만, 의도하지 않은 몸짓, 부적절한 참견, 예의 없는 실수 등 예기치 않은 행위에 대한 대처도 포함한다. 사람들이 연극무대의 연극인처럼 하는 목적은 자신의 원하는 바대로 다른 사람들이 자신을 정의해주기를 기대하는 데 있다. 연기를 보는 관객의 입장인 다른 사람들은 연기자의 인상관리를 통해 상황을 정의하고 그 틀에 맞춰 이해한다.

고프만은 인상관리의 전략을 제시한다. 먼저 '인상관리 전면'(expressive control)이다. 자신의 감정, 표현, 언어, 몸짓 등을 조절하여 원하는 인상을 전달하는 것이다. 인간들이 무대장치의 틀에서 연기할 때 무대 전면(front stage)에서 연기하듯 일정한 역할인 고정된 캐릭터를 보여준다. 여기에는 연기자가 관객에게 비추어지는 외관(appearance)과 드러내는 양식으로서의 매너(manner)가 있다.

과도한 이미지 기술

또 다른 전략은 '인상관리 후면'(backstage control)이다. 공개적으로 보이지 않는 곳에서 자신의 인상을 준비하고 관리하는 것이다. 개인이 다른 사람들에게 보여주지 않는 개인적인 모습이나 준비과정을 포함한다. 무대 후면(back stage)에서 일어나는 일이다. 연기자가 자신들의 관객과의 접촉을 제한함으로써 관객들이 신비화(mystification)하는 전략도 포함한다. 신비화 속에 연기자의 세속적인 것이 감추어진다. 연기자인 사람들은 관객 중 어느 누구도 무대 뒤에 나타날 수 없음을 기대한다.[2]

인상관리에는 긴장이 있다. 자신이 자발적으로 하는 것과 다른 사람들이 이렇게 해주었으면 하는 것 사이의 긴장이다. 우리는 대부분 무엇인가를 하도록 하는 기대에 대한 요구가 있다. 기대에 부응하기 위해 옷차림, 언어, 몸짓, 표정, 사회적 위치

등과 같은 다양한 수단을 이용한다. 이러한 긴장을 이겨내는 것이 안정된 자신의 모습이다. 안정된 자아를 만들려고 의도적으로 인상을 조절한다. 일상적인 상황에서 자연스럽게 타인의 인식을 조절하는 것이다. 웃음이나 친절한 말투, 관심 표시 등으로 타인과의 상호작용을 원활하게 하는 수단을 개발한다. 이러한 수단의 개발은 자신을 보다 긍정적으로 보이려는 내재적 욕구의 반영이다.

문제는 사회적 성공을 이끄는 인상관리를 위해 과도한 이미지가 등장하는 부작용이다. 기술이 과도한 이미지를 만드는데 개입된다. 스마트폰 어플의 다양한 기능을 이용한 사진술의 조작은 사람들의 이미지를 변화시킨다. 이미지의 조작은 상대에게는 거짓된 정보이다. 한국소비자원이 실시한 소셜데이팅 서비스의 이용자 설문조사에서 불만 사항으로 허위정보 입력을 들고 있는데 그 중에 외모가 가장 높은 비율을 보였다.[3] 모델의 외모를 평가하는 오디션에는 응시자 외모를 보정하는 게 많아 즉석사진(폴라로이드)으로만 가능하도록 하는 경우도 있다.

이미지 조작 기술은 스마트폰의 어플이나 포토샵의 수정 정도를 훨씬 뛰어넘는 수준으로 발전했다. 인공지능을 활용한 인간 이미지 합성 기술인 딥페이크(deepfake)가 등장했다. 딥페이크는 딥러닝과 인공지능 기술을 이용하여 인간 얼굴을 합성한 동영상, 사진, 음성 등을 생성하는 기술이다. 이러한 기술은 딥러닝 알고리즘을 통해 원하는 인물의 얼굴을 다른 사람의 몸에 합성하거나, 원하는 말을 하는 것처럼 동영상 이미지를 만들 수 있다. 이전에는 전문가 수준의 기술과 비용이 필요했지만, 최근에는 오픈소스 소프트웨어 및 머신러닝 도구의 발전으로 누구나 쉽게 접근가능하다.

1분 만에 얼굴 변환

딥페이크는 다양한 분야에 사용되고 있다. 과거 인물의 사진이나 영상을 합성해서 영화나 역사적 기록물에 이용되기도 하지만, 유명인의 영상을 허위로 만들어 유포하면서 이미지 조작에 쓰이기도 한다. 딥페이크는 사생활 침해, 위조, 협박, 사이버사기 등의 범죄 용도로 활용할 우려가 커졌다. 인상관리를 위한 이미지 조작은 자신의 이미지를 긍정적으로 보이기 위한 것이었지만, 딥페이크의 기술은 타인의 이미지를 훼손하는 데 악용된다. 가짜 이미지로 타인의 인상관리를 조절하여 거짓된 정보로 사람들을 현혹시키고 있다.

2024년 1월 말 세계적인 팝스타 테일러 스위프트의 이미지를 악의적으로 합성한 '음란 딥페이크'가 온라인상에 확산되어 팬들의 공분을 일으켰다. 스위프트는 2023년 <타임>지가 선정한 올해의 인물로 인기 열풍이 세계를 휩쓸며 '스위프트포지엄'이라는 학술대회까지 열릴 정도였다.[4] 영향력 있는 스타의 이미지를 딥페이크로 추락시키는 것은 순식간이었다. 스위프트의 음란 딥페이크는 유해성 온라인 커뮤니티 '포챈'(4chan)의 회원들이 일종의 '챌린지'로 시작했다는 분석이 있다. '포챈' 이용자들이 인공지능으로 유명한 여성이 등장하는 음란 이미지를 만들 수 있을지 시험하는 게임을 하면서 딥페이크 기술을 이용했다.[5]

스위프트의 가짜 이미지는 온라인상에 걷잡을 수 없이 퍼졌다. 해당 이미지를 올린 소셜미디어 계정들이 정지되어 찾기 어려운 상황이지만 그 직전까지 4천700만 회나 조회되었다고 보도되었다.[6] 인공지능을 통해 실존 인물의 조작된 영상을 만들어내는 딥페이크 기술은 점점 고도화되고 있다. 범람하는 정보에 가짜 이미지를 구별하기는 어려운 일이다. 딥페이크는 연예인이나 정치인과 같은 유명인에게만 피해를 입히는 것이 아니다. 일반인도 노린다. 딥페이크 기술은 실제 이미지와 빼닮아 일반인들이 판별하는 게 쉽지 않다.

딥페이크의 이미지에 속은 중국의 기업대표는 10분 만에 440만 위안(약 7억7천만 원)을 사기당했다. 2023년 4월 중국의 푸저우시의 한 기업의 대표는 친구에게서 걸려온 영상통화로 의심 없이 계좌로 돈을 이체했다. 친구의 얼굴을 영상으로 확인했지만 딥페이크를 활용한 기술이었다. 인공지능(AI)으로 얼굴, 음성을 변조한 AI피싱에 낚인 것이다. 인공지능인 AI기술은 이제 실험용이 아니다. 얼굴, 음성의 변환기술은 고도의 단계로 대부분 오픈 소스 상태로 관련 앱이 쏟아지고 있다. 중국에서는 1분 이내 분량의 얼굴변환 영상을 만드는데 중국 돈 30위안(약 5500원)만 있으면 가능할 정도이다.[7]

딥페이크 영상이나 사진은 스마트폰 이용자는 누구나 쉽게 조작 가능하다. 전세계 1억 명이 사용한 앱 '리페이스'(Reface)는 딥페이크 사진을 만드는데 2분이면 충분하다. 자신의 사진에 유명인 얼굴을 덧입히는 방식도 있으며, AI아바타를 이용한 모습에 더해 시간을 초월해 미래나 과거의 모습도 만든다. 영상도 5분 정도면 충분히 가능하다. 자신의 이미지만이 아니라 다른 사람도 입맛대로 조작할 수 있다.

안경 착용 여부, 머리 모양 등에 따라 완성도는 차이가 있지만 비슷한 윤곽의 얼굴과 합성하면 진위 여부를 구분하기 어렵다. 2023년엔 '미드저니'(Midjourney)라는 프로그램으로 도널드 트럼프 전 미국대통령이 경찰관에게 둘러싸여 체포되는 가짜사진을 유포한 적도 있다. 단순한 이미지의 조작을 넘고 있다. 딥페이크 기술은 이미지나 영상 콘텐츠의 신뢰성을 훼손시키는 문제를 야기하고 있다

'소라'의 충격

딥페이크의 더욱 놀라운 기술은 인상관리를 위한 이미지의 조작만이 아니다. 고프만이 말한 연기자의 무대인 배경마저도

임의로 만들 수 있게 되었다. 동영상 생성 AI인 ‘소라’(SORA)는 몇 줄의 명령어(프롬프트)만으로 영화 같은 동영상을 제공한다. 인상관리를 위한 자신의 이미지만이 아닌 배경도 영화의 한 장면으로 순식간에 조작할 수 있다. 챗GPT 개발사인 ‘오픈AI’가 2024년 2월 15일 소개한 동영상 생성AI ‘소라’의 공개는 충격적이다.

<뉴욕타임스>는 ‘소라’의 공개에 “깜짝 놀랄 영상을 순식간에 생성하는 AI”라고 보도했다.[8] 오픈AI 홈페이지의 공식 발표에 따르면 “‘소라‘는 물리적 세계 움직임을 이해하고 모방할 수 있도록 가르치고 실제 세계 상호작용에 필요한 문제를 해결하는 데 있으며 도움이 되는 모델을 훈련하는 걸 목표로 한다”고 소개한다. ‘소라’는 최대 1분 길이의 비디오를 생성하며 시각적 품질에 사용자의 프롬프트를 정확히 이해하여 구현하려는 기술을 담고 있다.[9]

‘갈색 베레모를 쓴 노인이 카페에 앉아 멀리 시선을 둔 채 생각에 잠겨 촉촉한 눈을 깜빡이는 모습’, ‘도쿄 번화가의 화려한 간판 불빛을 뒤로하며 걷는 여자의 안경에 거울처럼 비치는 도시풍경’, ‘지구상에 멸종된 매머드가 설원을 달리며 발바닥에 눈이 붙었다 떨어지는 모습’, ’찻잔 속 커피의 파도에 요동치는 해적선의 움직임‘은 오픈AI가 ‘소라’를 이용해 공개한 40여 편 영상 샘플의 일부이다.

동영상은 몇 줄의 텍스트로 만들어진다. 영화 같은 동영상은 자신이 주인공이 되는 것만이 아니라 배경이 되는 무대마저도 얼마든지 꾸밀 수 있다.[10] 동영상 속 주인공을 자신으로 만들 수 있는 딥페이크 기술은 연기자뿐만 아니라 연기무대도 리얼한 영상으로 조작하여 사람들에게 특정한 이미지를 던져줄 수 있다. 다만 그 정보가 잘못되고 편견을 줄 수 있는 가짜정보라는 게 문제이다.

딥페이크를 이용한 이미지 조작이 선거에 끼어들면 치명적이다. 전세계는 '딥페이크와의 전쟁'을 선언하고 법률정비에 나서고 있다.[11] 고프만이 말한 것과 달리 이제 사람들은 자신의 인상관리를 위해 주어진 역할에 완벽하게 몰두할 필요가 없는 사회가 된 것이다. 인상관리를 위해 사람들은 여러 기술을 동원한다. 대체로 긍정의 이미지를 위한 기술로 여기는 낭만적 생각은 이제 접어야 할 듯하다. 딥페이크는 나를 왜곡하고 상대를 오인하게 만든다. 그리고 이제 연기자의 무대가 되는 배경도 동영상으로 조작할 수 있게 되었다. 사람을 이해하는 방식에 기술을 어떻게 차단하는가 하는 과제가 던져진다.

가짜뉴스에도 급이 있다?
잘못된 뉴스, 거짓뉴스, 나쁜 뉴스

뉴스의 형식을 빌린 정보의 생산은 아무나 할 수 있다. 게이트키퍼인 기자만이 아니라 일반인도 새로운 정보를 인터넷에 올린다. 미디어(신문이나 방송, 인터넷 등)를 통해 접하는 정보가 진실이라고만 주장할 수 없는 시대이다. 우선 정보가 너무 많은 것도 문제지만 무엇이 진짜인지 가짜인지를 구분하는 기준도 정하기 어렵다. 언론이 작성한 기사를 진실에 가까운 '종합적 진실'(the whole truth)로 표현하기도 한다.[12] 거짓과 참이라는 이분법적 가치로 구분하지 않는 '상대적 진실'이란 의미이다. 일부는 참이고 일부는 거짓일 수 있다는 뜻이다.

어떤 사실을 사회적 맥락으로 포괄해서 설명할 때 거짓과 참이라는 이분법적 가치로 구분하는 것은 벅찬 일이 되었다. 세상에 절대적 진실이 존재한다는 말은 조심스럽다. 그렇지만 뉴스는 사실의 실재성(reality)이 중요하다. 존재하지 않은 사실은 뉴스가 아니다. 존재하지만 그 내용이 사실성의 메커니즘에 부합하지 않으면 가짜뉴스가 된다. 놀랍게도 가짜뉴스 시비가 사실성 여부가 아니라 정파성이나 이념성을 앞세우면서 일어난다는 사실이다.

적대적 지각이 만든 뉴스

한국사회는 정파적 이념성을 중심으로 뉴스의 진실과 허위를 구분하는 경향이 있다. 자신의 정치적 이념에 맞는 정보는 사실로 받아들이고 자신의 정치적 이념과 맞지 않는 정보는 허위로 간주한다. 뉴스의 진실성 여부를 사실(fact)이 아닌 신념(belief)으로 따진다. 자신이 믿고 싶은 것만 선택적으로 받아들인 뉴스에는 호의적인 태도를 보이지만 그렇지 않은 뉴스에는 적대적인 지각(hostile perception)을 드러낸다. 적대적 지각은 사실을 호도하여 부풀리기까지 한다.[13]

2018년 '대북 쌀 지원으로 쌀값 폭등'이라는 가짜뉴스가 등장했다. 이념 편향이 만든 가짜뉴스였다. JTBC '뉴스룸' 팩트체크 코너를 통해 2018년 최악의 가짜뉴스 가운데 1위를 차지했다. 그해는 한국 대통령이 처음으로 북한의 판문점을 방문했다. 이념 편향의 가짜뉴스가 많았다. JTBC 팩트체크에서 다루었던 가짜뉴스는 '남북평화협정 맺으면 주한미군 철수', '북한 헬기 용인에 기습 남하' 등 북한 관련 내용이 36%나 차지하였다.[14]

최악의 가짜뉴스가 된 '대북 쌀 지원 쌀값 폭등'은 사실과 허구가 섞인 내용이었다. 2018년 7월 30일부터 8월 21일까지 총 15개의 유튜브 채널에 정부가 비축해 둔 쌀을 북한으로 보냈기 때문에 쌀값이 올랐다는 내용은 조회 수만 56만 회가 넘었다. 네이버에서는 '쌀값이 미친 듯이 오른 3가지 이유'라는 제목의 기사에 댓글이 쏟아졌다. '쌀값은 예년과 비교하여 약 26%, 37년 만에 최고 수준으로 올라갔다', '중요한 건 지금 쌀이 사라졌기 때문에 난리가 난거 아니겠습니까? 게다가 북한 장마당에서 쌀이 보입니다', '정부 비축미가 소리 소문없이 사라졌다', '북한에 쌀을 퍼줬다', '남한 쌀값이 폭등했다', '북한 석탄과 맞교환 했다' 등의 주장을 담은 내용은 허위정보였다.

대북 쌀 지원은 2010년 이후 중단됐다. 정부 관련 부처인 농림축산식품부는 북한에 쌀을 5만 톤 보내려면 군산, 목포 등 4개 항구에서 두 달 꼬박 쉬지도 않고 선적해야 하는 것으로 사실상 불가능하다고 해명하며 가짜뉴스임을 분명히 했다. 북한에 지원한 것도 아니고 정부의 비축미가 바닥난 것이 아닌데도 쌀값이 오른 이유는 농가소득을 보장하기 위한 '농업소득보전법'에 따라 정부가 쌀 가격을 설정하고 5년 단위로 국회에 동의를 거쳐 확정하는 과정에서 일어났다. 2018년 7월 산지 출하가격은 80kg당 17만 7,000원이었다. 2017년 7월 12만 8,000원이었던 출하가격에 비해 38% 오른 가격이다. 소비자 입장에서 쌀값이 급등했다고 느낄 수 있는 상승세였다.

그러나 2013년 17만 6,000원, 2014년 16만 7,000원, 2015년

15만 9,000원, 2016년 14만 2,000원이었던 것과 비교해보면 계속 떨어지던 쌀값이 회복되는 것임을 알 수 있다. 정부의 쌀 재고량도 2018년 말 기준 174만 톤으로 2015년 135만 톤, 2016년 170만 톤, 2017년 186만 톤과 크게 차이나지 않은 것으로 밝혀졌다.[15] 대북지원으로 쌀값이 올랐다는 내용은 근거 없는 내용이었다. 허위정보가 뉴스처럼 전파된 것이다.

우리는 많은 가짜뉴스에 속고 있다. 특히 뉴스의 형태를 보이는 이유는 뉴스가 갖는 신뢰 때문이다. 그러나 뉴스의 보도에도 '충분히 참이다'라는 명제를 충족하지 못하는 경우가 있다. 기상청 일기예보의 경우 첨단 과학을 동원해서 예측하지만 인간의 능력으로 한계가 있는 오보가 될 수 있다. 미디어도 얼마든지 잘못된 뉴스를 전할 수 있다. 의도하지 않은 '잘못된 뉴스'도 있을 수 있고, 처음부터 속이기 위해 허위로 만든 '거짓뉴스'도 있다. 사실을 왜곡하거나 과장하거나 통계를 교묘히 조작하거나 상업적 목적으로 특정 상품이나 기업을 홍보하는 '나쁜 뉴스'도 있다.

의도를 보이는 프로파간다

미디어 콘텐츠에 글을 쓰는 사람들은 사실여부를 잘못 알아서 실수로 오보를 만들 수도 있고, 아예 없는 사실을 지어내는 허위의 내용으로 오보를 만들기도 한다. 명시적인 오보보다 사람들의 생각을 고의로 나쁜 방향으로 이끌기 위해 만들어진 의도된 오보가 더 위험하다.[16] 미디어에 담긴 정보는 의도성을 쉽게 확인하기 어렵다. 여기에는 가짜정보, 허위정보, 엉터리정보, 미확인 정보가 섞여 있다. 이러한 정보가 뉴스의 형태로 전파되는 것은 뉴스는 당초부터 '거짓'이 아닌 '참'을 조건으로 보도한다는 배경 때문이다.[17] 사람들은 자신의 신념에 부합하면 알 수 없는 정보를 가짜뉴스도 가공하여 퍼나르게 된다. 언론이 여기서 팩트체크로 진위여부를 가려야 하지만 그렇지 못할 때가 많다.

2008년 미네르바 사건이 있었다. 미네르바는 포털사이트 '다음'의 인터넷 토론장 '아고라'에 2008년 하반기 리먼 브라더스의 부실과 환율폭등 및 금융위기의 심각성을 예언한 논객이었다.[18] 허위사실 유포죄로 구속되었지만 무죄로 풀려난 인물이다. 미네르바가 구속되기 전 예측 관련 글이 실제 경제 상황과 맞아떨어지자 미네르바를 자처하는 사람들이 여럿 등장했다. 언론사는 서로 미네르바를 인터뷰했다고 주장했다. 언론사 자사 소속의 전문기자들이 밤새 인터뷰한 내용까지 게재했다. 자신들 인터뷰가 진짜 미네르바라고 주장하면서 정작 인터뷰 당사자가 가짜임을 시인하기 전까지도 확신을 굽히지 않았다.[19] 언론사도 사실 확인을 게을리하면 오보를 뉴스로 내보내게 된다.

가짜뉴스를 확인하는 팩트체크는 의도치 않은 오보나 의도된 오보나 모두 어렵다. 의도치 않은 오보의 경우 무언가를 꾸민 것도 아니고 탄로 날 가능성에 대비한 것도 아니다. 의도된 오보의 경우는 의도치 않은 가짜뉴스보다 더 많은 생각이 개입된다. 특정 상황을 왜곡시키는 가짜뉴스의 방식을 선택한다면 이미 의도를 담고 있는 것이다. 가짜뉴스가 의도를 담고 있다면 그 의도를 확인하기까지는 팩트체크만으로 알아내기가 어려운 것이다. 의도된 가짜뉴스는 이념 편향의 프로파간다(propaganda)적 목적이 크다. 에드워드 버네이스(E. L. Bernays)는 프로파간다를 특정한 원칙이나 행위를 전파하기 위해 체계화된 계획에서 나오는 것이라고 보았다.[20]

프로파간다의 목적은 공인, 조직, 정부 등에 손해를 입히거나 또는 반대로 이득을 챙기는 데 있다. 프로파간다는 정치적 이벤트를 통해 사람들의 인식에 영향을 미치는 허구적 선전으로 가짜뉴스의 하위 개념으로 볼 수 있다.[21] 프로파간다는 종종 사실에 기반을 두고 있지만, 특정한 입장이나 관점을 촉진하는 편향성을 내포한다. 가짜뉴스 역시 정치적 이해와 목적을 갖고 편향된 시각으로 특정 집단을 공격하는 정치적 행위가 대부분이다. 자유언론국민연합이 발표한 한국의 2023년 최악의 가짜뉴스 10개를 보면 특정 집단에 유리한(또는 불리한) 이념 편향의 정치뉴스가 대부분이다.[22]

최악의 가짜뉴스 1위는 신학림 전 언론노조위원장이 대장동 개발 사업자 화천대유의 대주주인 김만배와 인터뷰한 내용을 뉴스타파가 대선을 사흘 앞두고 보도한 가짜뉴스이다. 2위는 윤석열 대통령과 한동훈 법무부 장관 등이 심야 파티를 열었다는 '청담동 술자리' 허위 보도였다. 또 3위에서 10위까지를 순서대로 보면 ③북한 어민 강제북송 ④문재인 정부의 통계조작 ⑤안민석의 거짓말 ⑥후쿠시마 오염수 ⑦이재명 대표 압수수색 무려 376회 ⑧사드괴담 ⑨일장기에만 경례 ⑩김어준의 명예훼손 허위 발언 등이다.[23]

'일차원적 인간' 시대의 마감

가짜뉴스는 불특정 다수나 상대 집단을 위협하거나 혼란에 빠뜨린다. 특히 이념 편향에 따라 만들어진 가짜뉴스는 특정 집단을 지지하거나 반대하는 데 매개역할을 한다. 진보와 보수라는 이념적 대립과 갈등은 가짜뉴스를 양산한다. 대부분의 가짜뉴스 시비는 사실성 여부보다 정파성과 이념성을 앞세우며 발생한다. 단순한 오보 차원을 넘어 적극적 조작으로 가짜뉴스를 사실처럼 왜곡한다. 이것은 사람들이 진실을 좇는 데 헷갈리게 만든다.

인간은 항상 거짓말의 환경에 놓여있다고 심리학자 폴 에크먼(P. Ekman)은 주장했다.[24] 누구나 거짓말을 한다는 것이다. 다만 거짓말하는 방식에 차이가 있을 뿐이다. 은폐하는 거짓말과 왜곡하는 거짓말이다. 자신의 불리한 점을 드러내지 않는 것은 은폐이다. 은폐도 남을 속이는 것으로 본다. 그래서 거짓말은 누구나 한다는 뜻일 수 있다. 왜곡하는 거짓말은 한 단계 더 추가된다. 거짓된 정보를 사실처럼 꾸민다. 왜곡하는 거짓말은 은폐보다 더 비난을 받는다. 상대를 멋지게 속이는 가짜뉴스는 두 가지 방법이 병행되는 경우가 많다.

가짜뉴스를 누구나 만들지 않는다. 그러나 가짜뉴스를 누구나 접하고 있다. 대중들은 주변 미디어 환경에서 만나는 가짜뉴스에 쉽게 동요한다. 거짓말에서 은폐에 대한 죄책감이 작은 것처럼 가짜뉴스도 동조하거나 전파하는 것에는 큰 죄책감을 느끼지 않는다. 독일 사회학자 허버트 마르쿠제(H. Marcuse)는 '일차원적 인간'에 대해 언급했다.[25] 미디어의 꾐에 속아 메시지를 믿고 순응하는 것은 일차원적 인간이다. 본능적 욕구 충족과 사회적으로 주어진 역할만 따르며 본래의 창의성과 자유로움이 억압되는 경향의 인간이다.

일차원적 인간의 시대는 오래전에 마감했다. 일차원적 인간이 아닌데도 가짜뉴스를 믿는 것은 인간의지의 작용이다. 가짜뉴스를 판별하는 것도 인간의지이다. 인간의지로 상대에게 피해를 주는 가짜뉴스는 멈출 수 있다는 것에 기대해 본다. 이래저래 가짜뉴스가 없는 세상을 기대할 수 없다면 상대에게 손해를 끼치지 않는 가짜뉴스였으면 하는 바람이다.

국뽕과 편견

우영우는 ENA 드라마 <이상한 변호사 우영우>의 주인공이다. 천재적인 두뇌와 자폐 스펙트럼을 동시에 가진 변호사 역을 맡은 우영우는 법무법인의 신입 변호사로 일하면서 난관에 봉착한 사건들을 의뢰인에게 맞는 기막힌 방법으로 해결한다. 2022년 6월에서 8월까지 방송한 16부작 인기 드라마(시청률 0.9%로 시작, 17.5%로 종영)였다. 방송 2회 만에 시청률 2.0%, 분당 최고 2.7%(AGB 닐슨, 유료가구 기준)를 기록하며 넷플릭스 인기 순위에 올랐다. 2022년 7월 31일 유튜브 채널 <뉴스톡>은 미국인 시위대가 우영우를 떼창하는 영상을 공개하였다. 워싱턴DC에 358만 시위대가 모여 '우영우'를 연달아 외치며, 바이든 미국 대통령은 '우영우 인사법'을 선보였다는 내용이다.[26] 노골적인 가짜뉴스였다. 구독자 19만 명이 넘는 이 채널은 가짜뉴스를 아무런 거리낌 없이 유포하였다.

우영우가 미국에서 큰 호응을 얻어 바이든 대통령까지 우영우 인사법을 날렸다는 내용은 한국의 '우수성'을 맹목적으로 찬양하면서 왜곡한 '국뽕' 유튜브였다. '국뽕'은 국가와 히로뽕이 합쳐진 신조어다. 국가에 대한 자긍심이 넘칠 때 사용한다. 또한 자신의 국가에 무조건적 애국심을 드러내는 상황에 대한 비판적인 말로도 쓰인다. 국뽕은 인터넷 커뮤니티 '디시인사이드'의 역사 갤러리에서 시작된 것으로 알려지고 있다.

맹목적 애국심

'국뽕'은 역사를 한국 중심에서 보려는 형태로 검증되지 않은 맹목적 주장을 담고 있다. '단군 이전 한민족이 세계 4대 문명인 메소포타미아 지역 수메르 왕국을 세웠다'거나 '명나라 황제 주원장조차 조선의 군사력을 두려워했다'는 등의 왜곡된 내용을 통해 한국이 태생적으로 우월하다는 것을 자조적으로 표현한다.[27] 국뽕 유튜브는 국뽕 내용을 담은 영상이다. 국뽕 요소를 담은 영상을 제작하고 유포하는 사람은 '국뽕 유튜버'이다.

국뽕 콘텐츠는 몇몇 사건을 계기로 양적 및 내용적 측면의 변화를 겪어왔다. 국뽕 콘텐츠는 2019년 6~7월의 일본 불매운동, 2020년 3~4월의 코로나19 확산, 2021년 7~8월의 도쿄 올림픽의 세 기점을 중심으로 영향력을 확장해 왔다.[28] 내용적인 면에서 코로나19 사태를 기점으로 '반일' 중심이었던 소재가 한국의 기업과 기술, 한국인의 공통된 특징, 자랑스러운 한국인 등 다양한 측면으로 국뽕 콘텐츠에 변화가 일어났다. 이와 더불어 커뮤니티를 중심으로 생산되었던 국뽕은 손쉽게 접근할 수 있

는 인스타그램과 유튜브와 같은 소셜미디어 위주의 콘텐츠로 변화했다.[29]

국뽕 콘텐츠는 여러 내용을 다루면서 겉으로는 국뽕처럼 보이지 않는 자연스러운 영상으로 받아들여지기도 한다. 국뽕은 문화를 전파하고 홍보하는 수단으로 위장한다. 그 탓에 좋은 국뽕과 나쁜 국뽕 구별하게 된다. 나쁜 국뽕은 맹목적으로 한국 문화를 찬양하고 다른 문화를 깎아내린다. 더구나 국뽕 유튜브의 허위정보는 심한 왜곡으로 눈살을 찌푸리게할 정도로 불편하게 만든다.

미국인 300만 명 이상이 모여 우영우 떼창을 했다는 내용처럼 국뽕 유튜브의 왜곡된 콘텐츠는 가짜뉴스인 줄 알면서도 순식간에 주목을 끈다. 2022년 7월 일본의 아베 전총리가 피습을 당하자 일본 정부가 외과의사 이국종 교수 파견을 요청했다는 제목의 영상을 재빠르게 보냈다. 또 다른 유튜버는 엘리자베스 2세 영국 여왕이 은퇴 후 안동에서 여생을 보낼 것이라는 내용으로 조회 수를 올리기도 했다. 근거 없는 날조 영상이었다. 맹목적 애국주의라고 말하기에 지나칠 정도로 황당한 내용이다. 국뽕 유튜버들은 '위대한 한국', '우수한 민족'이라는 자긍심을 고취하기 위한 목적으로 영상을 제작한다고 주장한다.

국뽕 유튜브의 소재는 다양하다. 세계 최초 드라이브 스루로 선별 진료한 K방역, 아시아 최고 프리미어 축구선수 손흥민,

빌보드 차트 1위의 세계적인 그룹 BTS 등 소재 거리는 충분히 많다. 문제는 이러한 소재에서 비약적인 내용이 들어갈 때 왜곡하게 된다. '삼성, 파산 직전 애플인수', '러시아 대통령 푸틴 핵탄두 한국에 넘기다', '일본 피겨선수 아사다마오 대구 수성구 출신' 등 자문화 중심의 문화를 국뽕 콘텐츠로 만들면서 과장하게 된다. 과장하는 내용에 다른 사람의 저작물을 도용하면서 문제를 일으키기도 한다.

막가파 수준의 콘텐츠

독일 뮌헨 소속의 축구선수 해리 케인이 2022년 7월 토트넘 시절 한국을 방문했다. 국뽕 유튜버는 '해리 케인, 한국 귀화를 원한다'는 충격적인 인터뷰 영상을 올렸다. 가짜뉴스의 도를 넘은 내용이었다. 실제 영상 인터뷰는 축구 전문기자의 유튜브를 왜곡 조작해서 만든 것이었다.[30] 영국 프리미어 리그 한국 선수 손흥민의 컨텐츠는 국뽕으로 단골이다. '손흥민 레알 마드리드 이적', '손흥민 토트넘에서 맨유 이적', '토트넘에서 맨시티 이적', '첼시 이적', '리버풀 이적! 눈물 터트린 콘테, 어떡하냐' 등으로 엉터리 내용을 올리며 비웃음거리가 되어 채널이 폐쇄되었다.

가짜뉴스 유튜브 채널의 국뽕 콘테츠는 막가파 수준이다. '한국 국위에 일본이 벌벌 떨고 중국이 전전긍긍하고 전세계가 경악하는'이란 말이 유행어가 된 지 오래다. 한국 중심의 콘텐츠를 존재하지 않는 내용으로 비약시키면서 심지어 '스마트폰 환단고기'로 가상의 한국을 창조한다는 말까지 등장했다.[31] 콘텐츠로서의 국뽕은 사실 다양한 장르에서 이용된다. K팝, 스포츠, 방역, 화장품, 패션, 거리풍경, 경제에 이르기까지 '한국이 세계 속에서 이렇게 잘나간다'는 자긍심을 주는 내용에 국뽕이 들어간다.

국뽕 콘텐츠의 댓글도 자부심으로 가득하다. '한국은 이래서 짱이다', '외국은 이래서 별로다' 등의 내용이 넘친다.[32] 자민족 중심의 자긍심 고취를 위한 콘텐츠에 이용자들은 '국뽕에 취한다'라는 표현으로 대체로 거부감보다 수긍하려는 자세를 갖는다. 국가적 자긍심을 고취하는 국뽕은 문화 마케팅에 성공을 이끌기도 한다. 이순신 3부작 '명량', '한산', '노량'은 관객 동원에 성공한 국뽕 영화이다.

김한민 감독 스스로가 한국의 자긍심과 용기 희망을 주는 영화라고 인터뷰하고 있다.[33] 독립군의 활약을 담은 영화 '봉오동 전투', 일제 강점기 윤동주 시인의 일대기를 그린 영화 '동주' 등도 국뽕으로 손색이 없는 콘텐츠이다. 역사 영화인지 국뽕 영화인지 애매한 상황을 비판하게 되는 것은 애국심만으로 흥행을 노리게 되면 역사적 사실 마저 왜곡하게 될 가능성을 우려하기 때문이다.[34]

국뽕은 뉴스의 기사에도 버젓하게 쓰인다. 한국 드라마가 세계에서 1위를 한 보도를 하면서 '짜릿한 국뽕'이라 표현하고, 전세계 초슬림 담배 판매량 한국의 1위를 전하면서 '국뽕 차오른다'는 제목을 쓴다.[35] 국뽕은 좋든 나쁘든 국가 애착이란 측면에서 이용자들은 국뽕 콘텐츠를 수용하는 자세가 훨씬 크다. 국뽕은 국가공동체의 입장에서 보면 크게 불편하지 않다. 가짜뉴스여도 국뽕 영상에는 팩트체크의 의지보다 그 자체 즐기는 사람들이 많다. 국뽕 유튜브를 국가자부심과 동일시하게 되면서 국가 애착의 감정으로 수용하는 효과를 보인다는 연구가 흥미롭다.[36]

국뽕 유튜브는 조작 영상임에도 조회 수가 만만치 않다. 조작으로 자극적인 제목과 내용을 고수할수록 사람들의 관심을 끌며 수입과 연결된다. 국뽕 유튜브 채널이 가짜뉴스로 콘텐츠를 극대화하는 것은 '돈벌이' 때문이다. 국뽕 유튜브를 운영하는 유튜버는 취업의 대안으로 국뽕 콘텐츠를 올려 월 최대 1000만원의 수입을 올린다고 언론에서 밝혔다.[37] 대표적인 국뽕 채널 세 곳이 1년간 올린 수입은 최대 8억 5840만원으로 한 달 기준 7천만원 이상의 수입을 올린다는 조사결과도 있다.[38]

수입에 기댄 국뽕은 극단적 쇼비니즘 또는 국수주의 콘텐츠로 가공하면서 허위정보의 가능성을 높인다. 국뽕 콘텐츠는 자국민의 우수성을 되풀이하면서 일종의 환상적인 민족 정체성을 세

뇌한다. 사람들이 국가에 속해 있다고 상상할 수 있게 하는 공동체에 대한 인식을 국뽕 유튜브로 가능하게 한다. 베네딕트 앤더슨(B. Anderson)은 공동체는 그들의 허위/진실성에 의해서가 아니라 상상되는 양식에 의해 구별되어야 한다고 했다.[39] 소셜미디어가 국가공동체의 일부처럼 사람들의 상상 공동체를 엮어준다. 국뽕 콘텐츠에 동의하는 사람들은 같은 상상력을 가진 공동체로서의 공감을 보인다.

그러나 상상력이 억지로 비약되면 사회의 신뢰자본을 감소시킨다. 심할 경우 반작용으로 국가공동체에 대해 냉소 및 좌절감을 유발하기도 한다. 한국에 대한 비난과 혐오의 내용을 담고 있는 '국까' 콘텐츠가 활발히 재생되는 이유이다. '국까'는 '국가'와 '까다'의 합성어로 악의적으로 한국을 폄훼하는 형태이다. 국까 콘텐츠는 이러한 심리적 반응과 관련하여 국뽕 콘텐츠와 정반대의 기능을 한다.

야생의 사고

국뽕 콘텐츠를 감상하는 사람들은 기존에 익숙해진 유형의 콘텐츠만 찾아보는 경향을 지니고 있다. 이들은 복잡하고 다양한 사안들을 점차 자신이 구성한 국뽕의 틀에서 이를 파악하게 된다.[40] 국뽕으로 세워진 상상의 공동체이다. 국뽕은 비합리성의 세계에 빠진 영상으로 지나치게 자기중심으로 문화를 해석하는 경향이 있다. 어떤 면에서는 인터넷의 원자적 개인을 국민이나 국가라는 공동체로 전환시켜 국가공동체의 불멸성을 확인하는 것이기도 하다.

한때 국민국가는 예외 없이 종교적 헌신과 같은 열정과 책임을 국민에게 요구하며 근대국가를 이루었다. 영토를 경계로 하나의 문화적인 통합을 시도하며 자문화 중심에 빠진 민족중심주의(ethnocentrism)는 요즘으로 치자면 국뽕이다. 자신의 문화나 민족을 중심에 두고 다른 문화나 민족을 비교할 때 발생하는 현상으로 자신들의 가치관이나 행동 양식을 경도된 관점에서 보는 태도이다. 타인의 문화를 이해하고 수용하는 것을 방해하고 갈등을 유발할 수 있다. 그나마 국뽕은 구독자에게 열정적인 헌신을 요구하지 않아 다행이다.

인류학자 레비스트로스(C. Lévi-Strauss)는 비과학적 비논리의 사회도 문명사회와 차이가 있지 않다는 증명을 하기 위해 미개사회를 연구했다. 다른 사회에 대해서도 끊임없는 주의를 기울이는 야생의 사고를 강조했다.[41] 인간의 다양한 행동양식과 표현에 깔려있는 사고를 받아들여 선입견을 벗겨내는 것이다. 즉 야생의 사고는 편견을 없애는 것이다. 에드워드 사이드(E. W. Said)의 오리엔탈리즘(Orientalism)도 서구의 우월적 시각에서 본 동양의 속박이라는 것을 비판하고 있다. 서구문화를 우월시하는 시각에 대한 자각을 부정적으로 기술하고 있

다.[42]

인간을 둘러싼 문화가 천차만별이라는 것을 이해한다면 지나친 비약으로 자기중심적인 문화만을 고집하는 것은 위험하다. 특히 유튜브가 자신들 문화의 우수함을 고양시키려고 치장하면 자폐적 알고리즘으로 세상과 소통하지 못한 채 사람들을 단절시킨다. 유튜브의 잘못된 선입견은 편견을 만든다. 국뽕 유튜브가 지나치게 왜곡되면 편견이 범벅된 혐오를 일으킨다. 무지한 정보를 교차 검증하는 창구가 필요하다.

사실과 의견이 모호한 세상
내 의견이 네 사실보다 앞선다

사실(fact)은 있는 그대로를 나타내는 것이다. 경험한 것이나 조사한 것을 실제로 검증하거나 실험한 결과로 증명할 수 있으면 사실이다. 의견(opinion)은 개인적인 생각이다. 의견은 사실에 대한 느낌이나 판단을 나타낸다. 사실은 사람에 따라 내용이 달라질 수 없지만, 의견은 사물이나 현상을 대하는 태도에 따라 달라질 수 있다. 사실은 객관적인 현실이고 의견은 주관적인 진술이다.

예를 들어, 축구경기의 경우 손을 사용하지 않고 발이나 머리를 사용해 상대편 골대에 더 많은 골을 넣는 팀이 승리하는 스포츠이다. 이 말은 사실이다. 여기에 더해 축구는 재미있고 신나는 운동이다. 곧 의견이다. 월드컵을 내세워 세계적인 스포츠로 누구나 좋아하는 경기임을 강변하는 사람도 있지만, 야구나 농구를 더 재미있게 생각하는 사람도 있기 때문이다. 사람들의 이해, 관심에 따라 똑같은 사실도 다르게 보는 것은 의견이다.

그렇다고 사실이 명확한 명제처럼 고정불변의 내용으로 계속되는 것은 아니다. 시간에 따라 공간에 따라 사실도 얼마든지 변한다. 뉴기니의 가후쿠-가마족의 경우 축구는 승부를 위한 게임이 아니라 의례이다. 양팀의 승부가 똑같아질 때까지 며칠이고 계속 시합을 한다. 승부의 가능성이 아닌 균형을 이루는 것으로 여겼다. 축구를 배울 때 게임이기보다 의례로 받아들였다.[43] 사실은 의견과 달리 구조적이다. 구조적이라는 것은 기능적이고 제도적인 것으로 사회집단과 관련된다. 모두가 함께 똑같이 생각하거나 답할 수 있다면 사실에 가깝다.

예를 들어, 한국의 미세먼지를 두고 그 원인을 국내 발생과 중국의 영향을 묻는다면 중국발 미세먼지를 주장하는 사람이 월등히 많다. 중국에서 다른 데이터를 가지고 우기면 어쩔 수 없지만 한국 입장에선 모두가 인정하는 사실의 영역이다. 그러나 의견은 각자 생각이 다를 수 있는 여지를 인정한다. 만약 '연예인 수지와 김태희 중 더 예쁜 사람은 누구인가'를 묻는다면 사람들의 답은 같지 않다. 선호도에 따라 답은 제각각이다. 어느 누가 더 예쁘다고 한들 딴지를 거는 사람은 없다. 의견의 영역이다. 사실이 구조적이고 집단적이라면 의견은 개인의 성향이며 기호이다.

의견이 강하면 진실이 틀어진다

진실은 사실에 근거해서 만들어진다. 그렇다고 의견이 진실이 아닌 것은 아니다. 의견을 지나치게 앞세워 사실을 왜곡하면 진실에서 멀어진다. 가짜뉴스가 생산되는 것도 사실보다 주관적인 의견을 앞세우기 때문이다. 문재인 정부의 청와대와 국토교통부가 통계청과 한국부동산원을 압박해서 통계수치를 조작한 것도 마찬가지다. 일부 위정자들의 의견이 사실을 누르고 허위정보를 만들어 언론에 전파함으로써 가짜뉴스가 사람들을 호도한 꼴이다.

청와대와 국토부는 2017년 6월부터 한국부동산원으로부터 주중치 속보치 등을 불법적으로 사전 제공받은 후 집값 상승률 수치를 낮게 나오도록 영향력을 행사했다. 부당한 영향력을 행사해 발표된 집값 통계가 94회나 조작되었다고 감사원이 밝혔다.[44] 집값이 상승세로 전환되자 청와대의 의견을 앞세워 사실의 영역인 통계수치를 조작했다. 사실의 목적은 정보 전달이나 지식 전달처럼 있는 그대로 전하는 것이지만, 의견은 주관적이어서 다른 사람한테 설득하는 것이 목적이다. 정부는 국민들을 통계수치로 설득하기 위해 부당한 영향력을 행사했다. 청와대의 의견이 앞세워진 가짜뉴스였다.

사실에 근거하지 않는 의견은 현실을 외면하거나 왜곡하려는 의지이다. 청와대의 의지를 집값 통계의 조작으로 보여준 것은 집값 안정이라는 실제보다 통계수치로 사람들을 미혹한 것에 지나지 않았다. 사실은 증거 또는 통계의 도움을 받아 확인할 수 있으나 의견은 어떤 증거로도 뒷받침되는 것이 아니다. 통계청과 한국부동산원은 정부의 의견을 통계로 뒷받침하려다 조작한 수치를 발표하였으며 그 결과 가짜뉴스를 만든 기관으로 신뢰를 잃었다.

정부만 그런 것이 아니다. 때로는 언론도 사실과 다르게 의견을 앞세우다 가짜뉴스를 만드는 경우가 있다. 언론은 사실보도와 의견보도가 있다. 사실보도는 흔히 뉴스라고 하는 것으로 새로운 사건이나 현상을 사실적으로 전달하는 것이다. 의견보도는 사설과 칼럼 등으로 주장이나 견해를 전하는 것이다. 의견보도도 어디까지나 사실에 근거해야 한다. 사실보도인지 의견보도인지 헷갈리는 가운데 왜곡하는 우를 범하게 된다.

2023년 11월 가수 지드래곤은 마약투약 혐의로 조사를 받았지만 무혐의로 결론이 났다.[45] 지드래곤은 스스로 자신의 마약에 대해 결백을 주장하며 투약하지 않았다고 직접 밝혔다. 언론은 사실확인 없이 추측성 보도로 가짜뉴스를 무차별 보도했다. '카메라 앞에서 좀비처럼 이상한 행동을 했다', '한시도 가만히 있지 못한다', '어눌한 말투에 쉴새 없이 움직인다' 등의 내용으로 사실확인이 되지 않은 영상을 그대로 짜깁기하여 방송사들은 보도했다. 마약을 했다는 지레짐작으로 추측성을 보도한 것은 의견이 앞선 가짜뉴스였다. 언론도 올바른 이야기를 하기보다 남들이 좋아하는 이야기를 좇다가 가짜뉴스를 만든 것이다.

의견이 사실보다 중요한 시대가 되었다. 소셜미디어는 사실보다 의견이 더 큰 비중을 차지하며 주목을 끈다. 카페, 블로그, 카카오톡, 유튜브, 페이스북, 인스타그램, 트위터에는 의견들로 가득하다. 내가 관심있는 내용과 남들이 좋아하는 이야기로 넘쳐난다. 이에 진실은 내팽개치게 된다. 남의 주목을 끌려고 자신의 주장을 강하게 전하려고 할 때 사실은 왜곡되며 거짓 또는 허위 주장으로 발전한다. 진실의 쇠퇴(truth decay)이다.

소셜미디어로 거짓 주장을 일삼는데 빠지지 않는 인물은 전 미국 대통령 트럼프였다. <워싱턴포스트>의 팩트체크 데이터베이스에 따르면 트럼프는 대통령으로 재직하기 시작한 첫 한 해 동안 2,140가지 거짓 또는 허위 주장을 했다. 하루에 평균 5.9건의 거짓말을 한 셈이다.[46] 트럼프는 대부분 트위터에서 터무니없는 주장을 하는 것으로 알려졌다. 틈만 나면 인종차별을 조장하고 언론을 비난하는 트위터를 날렸다. 트럼프의 거침없는 주장은 자신의 의견을 앞세우면서 빚어낸 가짜뉴스라는 비판을 받았다. 거짓 진술이 가속화된 것은 자신의 주장에 의존해서 틀렸다는 사실을 확인하고도 고치려 하지 않았기 때문이다.[47]

소셜미디어에는 의견을 앞세운 가짜뉴스만 있는 것이 아니다. 페이스북의 가짜 미국인, 트윗봇이 만들어낸 인물의 '가짜 팔로어'와 '가짜 좋아요'도 있다. 소셜미디어를 늘 접하는 우리는 생각이 지식을 지배하고, 느낌이 찬양을 받으며, 의견이 사실을 누르는 시대에 살고 있다. 소셜미디어에 자신들의 생각을 주관대로 올린다. 자기 중심적인 미디어로 '당신의 의견이 중요한 만큼 내 의견도 중요하다'는 모토가 깔려 있다. 객관적인 사실보다 자신의 주장이 더 중요하고 옳다고 여기는 사람들이 넘쳐난다.

마음을 통제하는 프레임

사실이 중요한 것은 현실을 진단하고 미래의 방향을 잡기 위한 자료이기 때문이다. 사실을 도외시하면 현실을 제대로 파악하기 어렵고 미래에 대한 대비도 힘들게 된다. 사실 확인이 되지 않는 의견으로 사람들을 선동하는 경우가 있다. 남들이 듣고 싶어하는 솔깃한 의견을 생산하기 바쁘다. 자신의 말이 잘못된 것이어도 사과나 수정은 감히 기대하기 어렵다. 자신의 의견이 객관적인 사실보다 앞선다. 소셜미디어의 모토는 '당신이 말하는 사실보다 내 의견이 중요하다'로 변하고 있다. 사실에 근거하지 않은 의견은 현실의 외면이다. 사실을 뒤로한 채 의견을 주장하다가 왜곡하게 되고 허위정보를 생산한다.

의견이 지배하는 시대가 되면서 갖는 위험이 있다. 그 위험은 사람들이 넘쳐나는 정보를 접하며 진짜인지 가짜인지 관심이 무뎌진다는 사실이다. 실제로 진위여부의 판별도 어렵다. 인터넷에서 '사실'이라고 알려진 것들조차도 사실이 아닌 경우가 많다. 다양한 지식을 둘러싸고 다양한 논쟁에 참여할 때 인터넷의 정보는 일종의 병기고 역할을 해준다. 전문가든 일반 시민이든 상대를 가리지 않고 무작위로 단편적인 정보를 쏟아낸다.

문제는 이러한 정보에 대해 합리적인 토론을 시도하지 않는다는 것이다. 인터넷의 무한 정보에는 누군가의 생각을 바꿀 수 있는 내용이 있다. 생각을 바꾸는 경우는 아무런 의견이 '없는' 상태의 사용자이다. 아무런 의견이 없는 상태의 사용자가 잘못된 의견을 갖게 만들면 위험하다. 가짜지식이 전문지식과 혼돈이 되면 힘겹게 전문지식에 귀를 기울이지 않는다. 편하고 즐거운 의견에 눈을 돌린다.[48]

소셜미디어는 지식 습득을 위한 손쉬운 지름길을 마련해준다. 동시에 전문지식을 방해하는 주된 장애물이 된다. 인터넷으로 무한한 의견들을 공급받은 사람들은 스스로 전문지식을 가졌다는 착각에 빠진다. 마치 지적 기량이 풍부한 사람인 양 허풍을 떨 수 있게 되었다. 전문가와 일반인의 구분이 불가능하다는 것이 진실이다. 자신의 주장을 뒷받침하는 데이터만을 제시하며 우기면 사실도 달라진다. 일반인도 전문가 못지않은 영향력을 발휘한다.

일반인의 신분으로 이름을 떨치는 인플루언서들은 자신들의 의견으로 수많은 팔로워를 거느린다. 사실이 중요하긴 하지만 사실만으로 사람들의 마음을 바꿀 수 없다. 어떤 때는 의견이 사람들의 마음을 통제하는 것에 더 유리할 수 있다. 특정한 의견으로 만들어진 프레임에 갇히면 사람들의 확신은 요지부동이다. 사실은 크게 영향을 미칠 수 없다.[49] 사실이 아닌 가치를 기준으로 프레임이 씌워져 있으면 의견이 사실과 달라도 문제없게 생각한다.

인터넷에는 남대문 가보지 않은 사람도 남대문 가본 사람보다 더 상세히 남대문을 설명하는 사람들이 넘친다. 판단과 믿음을 조장하여 남대문을 아예 동대문처럼 우길 수 있는 곳이 인터넷이다. 의견이 사실을 밀어내는 요즘의 시대상이다. 남대문이 동대문이 되는 것은 보통의 사람들 입장에서 정보가치로 중요하지 않다. 남대문이 동대문으로 바뀐 들 다른 사람에게 영향을 주는 것이 아닌 욕구 감정 관점의 다름으로 여길 뿐이다. 의견은 가짜를 가리지 않는다.

1950년대 공상과학 소설가 시어도어 스터전(T. Sturgeon)은 자신의 이름을 딴 '스터전의 법칙'(Sturgeon's law)에서 '모든 것의 90%는 쓰레기다'라고 했다.[50] 아마 당시의 소설작품 수준을 이야기한 듯하다. 인터넷의 방대한 정보 속에도 쓰레기 정보가 넘치고 있다는 것은 짐작하고도 남는다. '나도 너만큼 안다'는 주장 속에 쓰레기 정보가 있다. 내 의견이 무엇보다 중요하며 우선시된다.

사실보다 의견을 더 가치 있는 정보로 보는 것은 개인적 미디어인 소셜미디어의 특징이다. 인터넷의 소셜미디어에 의미 있는 정보를 가리는 것이 필요하다. 스터전의 법칙은 역설적으로 대부분 미미한 것들 가운데 가치 있는 것을 찾아야 한다는 메시지를 담고 있다. 무분별한 의견으로 사실을 왜곡하는 시대에 거짓과 허위정보를 분별해서 10%라도 가려내어 진실의 쇠퇴를 막아야 한다.

선택의 정당화와 가짜들

인간의 삶이란 것은 늘 선택의 상황을 마주한다. 하이브리드차와 가솔린차 아니면 전기차 중 어떤 차를 살 것인가? 비오는 날씨에 입는 옷은 어떤 게 좋을까? 점심 메뉴는 무엇으로 할까? 하루 일과의 작은 부분에서 인생의 큰 방향까지 선택은 늘 인간이 직면하는 상황이다. 갈림길의 순간에 어떤 결정을 하는가에 따라 펼쳐질 미래는 달라진다. 일단 결정을 내리면 사람들은 자신이 선택한 판단에 대한 옳은 근거만 눈에 들어온다.

자신이 선택하지 않는 쪽에 대해서는 그것이 무엇이든 간과하거나 외면하려 든다. 만약 자신의 선택이 틀렸다거나 잘못되었다는 인식이 들면 불편한 감정으로 이어진다. 자신의 선택과 선택에 대한 만족감이 일치하지 않을 때 일어나는 '인지부조화'(congnitive dissonance)이다.[51] 모순된 정보에 대해 스스로 느끼는 감정이다. 불편한 감정 속에 자신의 스트레스를 줄이려면 자기 정당화가 필요하다. 선택이 옳지 않았지만 선택을 달리했더라도 만족하지 못했을 거야 하는 심리이다. 이솝 우화『

여우와 신 포도』에서 높이 달린 포도를 따 먹을 수 없는 여우가 "저기 달린 포도는 틀림없이 실 거야"라는 변명으로 자신을 달래는 것과 같다.

선택의 피라미드

엘리엇 애런슨(E. Aronson)과 캐럴 태브리스(C. Tavris)는 『거짓말의 진화』에서 선택의 결과로 달라지는 사람들의 태도를 설명한다. '선택의 피라미드'(pyramid of choice)라는 도식이다.[52] 피라미드의 꼭대기는 특정 사안에 대해 아무런 판단을 하지 않은 상태이다. 태도, 능력, 심리가 같은 두 친구가 있다고 가정한다. 한 친구는 한쪽 방향으로 판단을 내리고 다른 친구는 반대쪽 방향으로 판단을 내린다. 각자는 자신들의 판단이 옳은 판단임을 증명하기 위해 이를 뒷받침하는 증거를 찾아 나선다.

두 친구는 자신들의 결정과 신념을 정당화하는 과정에서 점점 멀어진다. 시간이 지나면 둘은 피라미드 바닥 양 끝에 뚝 떨어진 채 서 있게 된다. 둘은 자기 정당화에 굳어져 서로를 싫어하거나 경멸할 수도 있다. 두 친구의 선택 전 태도는 모호성이었다. 선택 후 태도는 확실성으로 바뀌었다. 선택한 후에는 정당화의 방향으로만 달려간다. 중간 지점에서 판단에 대한 흔들림이 생기면 "마음을 돌려야지" 하는 데도 자신이 들인 시간과 노력 때문에 피라미드 꼭대기로 다시 올라가긴 어렵다. 선택의 정당화이다.

사람들은 처음에 선택하는 순간 딱히 중요하다는 생각 없이 결정을 내리는 경우가 많다. 합리적 의사 결정의 최적화된 모델을 가질 만큼 여유롭지 않다. 시간과 정보의 부족, 완벽하지 못한 지식, 모든 대안에 대한 계산과 예측 불가능성, 인간의 욕망, 거기다가 편견까지 끼어들면 완벽한 선택을 하기 어렵다. 완벽한 선택은 미래에도 현재와 같은 만족을 보장하는 선택이다. 완벽한 선택이 불가능하면 스스로 만족한다는 주관적 만족으로 대신한다. 최고의 선택이 아닌 상대적으로 만족할 만한 선택이다. "이 정도면 만족스럽다"는 수준이다.[53] 이는 제한적 합리성(bounded rationlity) 모델이다. 제한적 합리성은 허버트 사이먼(H. Simon)이 주장했다.[54]

개인은 선택에서 고려해야 할 사항이 많다. 개인이 가진 인지적 한계와 선택에 걸리는 시간의 제약으로 충분한 합리성을 발휘하기 어렵다. 막스 베버(M. Weber)도 합리성을 설명할 때 어떠한 행동이나 행동양식도 그 자체로 합리적이라고 볼 수 없으며, 특수한 관점에서만 합리적일지도 모른다고 했다.[55] 인간이 세상에 살면서 모든 가능한 복잡성이 다 제시된 상황에서 살 수는 없다. 말하자면 완벽한 선택은 불가능하다. 그래서 상황적 제약에서 이루어지는 제한적 합리성을 지닌 선택을 한다.

빠른 직관과 느린 이성

제한적 합리성을 지닌 선택은 자신의 상황에 따라 어떻게든 결정을 내리게 된다. 최적의 만족은 아니지만 나름의 기준을 고려하게 된다. 자신의 입맛에 맞는, 스스로 만족하는 기준인 것이다. '미래에 가장 후회를 덜 하게 될 것 같은 대안'이나, '미래에 가장 정당화하기 쉬운 대안'으로 선택하여 만족한다.[56] 소셜미디어의 수많은 정보를 접하면서 특정 이슈를 선택하거나 추종하는 경우도 마찬가지이다. 자신의 관심사나 선호도에 부합하는 정보를 선택하면서 그 가운데 앞으로 후회하지 않고 혹시 잘못되어도 정당화할 수 있는 이슈를 따른다. 사실(fact) 여부를 우선시하지는 않는다.

사람들은 특정 정보를 판단할 때 '빠른 직관'(fast thinking)을 이용한다. 빠른 직관은 아모스 트버스키(A. Tversky)와 다니엘 카너맨(D. Kahneman)의 연구에서 제안된 개념이다.[57] 소셜미디어로 특정 정보를 접할 때 자신의 가치관과 일치하면 빠른 직관으로 그것을 받아들인다. 빠른 직관은 복잡한 상황에서 충분한 고민이나 분석 없이 바로 판단하는 것으로 어느 정도 오류를 예상해야 한다. 잘못된 선택을 이끌 수 있다는 것이다. 카너맨은 '빠른 직관'과 대조되는 개념으로 '느린 이성'(slow thinking)을 제시했다.[58] 논리적이고 체계적인 사고를 의미하며 심사숙고한 고려와 분석으로 복잡한 문제에 대한 해결책을 찾는 데 사용된다.

그런데 소셜미디어에서 특정 정보를 접할 때 갖는 이성의 역할은 다르다. 우리가 흔히 생각하듯 진짜 '이성적 사고'가 아니라 진실이라고 믿는 목적을 위한 수단으로 쓰인다. 예를 들어, 나의 선택이 잘못된 정보인 경우 이를 무시하고 싶어도 빠른 직관으로 선택한 이후 도저히 무시할 수 없는 상황에 놓이면 느린 이성으로 노력해서라도 자신의 선택을 정당화하는데 힘쓴다는 것이다.

선택과 반대되는 올바른 정보에 대해서는 애써 외면하거나 간과하려는 노력이 실제 뇌파 데이터를 통한 연구에서도 드러났다. 페트리샤 모라벡(P. Moravec) 등의 연구는 소셜미디어 이용자 83명의 행동 및 뇌파 데이터를 수집하여 소셜미디어에서의 허위정보에 대한 인지와 판단을 실험으로 보여주었다. 허위정보를 감지할 수 있는 분석에서 이미 내린 결정에 대해서는 가짜와 진짜를 구별하지 못하는 것으로 나타났다.[59]

특히 이용자의 생각에 일치하는 정보에 대해서는 주의력과 관련된 인지활동이 증가하지만 그렇지 않은 경우는 아예 무시되는 것으로 조사되었다. 실제 연구에서 소셜미디어의 이용자들은 확증편향이 만연되어 있으며, 자신의 정치적 견해와 일치하는 뉴스에 대해서는 진위 여부를 떠나 높은 믿음을 보였다. 또한 자신의 의견에 반하는 정보에 대해서는 인지적 관심을 거의 주지 않고 외면하는 것으로 밝혀졌다.

일본 후쿠시마 원전의 오염수 방류를 둘러싼 가짜뉴스에 대한 논의에서도 프레임에 갇혀 자신들의 주장만 옳다고 외치는 모습이었다. 한쪽에서는 오염수의 위험으로 한국에 미치는 영향을 극대화해서 발표하고, 다른 쪽에서는 과학적인 근거가 없는 가짜뉴스라고 응대했다. 2011년 3월 동일본대지진의 후쿠시마 원전 사고로 생긴 오염수의 저장고가 가득 차면서 바다에 방류하는 것을 두고 시각이 엇갈렸다. 오염수 처리와 방류 과정에 걸러지지 않는 삼중수소에 대한 위험이 큰 논란이었다.

문제는 이를 둘러싼 가짜뉴스가 넘쳐났다. '윤석열 정부는 방류를 찬성한다', '오염수는 방사성 물질 범벅이다', '3개월 뒤 오염수가 한국 바닷가를 덮친다', '방류 후 후쿠시마산 수산물을 수입한다', 급기야 2023년 7월 정부는 후쿠시마 우럭이 헤엄쳐 한국에 온다는 말에 후쿠시마 바다의 어종과 한국 어종의 서식지가 나누어져 있어 그 가능성이 낮다고 설명하면서 괴담수준의 가짜뉴스에 대응하기 위한 대표적인 가짜뉴스 10가지를 모아 자료집으로 발표하기도 했다.[60]

자기 합리화

특정한 이슈에 대한 갈림에서 어떤 선택을 하고 추종하는가 하는 것은 정치적 프레임에 갇힌 직관에 따라 정하게 되는 경우가 많다. 어느 쪽이든 상대방의 설명을 대체로 귀담아 듣지 않고 자신의 주장만 한다. 한쪽에서는 가짜뉴스로 선동하지 말라고 하며 또 다른 쪽에서는 방류감시의 부실로 상대를 공격한다.[61] 오염수에 대해 처음에는 무엇이 정확한 사실인지 모호성을 가졌지만 팩트체크로 정확한 정보가 제공되어도 각자의 프레임으로 자신들의 주장을 굽히지 않는다. 오히려 자신들의 주장을 뒷받침하는 또 다른 증거를 찾아 편향된 사고로 무장하여 상대를 공격한다. 후쿠시마 원전 오염수의 경우도 허위정보로 밝혀진 내용에 대해 가짜뉴스로 무장한 사람들은 자신의 주장과 신념을 굽히지 않았다.

가짜뉴스를 믿는 사람들이 허위정보임에도 철회하지 않는 것은 자기 합리화이다. 자신의 판단에 들인 행동이나 노력을 생각하면 가짜뉴스를 쉽게 밀치지 못한다. 여기에 자신의 행동에 대한 믿음을 일관되게 하려는 합리화도 작용한다. 일단 결정하면 선택한 길을 정당화하는 방향으로만 내닫는다. 선택의 정당화는 자신의 선택에 스스로 강렬하게 옭아매는 것이다. 완전히 망한 프로젝트에 투자한 사람도 자신의 실수를 인정하기보다 자신의 선택을 옹호하려는 방법을 찾으려 애쓴다.

마찬가지로 가짜뉴스를 처음 접하는 순간은 모호성으로 시작하지만 시간이 지남에 따라 편향된 증거로 가짜뉴스를 신뢰감있는 정보로 받아들인다. 가짜뉴스를 믿는 확실성은 진짜 뉴스의 등장으로도 수정되지 않는다. 후쿠시마 원전을 둘러싼 많은 가짜뉴스도 여전히 논란이 되고 있다. 가짜뉴스를 계속 믿는 사람들은 선택에 따른 정당화로 진실임을 주장한다. 그것을 부인하면 모든 것들이 가짜들로 전락하기 때문이다. 결국, 진짜와 가짜가 따로 있는 게 아니라 자신의 생각 속에 진실이 있는 셈이다.

미주

1. 포스트 투르스 시대의 반란

1. <나무위키>-“팬덤” (namu.wiki).

2. 이민희 (2013), 『팬덤이거나 빠순이거나』, 알마.

3. 윤성렬 (2012), “‘아육대사건' 달샤벳·B1A4 양측 ‘루머 자제 당부’” <스타뉴스> (2012.1. 11) - https://www.starnewskorea.com/stview.php?no=2012011114554649165&type=1&outlink=1

4. 조인경 (2012), “‘성폭행 위협까지’ 녹화 현장에서 설마…”, <아시아경제> (2012.1.9.) - https://www.asiae.co.kr/news/view.htm?idxno=2012010909220673385

5. 한현정 (2012) “‘아육대 사태, 달샤벳 공식사과 원한다’…온라인 서명운동 5천명 육박”, <매일경제> (2012.1.10.) -https://www.mk.co.kr/star/hot-issues/view/2012/01/22479/

6. <유튜브>-“그때 그사건! 달샤벳 아육대 사건 이제는 말할 수 있다 | Q&A 달샤벳” -https://youtu.be/RltFA_uoRCA (); http://mksports.co.kr/view/2019/496190/

7. 박주현 (2018), 『가짜뉴스』, 커뮤니케이션북스, pp. 26-32.

8. Fisk, J. (1992), *The Cultural Economy of Fandom: Adoring Audience*. Routledge.

9. 서일호·조혜덕 (2019), 『스타와 팬』, 커뮤니케이션북스.

10. Jenkins, H. (2012), *Textual Poachers: Television Fans and Participatory Culture*, Routledge.

11. <한국기독공보>, 1991년 2월 2일자, 6면 -“『1992년의 열풍』 어떤 책인가”.
12. <나무위키>-“휴거” (namu.wiki).
13. SBS 교양 프로그램'꼬리에 꼬리를 무는 그날 이야기' 6회 (2020.10.29.방송),유튜브 SBS 공식 교양채널 방송본 -https://youtu.be/cj-_0Fc2A5U
14. Wilson, Bryan R. (1982), *Religion in Sociological Perspective*, Oxford University Press.
15. Jary, D. & Jary, J. (1991), “Millenarianism and millenial movement”, *Dictionary of Sociology*, Collins.
16. 김성회 (2011), “해롤드 캠핑 씨, ‘나도 답을 찾고 있는 중’” <NEWS M> (2011.5.23.) -http://www.newsm.com/news/articleView.html?idxno=2478
17. 김성건 (1991), “종말론 대두에 관한 사회학적 분석”, 『신학사상』 74집, pp. 744-765; Berger, P. and Luckmann, T. (1963), “Sociology of Religion and Sociology of Knowledge”, *Sociology and Social Research*, Vol. 74, pp. 417-427; Geertz C. (1966), “Religion as A Cultural System”, in M. Banton (ed.), *Anthropological Approaches to Region*, Tavistock, pp. 1-46.
18. Gross, M. (2007), “The Uunknown in Process: Dynamic Connections of Ignorance, Non-knowledge and Related Concepts”, *Current Sociology*, 55(5), pp. 742-759.
19. 버거, 피터·지더벨트, 안톤 (2010), 『의심에 대한 옹호』 (함규진 옮김), 산책자, 157.
20. <AFP-Fact check> (2020) “This is a 2014 photo of people participating in an art project in Frankfurt, Germany”(2020.2.3.) -https://factcheck.afp.com/2014-photo-

people-participating-art-project-frankfurt-germany

21. Allcott, H. & Gentzkow, M. (2017), "Social Media and Fake News in the 2016 Election", *Journal of Economic Perspectives,* 31(2), pp. 211-36.

22. Gottfried, J. & Shearer, E. (2016), "News Use across Social Media Platforms 2016". <Pew Research Center>, May, 2016.

23. <네이버 지식백과>-"트럼프 지지층이 '가짜뉴스' 가장 많이 공유" -https://terms.naver.com/entry.naver?docId=4397005&cid=60296&categoryId=60317

24. 유혜영 (2018), "정말 트럼프는 가짜뉴스 덕분에 당선된 걸까?", <시사IN> (2018.5.10.) -https://www.sisain.co.kr/news/articleView.html?idxno=31758

25. Allcott, H., & Gentzkow, M. (2017), "Social Media and Fake News in the 2016 Election", Journal of Economic Perspectives, 31(2), p. 222.

26. 김경민 (2017), "트럼프 가짜뉴스 제작자는 마케도니아 10대?", <시사저널> (2017.2.2.) -https://www.sisajournal.com/news/articleView.html?idxno=164294

27. 유혜영 (2018), "정말 트럼프는 가짜뉴스 덕분에 당선된 걸까?", <시사IN> (2018.5.10.) -https://www.sisain.co.kr/news/articleView.html?idxno=31758

28. Hughes, H. C., & Waismel-Manor, I. (2021), "The Macedonian fake news industry and the 2016 US election", *PS: Political Science & Politics,* 54(1), pp. 19-23.

29. 프레이저, 엘리 (2011), 『생각조종자들』 (이현숙·이정태 옮김), 알키, p. 15.

30. 프레이저, 엘리 (2011), 『생각조종자들』 (이현숙·이정태 옮김), 알키, p. 22.

31. <네이버 지식백과>-"필터 버블 - 정보의 홍수에서 편견에 갇히다" - https://m.terms.naver.com/entry.nhn?docId=3581012&cid=59088&categoryId=59096
32. 한국언론진흥재단 (2021), 『2021 언론수용자 조사』, 한국언론진흥재단.
33. Silverman, C. (2016), "This Analysis Shows How Viral Fake Election News Stories Outperformed Real News On Facebook", <Buzzfeednews> (2016.11.17.) - https://www.buzzfeednews.com/article/craigsilverman/viral-fake-election-news-outperformed-real-news-on-facebook#.gbv7kadbn
34. <나무위키>-"윤석열 미국 순방 중 욕설 논란" (namu.wiki).
35. <나무위키>-"스키마" (namu.wiki).
36. 김희경 (2020), "코로나 이후 영상 플랫폼 지출 두 배 늘어…콘진원 콘텐츠 이용 변화와 전망 보고서" <한국경제> (2020.9.1.) -https://www.hankyung.com/life/article/2020090119771
37. <나무위키>-"송대익 피자나라 치킨공주 조작 사건" (namu.wiki); 홍민성 (2022), "배달원이 음식 빼 먹어…조작 유튜버 송대익 1심 유죄", <한국경제> (2022.10.27.) -https://www.hankyung.com/society/article/2022102774047
38. <유튜브>-"소설이 현실을 능가한다': YouTube 알고리즘이 진실을 왜곡하는 방법" <가디언> (theguardian.com)
39. <위키백과>-"지평설" (ko.wikipedia.org).
40. 톄겨 (2015), 『대중은 왜 음모론에 끌리는가』, (허유영 옮김), 미래의 창.
41. 박명건 (2021) "유튜브 알고리즘에 대한 20가지 사실" <Digital Marketing Curation> (2021.6.12.) -https://www.thedigitalmkt.com/youtube-algorithm-facts/

2. 왜 가짜뉴스에 열광하는가?

1. 김효진 (2020), “코로나19 가짜뉴스 피해 행신동 삼겹살집”, <톱스타뉴스> (2020.3.9.) - https://www.topstarnews.net/news/articleView.html?idxno=738697

2. 차창희 (2020), “이 식당에서 확진자,,, 가짜뉴스에 떠는 자영업자”, <매일경제> (2020.2.28.) - https://n.news.naver.com/article/009/0004527025?fbclid=IwAR0SaBhHQx-QusA72o1I_ajT8JiySpe89bXxZyyMyJWe5o4Ng6dbnxBVBEk

3. 보드리야르, 장 (1991), 『소비의 사회』, (이상률 옮김), 문예출판사, pp. 106-107.

4. 바우만, 지그문트 (2016), 『소비사회와 교육을 말하다』, (나현영 옮김), 현암사, pp. 139-155.

5. <네이버 지식백과>-“역화효과” -https://terms.naver.com/entry.naver?docId=4368401&cid=43667&categoryId=43667

6. Pew Research Center (2016) “Many Americans Believe Fake News Is Sowing Confusion <Pew Research Cente> (2016.12.15.) -https://www.pewresearch.org/journalism/2016/12/15/many-americans-believe-fake-news-is-sowing-confusion/

7. 오세욱·박아란 (2017), “일반국민들의 ‘가짜뉴스’에 대한 인식”, 『미디어이슈』 3권3호, 한국언론진흥재단.

8. 보통, 알랭드 (2014), 『뉴스의 시대』, (최민우 옮김), 문학동네, pp. 257-258.

9. 김나연, 정민수 (2022), “2020년 의사파업에 대한 언론보도와 미디어 프레임 분석”, 한국보건사회연구원, 『보건사회연구』, Vol. 42, No. 2, pp. 28-42.

10. Entman, M. (1993), Framing: “Toward clarification of a

fractured paradigm", *Journal of Communication*, 43(3), pp. 51-58.

11. 레이코프, 조지 (2018), 『코끼리는 생각하지마』, (유나영 옮김), 와이즈베리.
12. 최홍규 (2017), "가짜 뉴스 관련 논점과 페이스북 · 구글의 대응 방안", <슬로우뉴스> (2017.2.28.) -https://slownews.kr/62062
13. 최유진 (2023), "'가짜 뉴스'가 소셜 미디어(SNS)에 퍼지는 주요 이유", <디지털비즈온> (2023.1.24.) -https://www.digitalbizon.com/news/articleView.html?idxno=2331239
14. 홍주현 (2017), "루머의 사실성 파급력과 소셜미디어를 통해 형성된 공중의 관계: 사드배치 관련 루머의 확산 네트워크 분석", *JICS*, 18(6) pp. 113-125.
15. Crockett, M. J. (2017), "Moral outrage in the digital age", *Nature Human Behaviour* 1, pp. 769-771.
16. 선스타인, 캐스 R (2011), 『우리는 왜 극단에 끌리는가』 (이정인 옮김), 프리뷰, pp. 42-46.
17. <나무위키> - "크리에이터" (namu.wiki).
18. 로, 스티븐 (2011), 『왜 똑똑한 사람들이 헛소리를 믿게 될까』 (윤경미 옮김), 와이즈베리, pp. 280-282.
19. Nickerson, Raymond S. (1998), "Confirmation bias: A ubiquitous phenomenon in many guises", *Review of General Psychology*, 2 (2), pp. 175-177.
20. 김정호 (2019), "'강원산불 당일' 청와대가 발끈한 가짜 뉴스의 실체… 숙취·지병·보톡스 시술설까지", <세계일보> (2019.4.9.) -https://www.segye.com/newsView/20190409517527
21. 김춘식·홍주현 (2020), "유튜브 공간에서 '가짜뉴스의 뉴스화': <고성 산불> 관련 정치적 의혹 제기와 청와대 반응 사례 연구", 『정치정보연구』, 23권 2호, pp. 403-439.

22. 강주리 (2019) "靑, '문 대통령 강원산불 당일 행적' 가짜뉴스 고발 결정", <서울신문> (2019.4.11.) - https://www.seoul.co.kr/news/newsView.php?id=20190411500077
23. 박의래 (2019) "'강원산불 가짜뉴스' 고발된 네티즌, 노영민·이해찬 역고소", <연합뉴스> (2019.7.4.) -https://v.daum.net/v/20190704164337688
24. 양정애 (2019), "일반 시민들이 새각하는 '뉴스'와 '가짜뉴스'", 『Midia Issue』 5권 1호, 한국언론진흥재단, pp. 11-12.
25. 염정윤、정세훈 (2018), "가짜뉴스에 대한 인식과 팩트체크 효과 연구: 기존 신념과의 일치 여부를 중심으로", 『한국언론학보』, 62권 2호, p. 67.
26. 김해원·강혜원·백지연 (2018). "크리에이터에게 이용자와 '상호작용' 한다는 것은 무슨 의미인가? 인터넷 개인방송 창작자에 관한 에스노그래피". 『방송과 커뮤니케이션』 19권 2호 pp. 83-85.
27. 선스타인, 캐스 R (2011), 『우리는 왜 극단에 끌리는가』 (이정인 옮김), 프리뷰.
28. 박현영 (2020), "트럼프 '우편투표는 사기' 트윗에…트위터 경고 딱지" <중앙일보> (2020.5.28.) -https://www.joongang.co.kr/article/23787471#home
29. 오경묵 (2020) "트럼프 아들이 공유한 '불타는 투표용지' 영상은 가짜뉴스", <조선일보> (2020.11.6.) -https://www.chosun.com/international/us/2020/11/06/TAPNDTCAAFDYFAZOKTQVODOYGA/
30. 임화섭 (2022), "'2020년 대선은 부정선거' 믿는 미국인이 더 많다" <연합뉴스> (2022.11.3.) -https://www.yna.co.kr/view/AKR20221103117900009
31. 허윤철 (2020), "뉴스 리터러시가 가짜뉴스의 영향력 지각과 구제 태도에 미치는 영향: 가짜뉴스 범위 인식의 조절 효과", 『한국언론

정보학보』, 통권 101호, 506-529.

32. Zaller, J. (1992), *The Nature and Origins of Mass Opinion*, Cambridge: Cambridge University Press.

33. 이숙정·양정애 (2017), "뉴스 리터러시가 의사소통 역량과 공동체 역량에 미치는 영향", 『한국방송학보』, 31권 6호 152-183.

34. 이주영 (2023) "트럼프 효과? 미국인 절반 '언론매체 의도적으로 가짜뉴스 보도'", <연합뉴스> (2023.2.16.) -https://www.yna.co.kr/view/AKR20230216125700009?input=1195m

35. 김형지 외 (2020), "가짜뉴스와 팩트체크 뉴스 노출 집단의 미디어 이용과 뉴스 인식, 그리고 리터러시 관계", 『한국언론정보학보』, 통권 101호, 232-259.

36. Aslett, K., Sanderson, Z., Godel, W., Persily, N., Nagler, J., & Tucker, J. A. (2023), "Online searches to evaluate misinformation can increase its perceived veracity", Nature, 625 pp. 548-556. -https://www.nature.com/articles/s41586-023-06883-y

37. 라르스 스벤젠 (2022), 『거짓말의 철학』, (이재경 옮김), 에이치비 프레스.

38. <위키백과>-"확증편향" (https://ko.wikipedia.org).

39. Stanovich, K. E., & West, R. F. (2007), "Natural myside bias in independent of cognitive ability", *Thinking and Reasoning*, 13 (3), pp. 225-247.

40. 에스티아이 (2023), "미디어의 이용과 확증편향층의 형성 및 그 특징" (2023. 5.18) -https://www.goodsti.com/notice/notice1.php?idx=671&typ=view

41. 한정훈 (2023), "한국인의 유튜브 뉴스 이용과 확증편향성", 『아시아브리프』 3권 56호 -https://asiabrief.snu.ac.kr/?p=1371

42. 한은영 (2020), "5· 18 역사왜곡의 극단주의적 특성: 유튜브 5· 18 왜

곡 동영상을 중심으로", 『민주주의와 인권』 20권 1호, p. 108.
43. 김성수•녹색소비자연대 (2018), 『모바일 동영상 서비스에 대한 소비자 인식조사』 녹색소비자연대,
44. 베버, 막스 (2019), 『직업으로서의 정치』 (전성우 옮김), 나남.

3. 대중의 생각을 유도하다

1. Silverman, Craig (2016), "This Analysis Shows How Viral Fake Election News Stories Outperformed Real News On Facebook", <BuzzFeed News> (2016.11.17.) - https://www.buzzfeednews.com/article/craigsilverman/viral-fake-election-news-outperformed-real-news-on-facebook
2. 오세욱·박아란 (2017), "일반 국민들의 '가짜뉴스'에 대한 인식". 『미디어 이슈』, 3권 3호, p. 9.
3. 박아란 (2020), 뉴스 미디어 및 허위정보에 대한 인식조사" 『미디어 정책 리포트』, 7호, 한국언론진흥재단.
4. 오세욱·박아란 (2017), "일반 국민들의 '가짜뉴스'에 대한 인식". 『미디어 이슈』, 3권 3호, p. 3.
5. 오세욱·정세훈·박아란 (2017). 『가짜 뉴스 현황과 문제점』. 한국언론진흥재단, p. 27.
6. Tynan, D. (2016), "How Facebook powers money machines for obscure political 'news' sites", <The Guaridian> (2016.8.24.) -https://www.theguardian.com/technology/2016/aug/24/facebook-clickbait-political-news-sites-us-election-trump
7. Subramanian, S. (2017). "Inside the Macedonian fake-news complex", <Wired> (2017.2.15.) -.https://www.wired.com/2017/02/veles-macedonia-fake-news/

8. 황용석·권오성 (2017), “가짜뉴스의 개념화와 규제수단에 관한 연구”, 『언론과 법』, 16권 1호.

9. Wardle, C. (2017), “Fake news. It’s complicated”, <First Draft News> (2017.2.16.) - https://firstdraftnews.org/latest/fake-news-complicated

10. 황치성 (2018), 『세계는 왜 가짜뉴스와 전면전을 선포했는가?』, 북스타.

11. 이소라 (2020), “4년 만에 소환된 힐러리의 '피자게이트' 음모론” <한국일보>, (2020.6.30.) - https://www.hankookilbo.com/News/Read/A2020062917340000044

12. 김민주 (2016), “[미국 대선 후유증] ‘피자게이트’가 뭐길래 총기 난사까지…” <일요신문> (2016.12.09.) -https://ilyo.co.kr/?ac=article_view&entry_id=218904

13. <나무위키> - “피자게이트” (수정시각-2023.8.17.) (namu.wiki)

14. Aisch, G., Huang, J. and Kang, C. (2016), “Dissectin the PizzaGate Conspiracy Theories”, <The New York Times> (2016.12.10.) -https://www.nytimes.com/interactive/2016/12/10/business/media/pizzagate.html

15. 노성종·최지향·, 민영 (2017). “가짜뉴스 효과의 조건: 2017년 대통령 선거에서 나타난 가짜뉴스 효과의 견인 및 견제요인”, 『 사이버커뮤니케이션학보』, 34 (4), pp. 99-149.

16. Pennycook, G., Cannon, T. D., & Rand, D. G. (2018), “Prior exposure increases perceived accuracy of fake news”, *Journal of Experimental Psychology: General*, 147 (12), pp. 1865-1880.

17. Allcott, H., & Gentzkow, M. (2017). “Social media and fake news in the 2016 election”, *Journal of Economic Perspectives*, 31 (2), pp. 211-236.

18. 권혜진 (2020), "'피자게이트' 음모론 온라인서 재유행…이번에는 틱톡이 주무대", <연합뉴스> (2020.6.28.) -https://www.yna.co.kr/view/AKR20200628040300009
19. Hovland, C. & Weiss, W. (1951). "The Influence of Source Credibility on Communication Effectiveness", *Public Opinion Quarterly*, 15 (4) pp. 635–650.
20. Kumkale, G. T. & Dolores A. (2004), "The sleeper effect in persuasion: a meta-analytic review", *Psychological bulletin* 130(1), pp. 143-172.
21. 유희석 (2019), "'가짜뉴스' 퍼뜨리다 인생 끝…대만, '최고 무기형' 초강력 입법" <머니투데이> (2019.5.8.) -https://news.mt.co.kr/mtview.php?no=2019050811382552644.
22. 박아란 (2019), "가짜뉴스와 온라인 허위정보 규제에 대한 비판적 검토" 『언론정보연구』, 66권 2호, p. 116.
23. 이재국, (2018), "가짜뉴스의 폐해와 규제 논란의 배경", 『관훈저널』 60 (4), pp. 11-17.
24. 퍼스트드래프트(firstdraftnews.org)는 2022년까지 활동한 조직으로 인터넷 아카이브에 웹사이트는 영구적으로 호스팅되고 있다.
25. 이윤수 (2017), "퍼스트드래프트의 크로스체크, 프랑스 대선을 시작으로 가짜뉴스와 거짓정보에 맞서다", <스토리오브서울> (2017.4.22.) -https://www.storyofseoul.com/news/articleView.html?idxno=2647.
26. 황규락 (2020), "트럼프 지지층 '번졌으니 무효'…"샤피펜' 게이트' 소송", <채널A뉴스> (2020.11.6.) -https://www.ichannela.com/news/main/news_detailPage.do?publishId=000000226453
27. 정은혜 (2020), "샤피펜 쓰면 트럼프 표 누락 800만명 들썩인 황당 음모론", <중앙일보> (2020.11.6.) -https://www.joongang.co.kr/article/23913989#home

28. <위키백과>-"대한민국 제19대 대통령 선거", (ko.wikipedia.org)

29. 김민중 (2022), "선관위, 황교안 고발한다…"사전투표 거부는 선거 방해", <중앙일보> (2022.3.1) -https://www.joongang.co.kr/article/25051959

30. 송은경 (2022), "선거 때마다 반복되는 '부정선거' 음모론…제재는 마땅찮아", <연합뉴스> (2022.3.14.) -https://www.yna.co.kr/view/AKR20220313034200004

31. <나무위키>-"오컴의 면도날" (namu.wiki)

32. 전상진 (2014), 『음모론의 시대』, 문학과지성사, p. 40.

33. 선스타인, 캐스 (2014), 『누가 진실을 말하는가』, (이시은 옮김), 21세기북스, pp. 27-29.

34. 전상진 (2014), 『음모론의 시대』, 문학과지성사, p. 44.

35. 포퍼, 칼 (1982), 『열린사회와 그 적들』 2권, (이한구·이명호 옮김), 민음사, p. 140.

36. 유태양 (2018), "네이버 "댓글 조작의혹 밝혀달라" 경찰에 수사의뢰" <매일경제> (2018.1.22.) -https://www.mk.co.kr/news/it/8161666

37. 허재현 (2018), "[단독] '정부 비방 댓글 조작' 누리꾼 잡고 보니 민주당원" < 한겨레> (2018.4.13.) -https://www.hani.co.kr/arti/society/society_general/840417.html

38. <나무위키>-"드루킹 여론조작 사건" (namu.wiki)

39. 이관범 (2018), "'드루킹 특검' 뜨자… 꼬리 감춘 댓글꾼들" <문화일보> (2018.6.12.) -https://www.munhwa.com/news/view.html?no=2018061101070103011001

40. 김범수 (2018), "60일 수사 막 내린 특검, 남은 쟁점과 과제는?", <세계일보> (2018.8.27.) -https://www.segye.com/newsView/20180827005652

41. <위키백과>-"국가정보원 여론 조작 사건" (ko.wikipedia.org)

42. 촘스키, 노엄·허먼, 에드워드 (2006), 『여론조작』 (정경옥 옮김), 에코리브르.

43. 김은미·선유화 (2006), "댓글에 대한 노출이 뉴스 수용에 미치는 효과", 『한국언론학보』, 50권 4호, pp. 34-60.

44. <위키백과>-"사이버 여론 조작" (wikipedia.org)

45. 이서현·김재희 (2020), "연예계 "공포의 댓글창 폐지 환영… 악플 대신 생산적 의견 모니터링", <동아일보> (2020.4.20.) -https://www.donga.com/news/article/all/20200420/100721212/1

46. 버거 피터 버거·지더벨트, 안톤 (2010), 『의심에 대한 옹호』 (함규진 옮김), 산책자.

4. 미디어의 조작

1. 권재현 (2016), "1964년 뉴욕 노상살인사건 누명 벗은 '38명의 방관자'", <동아일보> (2016.7.1.) -https://www.donga.com/news/article/all/20160701/78961330/1.

2. <위키백과>-"키티 제노비스 사건" (https://ko.wikipedia.org).

3. <위키백과>-"키티 제노비스 사건" (https://ko.wikipedia.org).

4. Rosenthal, A. M. (1964), *Thirty-Eight Witnesses*, New York: McGraw-Hill.

5. <나무위키>-"키티 제노비스 사건" (namu.wiki).

6. Darley, J. and Latane, B. (1968), "Bystander Intervention in Emergencies: Diffusion of Responsibility", *Journal of Personality and Social Psychology*, Vol. 8, pp. 377-383.

7. 글래드웰, 말콤 (2020), 『티핑포인트』 (김규태 옮김), 김영사. pp. 38-39.

8. 1971년 스탠퍼드 대학교 필립 짐바르도 심리학 교수가 실시한 실험. 교

도관과 죄수자로 나누어 인간의 폭력이 환경 때문인지, 개인의 성향 때문인지를 알기 위해 2주간 진행했다.

9. Manning, R., Levine, M. & Collins, A. (2007), "The Kitty Genovese murder and the social psychology of helping: The parable of the 38 witnesses", *American Psychologist*, 62 (6), pp. 555-562.

10. Roberts Sam (2020), "Sophia Farrar Dies at 92; Belied Indifference to Kitty Genovese Attack" <The New York Times> (2020.9.2), - https://www.nytimes.com/2020/09/02/nyregion/sophia-farrar-dead.html?searchResultPosition=1

11. 브레흐만, 뤼트허르 (2021), 『휴먼카인드: 감춰진 인간본성에서 찾은 희망의 연대기』 (조현욱 옮김). 인플루엔셜.

12. 보통, 알랭드 (2014), 『뉴스의 시대』, (최민우 옮김), 문학동네, 18.

13. 오코노, 케일린 · 웨더럴, 제임스 오언 (2019), 『가짜뉴스의 시대-잘못된 믿음은 어떻게 퍼져 나가는가』 (박경선 옮김), p. 217.

14. <네이버 지식백과>-"황색언론" -https://terms.naver.com/entry.naver?docId=74923&cid=43667&categoryId=43667

15. 박승철 (2011), "168년 역사 뉴스오브더월드 폐간", <매일경제> (2011.7.8.) - https://www.mk.co.kr/news/world/4951664

16. <나무위키>-"황색언론" (namu.wiki).

17. 박주현 (2018), 『가짜뉴스』, 커뮤니케이션북스, xv, 71-74.

18. <나무위키>-"인사이트" (namu.wiki) (2023.1.27.).

19. 예를 들어, 2019년 11월 17일, 한 소년이 호기심으로 요도에 31개의 구슬을 넣었다는 사실을 두고 인사이트에서 "'성적 쾌감' 얻으려 성기에 구슬 53개째 넣다 '응급실' 실려 간 14살 소년"이라는 자극적인 제목으로 게시하였다. 호기심이라는 단어보다는 '성적 쾌감' 이라는 단어가 자극적이기 때문에 사람들의 관심을 끌 것으로 생각하여 실제 제대로 조사하지 않은 채 클릭 수만을 위해 선정적인

단어를 사용한 것이다.

20. JTBC (2019), "[팩트체크] 중국 알루미늄 공장 들어와 미세먼지 급증한다?", <JTBC뉴스> (2019.1.8.) -https://mnews.jtbc.co.kr/News/Article.aspx?news_id=NB11753749

21. 조승환 (2020), "캐나다 연구팀, 유튜브에서 많이 본 코로나19 영상 넷 중 하나는 가짜뉴스" <동아사이언스> (2020.5.14.) -https://www.dongascience.com/news.php?idx=36700

22. <나무위키>-"FOX NEWS" (namu.wiki)

23. 강준만 (2013), 『증오 상업주의 - 정치적 소통의 문화정치학』, 인물과사상사.

24. 심하늬 (2017), "'성추문' 폭스뉴스 간판앵커 오라일리, 방송국서 퇴출" <머니투데이> (2017.4.20.) -https://news.mt.co.kr/mtview.php?no=2017042009532811357

25. 김정기 (2010), "미국은 극단적 네거티브와 정파성으로 병들고 있다" <신동아> (2010.12.1.) -https://shindonga.donga.com/Library/3/05/13/109847/1

26. Morris, Jonathan S. (2005), "The Fox news factor", Harvard International Journal of Press/Politics, (10)3, 56-79.

27. Popper, K. (1968), *The Logic of Scientific Discovery*, London.

28. 포퍼, 칼 (2006), 『열린 사회와 그 적들 1』 개정판 (이한구 옮김), 민음사.

29. <위키백과>-"2008년 대한민국 촛불 시위" (https://ko.wikipedia.org).

30. 신동훈 (2008), "MBC "PD수첩 오역·과장 사과", <조선일보> (2008.8.13.) -https://www.chosun.com/site/data/html_dir/2008/08/12/2008081201684.html

31 아이그너, 플로리안 (2022), 『우리에겐 과학이 필요하다』 (유영미 옮김), 갈매나무, pp. 21-24.

32. Wason, P. C. (1968), “Reasoning about a rule”, *The Quarterly Journal of Experimental Psychology,* 20 (3), pp. 273-281.

33. <나무위키>-“2008년 촛불 집회” (namu.wiki),

34. 노진철 (2009), "2008 년 촛불집회를 통해 본 광우병 공포와 무지의 위험소통“, 『경제와사회』, pp. 158-182.

35. 김도연 (2023), “비판언론 옥죄기 칼날로 돌아온 ‘윤석열 커피’ 보도, 그 시작과 끝은”, <미디어오늘> (2023.9.23.) -http://www.mediatoday.co.kr/news/articleView.html?idxno=312415

36. <나무위키>-“김만배-신학림 녹취록 조작 및 대선 개입 논란” (수정시각-2023.11.26) (namu.wiki)

37. Nyhan, B., & Reifler, J. (2010). “When corrections fail: The persistence of political misperceptions”, *Political Behavior,* 32 (2), pp. 303-330.

38. Kuklinski, J. H., Quirk, J. J., Schwieder, D., & Rich, R. F. (2000), “Misinformation and the currency of democratic citizenship”, Journal of Politics, 62 (3), pp. 790-816.

39. Luskin, R. C., Sood, G., & Blank, J. (2013), “The Waters of Casablanca: On Political Misinformation (and knowledge and ignorance)”, Unpublished manuscript -http://www.gsood.com/research/papers/CasablancaTheory.pdf

40. Prior, P., Sood, G., & Khanna, K. (2015), “You cannot be serious: The impact of accuracy incentives on partisan bias in reports of economic perceptions”, *Quarterly Journal of Political Science,* 10 (4), pp. 489-518.

41. 곽진웅 · 박상연 (2023) “김만배, ‘허위 인터뷰’ 종용...”, <서울신문> (2023.11.14) -https://www.seoul.co.kr/news/newsView.php?id=20231114500245

42. 괴벨스, 파울 요제프 (2019), 『괴벨스 프로파간다!』, 동서문화사.

43. 문화체육관광부, (2023) "'윤석열 커피' 가짜뉴스 유통 과정 추적… 신문법 위반 여부 검토 " <정책뉴스> (2023.9.6.) -https://www.korea.kr/news/policyNewsView.do?newsId=148919826

44. Hermida, A. (2015), "Nothing but the truth", in M. Carlson & Lewis, S. (eds.), *Boundaries ofJournalism*, Routledge. pp. 37-50.

45. 김선호 · 백영면 (2018), "19대 대선 기간 후보자간 의혹제기에 대한 팩크체크 뉴스의 설득효과" 『언론정보연구』, 55권 1호, pp. 161-194.

46. 노성종 · 최지향 · 민영 (2017), "가짜뉴스효과의 조건: 2017년 대통령 선거에서 나타난 가짜뉴스효과의 견인 및 견제요인", 『사이버커뮤니케이션학보』, 34권 4호, pp. 99-149.

47. Rubin, V. L., Chen, Y., & Conroy, N. J. (2015), "Deception detection for news: three types of fakes", *Proceedings of the Association for Information Science and Technology*, 52 (1), pp. 1-4.

48. 촘스키, 노엄 · 허먼, 에드워드 (2006), 『여론조작』 (정경옥 옮김), 에코리브르, pp. 19-20.

5. 자유 의지를 좇는다

1. 서병빈 외 (2020), "코로나 예방 소금물 뿌렸는데…은혜의강 교회 확진자 63명 '눈덩이'", <뉴스1> (2020.3.18.) -https://www.news1.kr/articles/?3877987

2. 베이컨은 『노붐 오르가눔』(Novum Oruganum, 1620)에서 인간이 의지하는 잘못된 지성인 선입견을 우상이라 했다.

3. 손철성 (2021), 『베이컨의 신기관-근대를 위한 새로운 생각의 틀』,

EBS BOOKS, pp. 85-119.

4. 김미경 (2019), "뉴스신뢰도, 뉴스관여도와 확증편향이 소셜 커뮤니케이션 행위에 미치는 영향: 가짜뉴스와 팩트뉴스 수용자 비교", 『정치커뮤니케이션연구』 , 52, pp. 5-48.

5. 이진경 (2022), "'소금물 담그면 바이러스 소독' '안티푸라민 코로나에 특효'… 정보과잉이 키운 '건강 문맹'", <세계일보> (2022.4.3.) -https://www.segye.com/newsView/20220401512885?OutUrl=naver

6. <위키백과>-"유튜브" (https://ko.wikipedia.org).

7. 최진웅 (2019), "1인 영상미디어 산업 진흥을 위한 입법 및 정책 과제", 『NARS 현안분석』, 국회입법조사처 (2019.9.2.).

8. 이문규 (2019), "스마트폰 전체 연령층의 사용 1위 앱은 '유튜브'", <IT동아> (2019.9.10.) -https://it.donga.com/29482/

9. 박원익 (2019), "가짜 뉴스 유통 경로 1위 유튜브 꼽아... 확증 편향 강화 우려도", <조선일보> (2019.8.21.) -https://biz.chosun.com/site/data/html_dir/2019/08/21/2019082102621.html

10. 김현아 (2019), "유튜브 정치뉴스, 많이 볼수록 신뢰한다..의외의 결과", <이데일리> (2019.8.21.) -https://www.edaily.co.kr/news/read?newsId=03506326622589616&mediaCodeNo=257&OutLnkChk=Y

11. 홍국기 (2024), "올해 국내 이용자 1위 모바일 플랫폼 바뀐다…카톡→유튜브", <연합뉴스> (2024.1.3.) -https://www.yna.co.kr/view/AKR20240103022800017?input=1195m

12. Sumner, William H. (1906), *Folkways*, New York and Boston: Ginn & Co..

13. 선스타인, 캐스 R. (2011), 『우리는 왜 극단에 끌리는가』, 이정인 옮김, 프리뷰, pp. 12-14.

14. 선스타인, 캐스 R. (2011), 『우리는 왜 극단에 끌리는가』, 이정인 옮

김, 프리부, pp. 20-22.
15. 김기현 외 (2024), "'증오정치 바이러스' 더 독해졌다", <동아일보> (2024.1.4.) -https://www.donga.com/news/Politics/article/all/20240103/122892624/1
16. 김승환 외 (2024) "가짜뉴스·음모론 키우는 극단 유튜버들 [이재명 피습 후폭풍]", <세계일보> (2024.1.3.) -https://www.segye.com/newsView/20240103514497?OutUrl=naver
17. 김태형 (2019), 『그들은 왜 극단적일까』, 을류문화사, pp. 102-104.
18. 선스타인, 캐스 R. (2011), 『우리는 왜 극단에 끌리는가』, 이정인 옮김, 프리뷰, pp. 40-41.
19. 송상현 (2024), "'이재명 피습' 가짜뉴스에…경찰 '중대한 범죄, 엄정 대응'", <뉴스1> (2024.1.5.) -https://www.news1.kr/articles/5281603
20. 박귀현 (2023), 『집단의 힘』, 심심.
21. Smith, Adam (1982), *The Theory of Moral Sentiments,* Liberty Fund Press, p. 21.
22. 바우만, 지그문트 (2002), 『자유』 (문성원 옮김), 이후.
23. 바우만, 지그문트 (2002), 『자유』 (문성원 옮김), 이후, p. 63.
24. <나무위키>-"자유론" (namu.wiki).
25. 밀, 존 스튜어트 (2018), 『자유론』 (박문재 옮김), 현대지성, pp. 20-21.
26. 맹하경 (2020) "쿠팡은 왜 '가짜뉴스'와 전쟁을 선포했나", <한국일보> (2020,11.2) -https://www.hankookilbo.com/News/Read/A2020110209470002184?did=NA
27. 신건웅 (2020), "'코로나 유언비어 퍼뜨린 악플러 고소했더니 쿠팡맨?'…답답한 쿠팡" <뉴스1> (2020.10.30.) -https://www.news1.kr/articles/?4104460

28. 밀, 존 스튜어트 (2018), 『자유론』 (박문재 옮김), 현대지성, pp. 65-69.

29. 카너먼, 대니얼 (2012), 『생각에 관한 생각』 (이진원 옮김), p. 279.

30. 고기정 (20223), “엔데믹 이어 '빈대믹'…"택배 타고 빈대 들어온다”, <아시아경제> (2023.11.8.) -https://view.asiae.co.kr/article/2023110815493565832

31. 맹하경 (2020) “쿠팡은 왜 '가짜뉴스'와 전쟁을 선포했나”, <한국일보> (2020,11.2) -https://www.hankookilbo.com/News/Read/A2020110209470002184?did=NA

32. Schutz, A. (1967), *The Phenomenology of the Social World*, London: Heinemann. 국내에서는 슈츠의 typification을 전형화 또는 전형성으로 번역되어 소개하기도 한다.

33. 리처, 조지 (2006), 『현대사회학 이론과 그 고전적 뿌리』 (한국이론사회학회 역), 박영사, pp. 100-101.

34. 김윤종 (2020), “‘코로나, 5G 주파수 타고 확산’ 가짜뉴스에…기지국 방화 속출”, <동아일보> (2020.4.22.) -https://www.donga.com/news/Inter/article/all/20200422/100766781/1

35. 강훈상 (2020) “이란서 소독용 알코올 마셔 두달새 525명 사망·95명 실명”, <연합뉴스> (2020.4.27.) -https://www.yna.co.kr/view/AKR20200427167000111

36. 차미영 (2020), “코로나19 가짜뉴스에 맞선 데이터 과학”, <기초과학연구원> (2020.7.29.) - https://www.ibs.re.kr/cop/bbs/BBSMSTR_000000000971/selectBoardArticle.do?nttId=18985

37. <나무위키> - “사이버렉카” (namu.wiki).

38. KBS뉴스 (2021), “한강 대학생 사망 사건…‘사이버 렉카’로 전락한 언론과 유튜브”, <KBS뉴스> (2021.6.6.) -https://news.kbs.co.kr/news/pc/view/view.do?ncd=5202872

39. 이신행 · 현아연, (2023), “유튜브'사이버렉카'채널은 어떻게 악성댓글

을 양산하는가? 유튜버 익명성, 규범 동조, 혐오의 반향실 효과를 중심으로", 『사이버커뮤니케이션학보』 40권 2호, pp. 53-88.

40. 최희주 (2022), "누가 'BJ 잼미'를 죽였나…사이버렉카 휘발성 콘텐츠의 민낯", <일요신문> (2022.2.10.) -https://ilyo.co.kr/?ac=article_view&entry_id=422506

41. 이기범 (2021), "[유튜피아]돈되면 가짜뉴스면 어때?…'사이버렉카' 부추기는 알고리즘", <뉴스1> (2021.5.23.) -https://www.news1.kr/articles/?4310882

42. 송병원 · 성동규 (2023), "사이버렉카 콘텐츠 이용동기가 이용만족과 지속시청의도에 미치는 영향", 『문화산업연구』 23권 4호, pp. 225-234.

43. Goffman, E. (1959), *The Presentation of Self in Everyday Life*, New York: Doubleday.

44. Asch, Solomon E. (1955), "Opinions and Social Pressure", Scientific American 193 (5), pp. 31-35.

45. 오코너, 케일린 · 웨더럴, 제인스 오언 (2019), 『가짜뉴스의 시대: 잘못된 믿음은 어떻게 퍼져나가는가』 (박경선 옮김), 반니.

46. 뒤르켐, 에밀 (2019), 『사회학적 방법의 규칙들』 (윤병철 · 박창호 옮김), 새물결.

47. 이재호 (2021), "가짜뉴스에 낚인 노인들, 약국서 "'코로나 약' 클로로퀸 달라", <한겨레> (2021.1.3.) -https://www.hani.co.kr/arti/society/health/977010.html

48. Jason Leopold (2017), "Here's The Official Photos Showing Trump's Inauguration Crowds Were Smaller Than Obama's" <buzzfeednews.com> (2017.3.7.) -https://www.buzzfeednews.com/article/jasonaleopold/the-national-park-service-has-released-official-photos-of-tr

49. 오코너, 케일린 · 웨더럴, 제인스 오언 (2019), 『가짜뉴스의 시대: 잘

못된 믿음은 어떻게 퍼져나가는가』 (박경선 옮김), 반니, pp. 114-115.

50. Monica Hunter-Hart (2018) "Trump's Inauguration Crowd Photos Were Reportedly Edited At His Request" <Bustle.com> (2018.9.7.) -https://www.bustle.com/p/trumps-inauguration-crowd-photos-were-reportedly-edited-at-his-request-11772759

51. 이유림 (2019) "[광화문집회] 與'서초동은 자발, 광화문은 동원'…野 '내로남불, 유체이탈'", <데일리안> (2019.10.4.) - https://www.dailian.co.kr/news/view/830878

52. 안홍기 (2019) "서초동 집회 뻥튀기 증거 사진들? 민경욱 왜 이러나" <오마이뉴스> (2019.10.7.) -https://www.ohmynews.com/NWS_Web/View/at_pg.aspx?CNTN_CD=A0002576525

53. 이재철 (2019), "정치참여의 유형 비교: 수도권 시민의 관습적 정치참여와 비관습적 정치참여 분석", 『현대정치연구』 12권 3호, pp. 35-67.

6. 무책임의 사회

1. Jary, David and Jary, Julia (1991), "Social Structure", *Collins Dictionary of Sociology*, Harper Collins.

2. Marx, Karl (1869/1963), *The 18th Brumaire of Louis Bonaparte*, New York: International Publishers.

3. Giddens, Anthony, (1984), *The Constitution of Society: Outline of the Theory of Structuration*, Cambridge: Polity Press.

4. <지식백과>-"플랫폼" (https://terms.naver.com)

5. 이재열 편 (2021), 『플랫폼 사회가 온다-디지털 플랫폼의 도전과 사회

질서의 재편』, 한울, pp. 19-21.

6. Van Dijck, Jose, Thomas Poell and Martijn De Waal (2018), *The Platform Society: Public Values in a Connected World*, Oxford University Press, pp. 31-46.

7. 노혜령 (2020), 『가짜뉴스 경제학』, 위크라이프, pp. 154-159.

8. 김도엽 (2020), “코로나19, '헤어드라이어'로 예방?…확인해보니” <머니투데이> (2020.2.26.) -https://news.mt.co.kr/mtview.php?no=2020022513140115188

9. KBS뉴스 (2020), “[팩트체크K] ‘춘해보건대 김희진 총장입니다’ 코로나19 예방법…진실은?” <KBS 뉴스> (2020.2.24.) -https://news.kbs.co.kr/news/pc/view/view.do?ncd=4387756

10. <위키백과>-“거짓 딜레마” (http://ko.wikipedia.org).

11. 이정봉 (2022), “바이든이냐 날리면이냐...국민 둘로 쪼갠 그 말의 진짜 진실”, <중앙일보> (2022.10.22.) -https://www.joongang.co.kr/article/25111267#home

12. 커너먼, 대니얼 (2012), 『생각에 관한 생각』 (이진원 옮김), 김영사, pp. 278-279.

13. 김미경 (2024), “`바이든이냐, 날리면이냐`…외교부 판정승, 법원 ‘MBC가 정정보도해야’” <디지털타임스> (2024.1.12.) -https://www.dt.co.kr/contents.html?article_no=2024011202109958044005

14. 이근평 (2023), “성주 울린 '전자파 참외' 괴담이었다…6년만에 사드기지 정상화”, <중앙일보> (2023.6.23.) -https://www.joongang.co.kr/article/25171582

15. 권광순 (2023), “성주 참외 역대 최고 매출, 소비자가 ‘사드괴담’ 퇴출” <조선일보> (2023, 11.13) -https://www.chosun.com/national/regional/2023/10/03/NYX4LWSJAFHPVHH57HXMGOACRA

16. 김명일 (2024), “매출 오르게→배추 오르게→물가 오르게… 尹 가

짜뉴스, 이렇게 퍼졌다" <조선일보> (2024.1.29.) -https://www.chosun.com/politics/politics_general/2024/01/29/I7SSVZ7CSREXFLG5AJNBB5M7NM/

17. 김명진 (2024), "JTBC 오보 사과에도...추미애 '배추를 매출이라고 윽박 질러'", <조선일보> (2024.1.31.) -https://www.chosun.com/national/national_general/2024/01/31/Q7N7S7W6LZAQJLXOAHVPZMHECU/?utm_source=naver&utm_medium=referral&utm_campaign=naver-news
18. 헨리히, D (1983), 『막스 베버의 과학방법론』 (이상률 옮김), 이삭.
19. 커너먼, 대니얼 (2012), 『생각에 관한 생각』 (이진원 옮김), 김영사.
20. 김운하 (2014), 『선택, 선택의 재발견』, 은행나무, p. 71.
21. 박준석 (2021), 『가짜뉴스의 심리학』, 휴머니스트, p. 82.
22. Tversky, Amos & Kahnneman Daniel, (1978), "Judgment under Uncertainty: Heuristic and Baises", Peter Diamond and Michael Rothschild (eds.), *Uncertainty in Econmics*, Elsevier. pp.17-34.; 커너먼, 대니얼 (2012), 『생각에 관한 생각』 (이진원 옮김), 김영사, pp. 163-269.
23. 매킨타이어, 리 (2021), 『지구가 평평하다고 믿는 사람과 즐겁고 생산적인 대화를 나누는 법』, 위즈덤하우스.
24. 매킨타이어, 리 (2021), 『지구가 평평하다고 믿는 사람과 즐겁고 생산적인 대화를 나누는 법』, 위즈덤하우스. pp. 85-105.
25. 정재은 (2021), "미국 작년 사망률 15% 폭증…'역사상 최악의 치명적 해'" <연합뉴스> (2021.3.11.) -https://www.yna.co.kr/view/AKR20210311083600009
26. 이원영 (2020), "[단독] 미 보고서 '독감 백신 맞으면 비독감 감염질환 65% 늘어'" <UPI뉴스> (2020.10.22.) -https://www.upinews.kr/newsView/upi202010220038

27. SNU팩트체크, 서울대학교 언론정보연구소 - https://factcheck.snu.ac.kr/facts/show?id=2596 (인용날짜=2023.12.3.).
28. Gigerenzer, G. (2004), "Fast and Frugal Heuristics: the Tools of Bounded Rationality", Derek J., Koehler, Nigel Harvey (eds.), *Blackwell Handbook of Judgment and Decision Making*, Blackwell.
29. Sullivan, Margaret (2020), "This was the week America lost the war on misinformation", <The Washington Post> (2020.7.30.) - https://www.washingtonpost.com/lifestyle/media/this-was-the-week-america-lost-the-war-on-misinformation/2020/07/30/d8359e2e-d257-11ea-9038-af089b63ac21_story.html
30. Riesman, David (1961) *The Lonely Crowd: A Study of the Changing American Character*, Yale Univ. Press.
31. 메스트로비치, 스테판 G, (2014), 『탈감정사회』 (박형신 옮김), 한울, 3장 "데이비드 리즈먼의 <고독한 군중>의 재맥락화" 볼 것.
32. <위키백과>-"메타인지" (https://ko.wikipedia.org).
33. 니콜스, 톰 (2017), 『전문가와 강적들: 나도 너만큼 알아』, (정혜윤 옮김), 오르마.
34. 니콜스, 톰 (2017), 『전문가와 강적들: 나도 너만큼 알아』, (정혜윤 옮김), 오르마, p. 217.
35. Kruger, J., & Dunning, D. (1999). "Unskilled and Unaware of It: How Difficulties in Recognizing One's Own Incompetence Lead to Inflated Self-assessments", *Journal of Personality and Social Psychology*, 77(6), pp. 1121–1134. -https://doi.org/10.1037/0022-3514.77.6.1121
36. 니콜스, 톰 (2017), 『전문가와 강적들: 나도 너만큼 알아』, (정혜윤 옮김), 오르마, p. 215.

37. Roth, Guenther (1968), "Introduction", in M. Weber, *Economy and Society*, Vol. 1. Bedminster, p. 19.

38. <위키백과>-"서동요" (http://wo.wikipedia.org),

39. 맥컬로, 콜린 (2018), 『안토니우스와 클레오파트라』 (강선재 외 옮김), 교유서가.

40. 최은창 (2020), 『가짜뉴스의 고고학』, 동아시아, pp. 4-42.

41. 박종인 (2023) "'헤이그 밀사 이준 할복자살'은 대한매일신보의 가짜뉴스였다", <조선일보> (2023.12.8.) -https://www.chosun.com

42. 전기통신사업법 제53조 제1항 위헌 결정. 헌법재판소 2002.6.27. 선고 99헌마480 전원재판부, 최은창 (2020), 『가짜뉴스의 고고학』, 동아시아, p. 34. - 주석 재인용.

43. 문소영 (2024) "'건국전쟁' 감독 '업적만 부각? 좌파 일색 정치다큐와 균형 맞춘 것'" <중앙일보> (2024.2.17.) -https://www.joongang.co.kr/article/25229242#home

44. 노혜령 (2020), 『가짜뉴스의 경제학』, 워크라이프, pp.46-49.

45. Edwards, Mark (1994), *Printing, Propaganda 및 Martin Luther*, University of California Press. - http://ark.cdlib.org/ark:/13030/ft3q2nb278/

7. 자기 확증의 시대

1. 리처, 조지 (2006), 『현대사회학 이론과 그 고전적 뿌리』, (한국이론사회학회 옮김), 박영사, pp.222-230.

2. 고프만, 어빙 (1987), 『자아표현과 인상관리-연극적 사회분석론』 (김병서 옮김), 경문사.

3. 한국소비자원 (2015), <새로운 연애 트렌드 '소셜데이팅' 피해 많아> 보도자료 (2015.5.26.), 한국소비자원.

4. 턴불, 티파니 (2024), “테일러 스위프트: 세계 최초의 ‘스위프트 학술회의’는 어떤 모습일까”, <BBC News코리아> (2024.2.14.) -https://www.bbc.com/korean/articles/cxemkevl1mzo
5. 정혜정 (2024) “충격의 '스위프트 딥페이크' 이곳서 시작됐다…‘게임하듯 만들어’”, <중앙일보> (2024.2.6.) -https://www.joongang.co.kr/article/25227281#home
6. 임미나 (2024) “팝스타 테일러 스위프트도 당했다…딥페이크 음란 이미지 퍼져”, <연합뉴스> (2024.1.27.) -https://www.yna.co.kr/view/AKR20240127003700075
7. 박성훈 (2023), “‘영상통화 믿지마’ 공안 경고했다…10분새 7억 뜯은 '中 AI 피싱'”, <중앙일보> (2023.6.19.) -https://www.joongang.co.kr/article/25170765#home
8. Metz Cade (2024), “OpenAI Unveils A.I. That Instantly Generates Eye-Poping Videos” <The New York Times> (2024.2.14.) (www.nytimes.com)
9. 오픈AI사 홈페이지 (2024년 2월19일 방문) -https://openai.com/research/video-generation-models-as-world-simulators
10. 김민석 (2024) “단 몇 문장에 영화 같은 동영상…딥페이크 우려 더 키운 ‘AI소라’”, <서울신문> (2024.2.18.) -https://www.seoul.co.kr/news/newsView.php?id=20240219018003
11. 고민서 외 (2024), “빅테크 '딥페이크와 전쟁' 동참 … 美 33개주 방지 법안 발의”, <매일경제> (2024.2.18.) -https://www.mk.co.kr/news/it/10945336
12. 이민웅 (2002), “좋은 뉴스의 으뜸가는 조건으로서 진실 보도”, 『언론과 사회』, 10권 3호, pp. 9-51.
13. 이완수 (2018), “가짜뉴스란 무엇인가?”, 『미디어와 인격권』, 4권2호, p. 197.
14. 송영훈 (2019) “2018년 최악의 가짜뉴스는?”, <NEWSTOF>

(2019.1.7.) - https://www.newstof.com/news/articleView.html?idxno=1208

15. 오대영 (2018), “[팩트체크] 대북 쌀 지원으로 쌀값이 폭등? 잘못된 정보들” <JTBC뉴스> (2018.8.22.) -https://news.jtbc.co.kr/article/article.aspx?news_id=NB11684776
16. 가짜뉴스 시대에 살아남기 91-93.
17. Schudson, Michael (1989), “The sociology of news production”, Media, Culture & Society, 11 (3), pp. 263-282
18. <위키백과>-“미네르바 사건” (https://ko.wikipedia.org).
19. 류희림 (2018), 『가짜뉴스시대에서 살아남기』, 글로세움, pp. 101-103.
20. 버네이스, 에드워드 (2009), 『프로파간다: 대중의 심리를 조종하는 선전 전략』, (강미경 옮김), 공존.
21. Tandoc Jr., E. C., Lim, Z. W., & Ling, R. (2018), “Defining ‘fake news’ A typology of scholarly definitions”, *Digital Journalism*, 6 (2), p. 146.
22. 홍수현 (2023) “‘김만배 녹취록’ 최악의 가짜뉴스 1위...2위 ‘청담동 술자리’”, <이데일리> (2023.12. 4) -https://www.edaily.co.kr/news/read?newsId=03220966635835240
23. 김남하 (2023), “2023 가짜뉴스 1위 '김만배·신학림 녹취록 보도'… 2위 김의겸 '청담동 술자리' 발언 [미디어 브리핑]” <데일리안> (2023.12.4.) -https://www.dailian.co.kr/news/view/1302419/
24. 에크먼, 폴 (2012), 『텔링 라이즈』 (이민주 옮김) 한국경제신문, pp.31-38.
25. Marcuse, Herbert (1964), *One-Demensional Man*, Boston: Beacon Press.
26. 이해람 (2011), “[월간중앙] 심층취재 | 미국인 358만 명이 우영우 떼창?…도 넘은 '국뽕 콘텐트'” <중앙일보> (2022.8.25.) -https://

www.joongang.co.kr/article/25096949#home
27. <위키백과>-"국뽕" (https://ko.wikipedia.org).
28. 장휘·송경호 (2021), "코로나19와 한국 민족주의의 분화: '국뽕'유튜브의 사례를 중심으로", 『시민과세계』, 39호, pp. 89-128.
29. 이예슬 (2021), "세상에 마냥 좋기만 한 것은 없다: 국뽕의 이중성", 『오늘의 문예비평』, 123호, pp. 187-193.
30. 유수연 (2022), "해리 케인, 귀화 선언?…이성모 기자 '"국뽕 유튜브' 법적 대응" 예고" <톱스타뉴스> (2022.7.29.) -https://www.topstarnews.net/news/articleView.html?idxno=14712824
31. 윤광은 (2022), "손흥민 '5 연속 이적 뉴스'로 뜯어 본 '국뽕 유튜브'" <미디어비평> (2022.9.3.) -https://www.mediaus.co.kr/news/articleView.html?idxno=301259
32 정희윤 (2020), "해외가 '깜짝' 놀랐다고? 지나친 유튜브 '국뽕' 콘텐트, 근원은" <중앙일보> (2020.9.4.) -https://www.joongang.co.kr/article/23864922#home
33. 서정민 (2022), "'국뽕 너머의 국뽕 추구합니다'…'한산' 김한민 감독의 이순신 3부작" <한겨레> (2020.7.30.) -https://www.hani.co.kr/arti/culture/culture_general/1052898.html
34. 김어진 (2019), "[청년의 시선] 역사영화인가, 국뽕 영화인가", 『유레카』 (431), pp. 130-133.
35.유소연 "'짜릿한 국뽕'…전세계서도 1위한 한국 드라마" <TV리포트> (2024.2.21.) -https://tvreport.co.kr/breaking/article/792717/; 안병준 (2024), "'국뽕 차오른다' 초슬림 담배 세계 1위 '에쎄' 누적 판매 9000억 개비 돌파 <매일경제> (2024.2.14.) -https://www.mk.co.kr/news/business/10942107
36. 오유선 외 (2023), "국가동일시 정도와 콘텐츠 성격이 국가자부심, 국가애착, 감정에 미치는 영향:'국뽕'과 '국까'콘텐츠를 중심으로", 『한국방송학보』 37권 3호, pp. 91-140.

37. 이해람 (2011), “[월간중앙] 심층취재 | 미국인 358만 명이 우영우 떼창?…도 넘은 '국뽕 콘텐트'” <중앙일보> (2022.8.25.) -https://www.joongang.co.kr/article/25096949#home

38. 이호 (2020), “[IT/과학 주간 핫 이슈] 애국심과 자부심 극단 고취시키는 ‘국뽕’콘텐츠 관심 커진 이유는”, <넥스트데일리> (2020.10.22.) -https://www.nextdaily.co.kr/news/articleView.html?idxno=91600

39. Anderson, Benedict (1983), *Imagined communities: Reflections on the origin and spread of nationalism*, London: Verso, p. 6.

40. 하헌기 (2020) “지금 유튜브는 ‘국뽕’ 아니면 ‘국까’” <시사IN> (2020.8.21.) -https://www.sisain.co.kr/news/articleView.html?idxno=42610

41. 레비-스트로스, C. (2001), 『야생의 사고』 (안정남 옮김), 한길사.

42. 사이드, 에드워드 (2015), 『오리엔탈리즘』 (박홍규 옮김), 교보문고.

43. 레비-스트로스, C. (2001), 『야생의 사고』 (안정남 옮김), 한길사, p. 89.

44. 배경환 (2023), “집값 마이너스서 보합 전환되자 부동산원 압박…두 달간 낮춰 발표(상보)” <아시아경제> (2023.9.15.) -https://www.asiae.co.kr/article/2023091513251502369

45. 우다빈 (2023), “지드래곤 소속사 "마약 무혐의는 '사필귀정', 개인 인격 짓밟혔다"” <한국일보> (2023.12.21.) -https://www.hankookilbo.com/News/Read/A2023122109500003171?did=NA

46. Kessler, Glenn and Kelly, Meg (2018), “President Trump made 2,140 false or misleading claims in his first year” <The Washington Post> (2018.1.10.) - https://www.washingtonpost.com/news/fact-checker/wp/2018/01/20/president-trump-made-2140-false-or-misleading-claims-in-

his-first-year/
47. 미치코, 가쿠타니 (2018), 『진실 따위는 중요하지 않다』 (김영선 옮김), 돌베게.
48. 니콜스, 톰 (2017), 『전문가와 강적들』 (정혜윤 옮김), 오르마.
49. 레이코프, 조지 (2018), 『코끼리는 생각하지마』 (유나영 옮김), 와이즈베리.
50. 니콜스, 톰 (2017), 『전문가와 강적들』 (정혜윤 옮김), 오르마, pp. 195-196.
51. <나무위키>-"인지부조화" (namu.wiki).
52. 애런슨, 엘리엇·테브리스, 캐럴(2007), 『거짓말의 진화』 (박웅희 옮김), 추수밭.
53. 김운하 (2014), 『선택, 선택의 재발견』, 은행나무, pp. 56-57.
54. Simon, H. A. (1945), *Administrative Behavior: A Study of Decision-Making Processes in Administrative Organization*, New York: Free Press.
55. 브루베이커, 로저스 (1985), 『합리성의 한계-막스 베버의 사회도덕관』 (나제민 옮김), 법문사, pp. 49-50..
56. 김운하 (2014), 『선택, 선택의 재발견』, 은행나무, p. 57.
57. Tversky, A., & Kahneman, D. (1974), "Judgment under Uncertainty: Heuristics and Biases: Biases in judgments reveal some heuristics of thinking under uncertainty", *Science*, 185(4157), pp. 1124-1131.
58. 카너맨, 대니얼 (2012), 『생각에 관한 생각』 (이진원 옮김), 김영사.
59. Moravec, P., Minas, R., & Dennis, A. R. (2018), "Fake news on social media: People believe what they want to believe when it makes no sense at all", *Kelley School of Business research paper*, pp. 18-87.

60. 김훈남 (2023), "후쿠시마 우럭이 헤엄쳐서 온다고?…'오염수 가짜뉴스 10개' 공개" <머니투데이> (2023.7.12.) -https://news.mt.co.kr/mtview.php?no=2023071210453616551

61. 이현주 (2023) "'방류 감시 부실' VS '가짜뉴스 선동'"... 후쿠시마 오염수 두고 여야 또 충돌", <한국일보> (2023.10.12.) -https://www.hankookilbo.com/News/Read/A2023101214020004944